口才藝術

在各種環境下訓練好你的口才

潘桂云編著

崧燁文化

目　　錄

前言

　　隨著時代的發展和進步，人們越來越認識到口才的重要性。口才是一個人的第一亮點，是一個人的思想水平、才華技藝的集中「亮相」。培養和提高學生的口才，是加強素質教育的一項重要內容。

　　良好的口才藝術有極為廣闊的施展空間。在頻繁的日常交往中，和風細雨，微言大義，情深意切，語重心長；在多彩的節目主持中，機智幽默，妙語連珠，語驚四座；在激烈的論辯場上，唇槍舌劍，據理力爭，口若懸河，出口成章；在競爭的求職場上，機智靈活，侃侃而談，要言不煩，言簡意賅；在複雜的商務活動中，察言觀色，左右逢源，實現雙贏；在莊嚴的施政演說中，生動活潑，嚴謹周密，精言妙語，闡釋理念；在重大的國際爭端中，高屋建瓴，縱論風雲，陳情利害；在嚴肅的外交談判中，慷慨激昂，明辨是非，談笑風生，冰釋前嫌。口才藝術，有助於有志青年踏上人生的成功之路。真誠地希望本書能夠為廣大在校學生和口才愛好者提供幫助，並成為大家忠實的朋友。

　　本書作者擁有多年教學、科學研究的理論探索與實踐經驗。在寫作上，突出理論知識的系統性，古今案例的可讀性，方法技巧的實用性；在學習上，遵循人們對事物的認知規律，對訓練的內容特別注重科學性和適用性，從基礎入手，由淺入深，由簡到繁，循序漸進；在表述上，力求生動形象，通俗易懂。

　　本書編為十二章。每章都有精當的理論闡述和典型生動的案例，便於學習、體會。從加強實踐教學出發，每一章在技能訓練中，都設計了一些情景模擬及實踐教學活動，並突出了實用性和可

操作性，如自我介紹、語音訓練、朗誦訓練、談話練習、導遊詞模擬講解、演講訓練、模擬主持、模擬求職應聘、個人或團體辯論、推銷、談判等。

　　本書在編寫過程中，參考引用了一些書刊和網上資料，由於各種原因，沒能與原作者一一取得聯繫，在此表示歉意和衷心地感謝！

編者

第1章　口才概述

　　語言是人類在漫長的繁衍生息和進化中產生，並伴隨著社會的發展而發展的。語言是傳情達意的載體和媒介，語言運用能力的提高是人類文明進步的標誌。口語是最廣泛、最經濟、最簡便的表達方式和交流手段。人們在生活、學習和工作中需要多種能力，而口才則是最基本、最實用的能力之一。良好的口才不僅能滿足生活、學習和工作的需要，而且還能夠幫助人們實現人生理想，體現人生價值。

第一節　口才

　　口才，即口語表達的才能。具體而言，就是指人們在生活、學習和工作中，運用口語迅速、準確、生動地表達思想感情和進行交流的能力。口才不同於一般的口語。口才較之普通口語更簡潔、規範、生動，更具有知識性、趣味性和藝術性。

一、如何理解口才

　　對口才的含義，應該從以下兩個方面去理解：

　　（一）口才是一種綜合能力

　　口才是一個人的素質和能力的綜合體現，是衡量一個人學識水平的重要尺度。口才包括說話本身的技能、技巧，也反映說話者的心智和水平。一個人的知識儲備、文化素養、思想品德涵養、個性心理特徵以及觀察、記憶、思維、聯想、想像力等，都對人的口才的形成產生深刻影響。就智力因素而言，人的思維直接支配語言。思維的敏捷性、準確性、邏輯性，都可以從口語中表現出來。思維混亂，說話不可能明白；思維明晰，才有可能進行準確生動的口語表達。「文如其人」，說話更是如此，它直接反映出一個人的智慧水平、風貌與品格。因此，培養口才，還要注意提高個人整體素質。

　　（二）口才具有藝術性和科學性

　　口語表達需要技巧，恰到好處地運用技巧，能增強表達的感染力和親和力。口語運用的表達方式、方法和手段不同，產生的效果也不同。

口才有自身產生和發展的規律，是一門很深的學問。口才是能夠學習、掌握和運用的。學習和運用的過程就是探索和掌握口才規律的過程。當然，口才中也包含著一定的天賦因素，比如一個人在發聲時的音質等自然屬性，但口才主要來自於後天的學習和鍛鍊。

二、口才藝術的作用

《全球大調查問卷》中有這樣一個問題：「您認為在未來十年中最有競爭力、最有希望成功的人應具備哪些素質？」令人驚奇的是，有26位商界鉅子無一例外地選擇了交際能力、交流能力和公關能力等與口才密切相關的詞彙。由此看來，一個人在融入社會時，口才越來越顯示出其獨特的地位。

美國哈佛大學有這樣一種理念：思考能力是你的第三隻眼，創造能力是你的第二本能，表達能力是你的第一亮點。拿破崙說：「機會總是青睞有亮點的人。」良好的口才是成功者的亮點，是成功者的鮮花和光環。

中國歷史上自古就有「一人之辯重於九鼎之寶，三寸之舌強於百萬之師」之說，這形象地說明了口才的重要作用。語言是人們進行社會交往的工具。西方口才訓練大師卡內基認為：「一個人的成功，有15%取決於人的技術知識，而85%取決於人類的工程——發表自己意見的能力和激發他人熱忱的能力。」人們總是透過口語表達來實現思想和感情的交流與溝通。沒有語言交際，就沒有人類文明。自古以來，口才藝術的發展就與時代相關，與政治、經濟和日常生活緊密相連，並在其中發揮著重要作用。

（一）口才藝術在政治生活中的作用

「片語可以興邦，一言可以辱國」，這充分說明了口才藝術的政治價值。口才與政治生活息息相關，它直接服務於政治生活的各

個領域，並發揮著重要作用。

中國歷史上的春秋戰國時期，由於政治思想上的活躍和文化的繁榮，形成了百家爭鳴的局面。名士、辯才憑「三寸不爛之舌」遊說諸侯，貴為謀臣卿相，在安邦治國平天下中堪當重任。「五四」前後，進步知識分子大張旗鼓地集會演講，喚起民眾，推動了中國革命運動的蓬勃發展。

進入近代和現當代社會，政治生活內容更加豐富多彩，體現在政治演講、外交談判、法律辯護等諸多方面的口才藝術，更是發揮了不可替代的作用。多少優秀的政治家在風雲變幻的政治舞台上憑藉良好的口才揮灑自如，遊刃有餘，做出了不可磨滅的貢獻，留下了千古美名，並傳為佳話。

在當今社會的國際、國內政治風雲中，口才確實成為了國際、國內政治活動的重要武器，在今後的政治生活中，也必將發揮其重要作用。

（二）口才藝術在經濟生活中的作用

當前，人們把以電腦為代表的科學技術水平，以旅遊業為代表的富裕程度，以公共關係為代表的經營管理效能作為衡量一個國家發達程度的三大標誌。在市場經濟條件下，公關人員在演講、論辯和談判中離不開口才藝術，商務談判是商務活動中的重要環節，口才藝術是談判成功的重要因素；在市場行銷中，口才藝術在很大程度上決定著工作成效；在旅遊業發展建設中，導遊員的口才起著至關重要的作用。可以說口才藝術在當今經濟生活的諸多領域都發揮著重要作用。

（三）口才藝術在日常生活中的作用

在日常生活中，人們的社交須臾離不開口才。口才在密切人際關係中發揮的作用是可感可知的。話有三說，巧說為妙。和風細

雨，善解人意，可以使人倍感親切，產生相見恨晚之感；詼諧幽默，巧言妙語，能使人心神愉悅，樂不可支；胸有成竹，直抒胸臆，會使人感覺精明幹練，才智過人。總之，口才在日常生活中具有融洽感情、密切關係、增進友誼、促進協作的重要作用。

第二節 中國歷史上的口才藝術

一、遠古時期的口才藝術

中國作為文明古國，口才藝術有著悠久的歷史。據《尚書》記載，遠在夏、商、周時期，中國的口才藝術已經達到相當高的水準。在《尚書》中記言的二十四篇中，保存了夏、商、周的口才發展史實。最早的一篇是《甘誓》，記載了公元前21世紀夏啟在與有扈氏大戰於甘之前做的戰前動員令，表明了中國在4000多年前口語表達就已經達到了很高的水準。

嗟！六事之人，予誓告汝：有扈氏威侮五行，怠棄三正，天用剿絕其命。今予惟恭行天之罰。左不攻於左，汝不恭命；右不攻於右，汝不恭命；御非其馬之正，汝不恭命。用命賞於祖，弗用命戮於社，予則孥戮汝。

這段話的意思是：「六軍將士們，我向你們發誓：有扈氏侮辱金木水火土五行，拋棄天地人三正，上天要消滅他。今天我奉命去懲罰他們。左軍不從左邊出擊，你們就沒有執行命令；右軍不從右邊出擊，你們就沒有執行命令；駕戰車的沒有駕正戰車，你們同樣沒有執行命令。執行命令的將受到賞賜，不執行命令的將受到懲罰和殺戮，並且會殃及子孫。」

這段戰前動員令語氣堅定，言辭簡潔，鏗鏘有力，內容充實，條理清晰，獎罰分明，恩威並施，顯示了良好的口才藝術，可以說是一篇十分精彩的演說詞。

大約在公元前14世紀前後，商朝的《盤庚篇》，記載了盤庚曾先後3次勸臣民遷都。下面是其中的一次動員講話。

予念我先神後之勞爾先，予丕克羞爾，用懷爾，然。失於政，陳於茲，高後丕乃崇降罪疾，曰：「曷虐朕民！」汝萬民乃不生生，暨予一人猷同心，先後丕降與汝罪疾，曰：「曷不暨朕幼孫有比！」故有爽德，自上其罰汝。汝罔能迪。

這段話的意思是：我想我的先王曾經役使過你們的祖先，因此，我應該向你們提出意見，用以表示我對你們祖先的懷念。既然在這裡不能把我們的國家治理好，長久地住在這裡，先王要降下罪責說：「為何虐待我的臣民！」你們這些藝藝黎民，不肯去尋求幸福的生活，跟我不是一條心，不聽我的謀劃，這樣先王就會降罪你們說：「為什麼不跟我的幼兒孫兒和好！」所以要是背離了祖先的盛德，上天便會重重地懲罰你們，你們是無法逃避這些懲罰的。

這段演說詞以情動人，寓理於情，用語懇切，說理充分，立論有據，體現了高超的口才藝術。

二、春秋戰國時期的口才藝術

春秋戰國時期是中國社會由奴隸制向封建制過渡時期。社會的發展、生產力水準的提高和社會關係的急劇變化，促進了思想的活躍和文化的繁榮，形成了百家爭鳴的局面。這一時期論辯、遊說成為時尚，無論從口才實踐還是從口才藝術理論上說，春秋戰國時期都是口才藝術空前繁盛的時期。

首先，這一時期養士盛行，論辯成風。春秋戰國時期群雄爭霸，各地諸侯都千方百計尋找安邦立國之人，以便稱雄爭霸，統一天下。他們求賢若渴，禮賢下士，養士招賢，唯才是舉。於是「士」這個知識分子階層應運而生。名士們憑三寸不爛之舌，周遊列國，遊說諸侯，宣傳自己「治國平天下」之策。當時的諸侯如魏文侯、齊威王、齊宣王、燕昭王等，無不禮賢下士，廣攬人才。世

稱「四公子」的孟嘗君、信陵君、平原君和春申君，以及秦丞相呂不韋等，有的門下食客號稱三千。許多名士因善說或成為諸侯的得力謀臣，或得富貴卿相。如主張合縱的蘇秦，能言善辯，曾佩帶六國相印作穿梭外交，往來遊說，抗擊強秦，使「天下不交兵者二十有九年」。主張連橫的張儀，幫助秦國出謀劃策，採取遠交近攻的策略，終於吞併了六國，統一了天下。百家爭鳴的氛圍為口才藝術的發展創造了良好的條件。

其次，諸子百家，能言善辯。春秋戰國時期，思想界特別活躍，諸子百家，三教九流，不僅各有政治主張和思想體系，而且各家都有不少能言善辯之人。在諸子百家中，比較著名的當數儒家、道家、法家、墨家，其他如縱橫家、農家、名家、陰陽家等，亦各有千秋。先秦諸子幾乎個個能言善辯。他們一方面周遊列國，宣揚自己的主張；另一方面，在不同的學派之間展開論辯，並聚徒講學，傳道授業。

儒家始祖孔子，先是周遊列國，四處宣傳自己的政治主張。後來，聚徒講學，以「雅言」授課。「雅言」就是當時的普通話。孔子把教學內容分為德行、政事、文學和言語四科，其中「言語」就是口才訓練課。孔子有弟子三千，賢人七十二，其中不乏口才優秀之人。孔子自己就很能言善辯，《論語》中記載了孔子和他的弟子們生動形象的日常言論，留下許多經典名言。

孟子是著名的雄辯家。他常用生動的比擬說服對方，比如有名的典故「王顧左右而言他」就是透過高超的語言藝術巧妙地達到自己的目的。

此外，春秋戰國時期還有一些不屬於諸子百家的口才家，比如，鄭國有「持兩可之說，設無窮之辭」的鄧析，安邦定國「子產有術，諸侯賴之」的子產；齊國有使楚而不辱使命的晏子等。

再者，春秋戰國時期在對口才藝術的總結和論述上也有很多精

關的見解。這個時期豐富的口才實踐為口才理論的形成提供了現實基礎，言語表達規律已經有了理性的自覺。言語表達理論散見於諸多經、史、子、集中。韓非子還著有《說難》《問辯》等語言表達專著。比如，關於口才的功用，孔子提出「一言可以興邦，一言可以喪邦」，把言語修辭看作是進德、修業、治國的大事。墨子認為論辯的作用在於明辨是非的界限，審度治亂的綱紀，分清異同，明辨形式和內容，以便決斷利害，澄清嫌疑。在口才的技巧問題上，孔子提出「情欲信，辭欲巧」，「言之不文，行而不遠」，充分說明了語言技巧和語言文采的重要性。孟子主張語言表達應當「言近而旨遠」。鄧析主張，說話要針對不同的對象和不同的情況，採取不同的對策，做到話因人異，區別對待。

春秋戰國時代是中國口才藝術發展水準較高的時期之一，對後世產生了十分深遠的影響，也為我們留下了一筆值得繼承和研究的寶貴遺產。

三、封建社會時期的口才藝術

秦始皇統一天下，結束了戰國紛爭的局面，中國從此進入了封建社會。封建社會的高度集權和專制獨裁，學術上的「罷黜百家，獨尊儒術」，「君為臣綱，父為子綱，夫為妻綱」等封建等級制度，限制了人們自由地表達思想。人們信奉「病從口入，禍從口出」和「言多必失」，百家爭鳴、自由論辯的風氣受到嚴重壓抑。封建社會束縛人們的思想，也束縛人們的自由表達。於是，口才的社會舞台一片沉悶，萬馬齊喑。

在封建社會，口頭表達受到限制，書面文字表達卻有了長足的發展。這其中有兩方面原因。一方面，士大夫要走入仕途，就必須以文章入仕，於是形成了「以寫代說」的社會風尚。另一方面，與

這個時期的社會生產力發展水準和口頭表達、書面表達的不同特點有關。漢代以後的社會生產力水準有了較大的提高，筆墨紙硯相繼發明，取代了龜甲、獸骨、竹簡、木牘和布帛。新的書寫工具十分方便，而且經濟、實用，加速了書寫的發展，促進了書面表達水準的提高。同時，由於社會的發展變化，對訊息存儲提出了要求。當時，口頭語言存在著「傳播不遠，言過即逝」的明顯缺陷，而書面文字可以保存久遠，代代相傳。

但是，表達總是需要的。在封建社會，口才藝術的發展並沒有完全停止。在中國2000多年的封建社會歷史中，仍然出現了很多口才家、演說家和雄辯家。比如，漢代的東方朔，出語幽默，機智巧辯。東漢的楊雄，雄辯滔滔，文采斐然。三國時的諸葛亮，憑三寸不爛之舌，說服東吳聯合抗曹，終於火燒赤壁，大敗曹軍。晉代的名士雖不敢議論政事，但崇尚清談和玄理，也表現出了高超的辯術。《世說新語》上記載著孫安國同殷浩辯論從午至暮，「左右進食，冷而復暖者數四」。隋唐時期，隨著經濟的發展、都市的繁榮，口才不再侷限於士大夫階層，出現了僧尼、道士的俗講，以後講述內容又發展成為講述民間傳說和歷史故事。唐代的魏徵、李白，宋代的蘇軾、朱熹，元代的耶律楚才，明代的王守仁、唐伯虎，清代的袁宏道、鄭板橋、康有為、梁啟超等都有許多口才佳話傳世。

四、近現代的口才藝術

1840年鴉片戰爭以後，中國淪為半殖民地半封建社會。面對國家的內憂外患，一些進步知識分子日益覺醒，他們尋求著救國的真理，提倡科學和民主，宣傳改良和革命。他們以演講為手段，走向社會，走向街頭，開展啟蒙與救亡運動，喚起民眾，改變現實。沉睡了2000餘年的演講、論辯之風在新的歷史條件下重新復甦。

這一時期湧現出了如孫中山、蔡元培、章太炎、黃興、宋教仁、陳天華、秋瑾等革命家，他們都以飽滿的革命熱情登上講壇，發表鼓舞人心的演講。如孫中山在東京為中國留學生做的著名演說《中國決不會淪亡》，黃興的《革命青年的責任》，陳天華的演說詞《猛回頭》、《警世鐘》，秋瑾的《敬告二萬萬同胞》。孫中山先生把演講作為發動群眾和組織革命的重要武器，他的演講技巧精湛，感情充沛，鼓動性強。婦女解放運動的先驅秋瑾，博學多才，尤擅演講，在日本留學時曾任中國留學生「演說練習會」會長。

　　1911年辛亥革命成功，宣告了中國封建帝制的終結。這一時期，政治演講持續不衰。革命者、愛國者透過演講喚起民眾，爭取民族解放。運用演講揭露時弊，發動群眾進行革命鬥爭。「五四運動」爆發，演講活動由思想界、科學界普及到了廣大民眾中間。愛國學生衝出校門，走向街頭進行演講宣傳。眾多的愛國青年在槍林彈雨中復興了中國的演講事業，以滿腔熱血掀起了中國口才藝術發展史上的新高潮。

第三節 外國歷史上的口才藝術

古希臘、古羅馬是歐洲文化的發源地。早在公元前2000多年，演講就在這些國家中產生了，而且成為一種相當普及的社會活動。當時的一些思想家、哲學家和教育家也很重視研究演講現象，總結演講的經驗，探索演講的技巧。著名的《荷馬史詩》就曾栩栩如生地記載了特洛伊戰爭、忒拜英雄和奧德賽等許多動人的傳說，並提出了「演講藝術」的概念。當時還有人把口才稱為「藝術女王」，認為口才具有三大職能，一是為人釋物、解惑、曉理；二是激發、鼓舞人的鬥志和情緒；三是給人以某種精神享受。這些都被視為西方演講理論的起源和發端。

一、古希臘、古羅馬時期的口才藝術

公元前8世紀到公元前6世紀，古希臘、古羅馬原始公社逐漸解體，奴隸制國家形成。隨之氏族貴族的獨裁政治消亡，取而代之的是廣泛的奴隸主民主政治，工商業城邦政治得到迅速發展，奴隸制發展到全盛時期。發達的奴隸制城市國家相繼出現，最具代表性的有斯巴達和雅典，它們成為當時西方的文化中心和商業中心。公元前4世紀末，古希臘逐漸衰弱，相繼而起的古羅馬帝國代替了古希臘在地中海的統治地位。在這塊歐洲文明的發源地，口才藝術得到極大的發展，長於演講的大家層出不窮，可以說是辯才群起，曾經兩次達到了西方口才史上震古爍今的高峰。自此，西方崇尚口才之風千古不衰。

（一）古希臘、古羅馬時期口才藝術發展的兩次高峰

公元前6世紀至公元前4世紀形成了第一次高峰。那時，幾乎

沒有一位政治家不擅長演講，沒有一位演說家不熱衷於政治。不僅元老院的代表、外交家、軍事統帥必須要用演講闡述自己的政見，就連普通公民也需要利用口才來表達自己的觀點和主張。口才成了每個希臘人生存、生活不可缺少的手段。口才的普遍意義，引發了人們對口才藝術的青睞，也促進了人們對口才的研究。科拉克斯寫出了第一本口才專著，他被認為是「演講術」的奠基人。其後，蘇格拉底提出了「蘇格拉底式」的談話方式。柏拉圖在著名的《文藝對話集》中提出了口語表達的原則。亞里士多德在他的《修辭學》等名著中對演講藝術進行了系統的概括和總結，闡述了演講方式、聽眾心理、語言風格等演講藝術的理論問題，奠定了演講理論的科學基礎。公元前4世紀，雅典湧現了被譽為「十大演說家」的安提芬、安多西德、李西亞斯、伊索克拉底、伊修斯、萊克爾加、德摩斯弟尼、海培裡德、阿伊西尼、狄拉修斯。伊索克拉底還首創了世界上第一所修辭學館，即正式的演講學校。

公元前338年，馬其頓國王腓力二世率領大軍入侵希臘，雅典成千上萬的公民聚集在大廣場。這時，演講家德摩斯弟尼上台演講，他說：「公民們，要鎮靜！具有民主傳統的雅典人會向獨裁的腓力二世屈服嗎？不，不會！公民們，要勇敢！具有愛國和犧牲精神的雅典人會被野蠻的侵略者所征服嗎？不，不會！公民們，光榮的雅典人，團結起來，行動起來，勝利是我們的，勝利就在明天……」這一段烈火般的演說，使全場聽眾大為振奮，廣大群眾被動員起來了，氣勢如虹，奮起迎敵，很快戰勝了侵略者。

隨著馬其頓統治的確立和雅典民主政治的滅亡，古希臘演講大約冷落了兩個世紀。

公元前3世紀羅馬奴隸制共和國時期，又出現了演講的第二次高峰。這一時期著名的口才家有加圖、格拉克兄弟、安東尼、克拉蘇斯、西賽羅。西賽羅是一位傑出的演講大師，他的演說被後代歐

洲許多政治家奉為政治演說的典範。他一生著述很多，有《論演說》等演講理論著作。昆體良也是演說家和教育家，他開設了專門的修辭學校，完成了《論演說家的教育》《演說術原理》《雄辯原理》等12卷巨著，他把前人的演講理論發展為系統的演講理論，開創了後代演講學的先河。

在古羅馬，演說曾風靡一時，群眾把傾聽演說作為生活中的一種享受，演說家比文學家占有更重要的地位。那時人們不願聽音樂，而願意把時間花在聽演講、聽爭辯上。每到這種時刻，城市裡萬人空巷，店鋪關門，連主教也由衛兵簇擁著前去聆聽。

隨著羅馬帝國的崩潰，西方口才史上古希臘、古羅馬的黃金時代結束了。

（二）古希臘、古羅馬辯才群起的條件

1.古希臘文化是孕育口才藝術的搖籃

古希臘文化空前繁榮，《荷馬史詩》《伊索寓言》以及戲劇，都為古希臘口才藝術的培養和口語表達訓練提供了豐富的學習範例。劇作家犀利的言辭為人們說理言志樹立了榜樣；抒情詩人筆下優美動人的詩句，為人們做出了以情感人的楷模；《伊索寓言》的機智詼諧，堪為幽默語言的鼻祖。一些龐大的群眾性文化集會也是孕育口才藝術的溫床。

2.古希臘、古羅馬政治體製造就言辭犀利的辯才

古希臘、古羅馬雖為奴隸制國家，但實行的是民主政治，這為演講等口才運用提供了條件。當時，各種施政綱領的提出、通過或否決，都必須透過激烈的論辯才能得出最終結果。各種不同政見的論爭，都是唇槍舌劍的搏鬥。古希臘、古羅馬的政治家都需要透過演講而步入政壇，因此，他們都必須是口才高手。廣大的自由民在政治上也有一定的發言權，可以參與國家大事的討論、法律訴訟、

決定官員任免，還可以參加各種競賽、演唱等。要想在這些公眾活動中顯身手，必須能言善辯，具有強大的感召力。於是演講在古希臘、古羅馬盛行也就有了必然性。

3.古希臘的法律激勵人們成為能言善辯之士

古希臘法律規定，在法庭審判時，允許訴訟者和被告發表辯護演講，如果被告辯護獲勝，可以免刑釋放或減刑。因而辯護演講盛行，以致影響和促進了以後的西方法律演講的發展。

4.古希臘哲學論辯滋養了一代代雄辯家

當時，在古希臘產生了西方第一個樸素唯物論學派，與相對立的唯心主義、神祕主義以及詭辯派的論辯此起彼伏，為口才藝術的發展提供了豐富的營養。

二、中世紀口才藝術

公元5世紀西羅馬帝國滅亡到公元15世紀約1000年時間為歐洲封建社會時期，史稱「中世紀」。中世紀是歐洲封建社會形成、發展和衰落崩潰的歷史時期。這一時期，學術演講走入低潮，而宣傳宗教的布道口才極為興盛。

公元7～8世紀，信奉伊斯蘭教的穆斯林迅速從阿拉伯發展到小亞細亞、埃及和北非，進入西班牙，並向歐洲迅速傳播開來，公元11世紀，穆斯林著作開始在基督教世界中傳播，出現了稱為經院主義的思想運動。這個時期湧現出「唯實論」和「唯名論」兩面三刀大哲學派別。宗教演講和論辯形式被經院哲學內部不同派別之間的論辯所利用而得到發展。整個中世紀的神學演講，都是宣傳教義、進行思想統治的工具。到了13世紀以後，西歐開始流行大學講課，教會演講漸而衰落。

因此，在中世紀，封建政治與基督教神學緊密結合，教會成了封建統治的重要組成部分。教會壟斷了文化教育，一切文化和學術都染上了宗教色彩，學術演講的生機被無情地扼殺了，充斥社會生活和人們視聽的是基督教儀式和傳教士的聲音，布道口才隨著宗教的興盛而興起。宗教演講成了中世紀教會傳播信仰的主要工具，享有威望的宗教領袖都是口才出眾、布道有方的演講高手。演講宗教教義需要以理服人，是融演講、講故事、勸化為一體的綜合口語形式。這一點在口才藝術發展上是一個很大的進步。

三、近現代口才藝術

14世紀至20世紀，歐洲發生了一系列重大歷史變革，口才藝術也隨之興盛、發展起來。14、15世紀歐洲封建社會由於內部生產力的發展和生產技術的進步，新航路的開闢和地理大發現，形成了世界市場，進一步推動了資本主義的發展。14世紀至17世紀遍及歐洲的文藝復興運動，17世紀的宗教改革和英國資產階級革命，17、18世紀的歐洲啟蒙運動和法國大革命，19世紀歐洲大規模的工人運動，馬克思主義的誕生，社會主義運動的發展都為口才藝術的發展、成熟創造了良好的條件。

資產階級要自由地發展資本主義，就必然與阻礙他們發展的封建制度產生尖銳衝突。歐洲的文藝復興運動是正在形成中的資產階級在復興希臘、羅馬古典文化的名義下發起的弘揚資產階級思想和文化的運動。這時的進步思想家們主張宗教上的無神論，哲學上的唯物論，政治上的民主體制，經濟上的自由放任。文藝復興的鬥士們，模仿德摩斯弟尼的動作和語勢，引用西賽羅和昆體良的言辭和警句，抨擊封建神學。宗教改革運動的領袖馬丁·路德、農民戰爭領袖和思想家托馬斯·閔采爾等，都是口才出眾又頗具影響的代表人物。在啟蒙運動的中心法國，以伏爾泰、孟德斯鳩、盧梭、狄德

羅為代表的思想家和演說家對口才藝術的發展造成了巨大的推動作用。美國、法國、德國等一些西方國家的新興資產階級代表人物，成功地透過演講贏得了支持，登上了政治舞台。美國獨立戰爭時期重要的政治家、演說家帕特里克·亨利在演講中發出「不自由，毋寧死」的戰鬥動員令，鼓舞了千百萬人民投入爭取獨立自由的正義戰爭。演講巨星林肯以他的《裂口房子的演說》、《第一次就職演說》、《葛底斯堡演說》等，把美國的口才藝術推向了新高峰。

從19世紀70年代開始，工人運動此起彼伏，在進行鬥爭、奪取政權時更重視運用口才藝術。無產階級革命導師馬克思、恩格斯經常在各種場合作報告，在群眾集會上發表演講。馬克思的《在〈人民報〉創刊紀念會上的演說》和恩格斯的《在馬克思墓前的講話》都是有口皆碑的演講名篇。恩格斯精通7國語言，能在演講時自由運用。俄國無產階級革命領袖和導師列寧，一生發表過不可計數的演說，極富邏輯力量和鼓動色彩。這些革命領袖還與政敵展開論辯。正是在這些革命家和演說家的影響與推動下，才形成了世界無產階級口才藝術的繁榮發展。

第四節 當代口才藝術的蓬勃發展

在現代社會，隨著世界政治、經濟、文化的發展，口語表達的運用範圍越來越廣，也越來越被人們所重視。在經濟發達、重視訊息的社會中，人們常常根據一個人的講話水準和風度來判斷其學識和修養。在美國，口才的作用之大，遠遠超出了人們的意料。早在上世紀40年代美國人就把「口才、金錢和原子彈」看作是賴以在世界上生存和競爭的三大法寶。60年代以後，他們又把「口才、金錢和電腦」看作是最有力量的三大法寶，看作國際鬥爭的「三大戰略武器」。值得注意的是，隨著科學技術的迅速發展，用「電腦」代替了「原子彈」，而「口才」竟連續獨冠「三要」之首，足見其作用和價值。口才已深入到政治、經濟、日常生活等各個領域，對口才藝術的研究也日益深入。在美國，戴爾·卡內基的《有效演講術》火熱了半個世紀，風靡全球。美國有300多所大學開辦了演講系，每年有數千人獲取「說學」學位。在日本、英國、以色列等眾多國家都辦有專門的口語學校和培訓中心。

在中國，從20世紀80年代初開始，演講、論辯也前所未有地發展起來。特別是隨著改革開放的不斷深入，口才藝術的發展也越來越迅猛。

1.出現了一大批思想道德和學術演講的專家

比如李燕杰、曲嘯、邵守義、劉吉等，他們活躍在思想道德演講舞台上。著名科學家華羅庚、錢學森、錢偉長、錢三強、茅以升、李四光、袁隆平等，或作學術報告，或作科普演講。名家的演講有力地推動和促進了口才藝術的繁榮和發展。

2.各種專業雜誌、著作和科學研究論文面世

1983年7月，中國第一份專門研究提高口語表達能力的雜誌《演講與口才》創刊。它的發行量一直居高不下。隨後新中國第一部演講專著，邵守義編寫的《實用演講學》出版。以後，有關口才藝術的各種雜誌、專著和論文層出不窮。

3.演講活動如火如荼，演講組織層層湧現

1979年，演講活動在上海率先興起，一時波及全國。1986年新加坡主辦了首屆「亞洲大專辯論會」，1993年舉辦首屆「國際華語大專辯論會」，以後每年在新加坡和北京輪流舉行。

技能訓練

1.談談口才的作用。

2.用口語複述中外口才藝術的發展。

3.先以小組為單位分別作個性化的自我介紹，每組再推舉一兩名同學在全班同學面前作自我介紹。

第2章　口才的語言類型

　　語言是思想的直接實現，是人類最重要的交際工具。正所謂「言為心聲」。口語表達，直接使用的是語言，但口語表達不是語言的本身，而是對語言的運用，是一種語言行為。口語是人們在表達思想內容和感情時，以聲音形式訴諸聽眾的一種語言運用過程。口語表達傳遞訊息的過程雖然短暫，但卻包含著複雜的心理和生理活動過程。

　　人們在語言交流中既要接收訊息，又要傳遞訊息，透過聽覺接收有聲語言訊息，透過視覺接收態勢語言訊息。口語表達一般可分為內部語言、有聲語言、態勢語言和類語言四種類型。內部語言屬於思維範疇。口語表達與思維是密切相關的，語言是思維的物質外殼，它不但是思維形成的工具，也是鞏固思維活動的成果。人在進行口語表達時，總是先想後說，或邊想邊說。講話時以有聲語言為主體，態勢語言和類語言協助有聲語言傳情達意，為增強表達效果服務。同時，態勢語言和類語言也具有獨立的表意功能。

第一節　內部語言

口語表達的第一步是組織生成內部語言。內部語言是人的大腦中樞神經接受刺激，形成意念並按語言邏輯規則排列編碼的訊息。

人們說話，總先有個「想頭」，或是「先想後說」，或是「邊想邊說」。系統的、連貫的、獨白式的講話，要「先想後說」，在說的過程中，還要不斷思索和調節。日常交談，多是邊想邊說。「想」是「說」的前提。這「想」，就是內部語言。內部語言產生於大腦神經中樞。所有的訊息資料經過它的篩選、分析、綜合、推論、聯想，生成了想要說的——內部語言。內部語言的生成是瞬間的，不可能對每句話做出完整的構思和仔細的推敲。它常以一種意思的輪廓、框架、訊息點、語點，或形成它們之間的線性意向系統的形式在腦中浮現。這就是我們說話的內部依據——內部語言。

大腦神經中樞就像一個精密高效的加工廠，將聽到、看到的訊息閃電般地進行分析、綜合、歸納、演繹等加工，從而生成內部語言。只有把內部語言迅速轉換為外部有聲語言，才能進行口語交流。可見，內部語言是在瞬間完成的，要使內部語言迅速、準確、高效，一是要善於觀察，增強認知和感知能力，提高思維的敏捷性。二是思維要周密。在組織內部語言時要條理清楚，不遺漏重點，不出現片面性和邏輯的混亂。實際上，在說出話來之前，說話者要將以下問題默存於心，這就是：為什麼說？對誰說？說什麼？怎樣說？三是要實現快速語言排列編碼。要具備豐富的口語詞彙，熟練掌握語言的邏輯和規則。

第二節 有聲語言

有聲語言是用語音表達或接受思想、感情，以說、聽為形式的口頭語言。

口語以聲音作為訊息載體，是有聲語言。它是人們在社會交往中傳遞訊息、交流思想和感情的一種語言形式。如果不考慮態勢，人類的語言有兩種基本形式，一種是有聲語言，一種是書面語言。前者訴諸聽覺，後者訴諸視覺。從語言運用看，有聲語言在傳情達意的過程中最直接、最普遍、最常用。

一、有聲語言的特性

（一）有聲性

有聲語言是靠語音來表情達意的，其中各個語言單位均有聲音。有聲語言根據表達的需要對聲音的高低、升降、快慢做語調變化。有聲性是有聲語言的本質特性。

（二）自然性

有聲語言通俗、平易、自然。它保留了生活中的許多語音、語彙和語法現象，如方言、俚語、俗語、兒話、象聲、疊音等詞彙以及省略、易位現象，表達時生動、自然。

（三）直接性

有聲語言的傳達和交流以面對面為主要形式，訊息傳遞直接、快捷。有聲語言還以豐富的態勢語和類語言來配合使之更完美。

（四）即時性

有聲語言突發性、現場性強，現想現說，可舒緩，可急迫，可重複，可更正，可補充。

（五）靈活性

有聲語言的表達可根據所處的語言環境隨時調整、變化。表達者在不同的地點、場合，面對不同的人物對象，對談論的話題、選擇的角度、切入的深度等都可以隨機應變。

二、有聲語言的類型

（一）單向獨白式

單向獨白式的有聲語言是由一人或一方進行單獨的口語表達活動。如發言、演講、報告、講課等。這種類型的表達者具有較大的自主性和靈活性。

（二）雙向會話式

雙向會話式有聲語言是由雙方或多方共同參與的口語表達活動。如交談、對話、論辯、談判、座談等。這種類型的表達者既需要表達，又需要傾聽，從而實現雙向交流。

三、有聲語言的形式

（一）交談

交談是由兩個或兩個以上的人，圍繞一定的話題進行的口語表達形式。透過交談或坦白心跡，或切磋交流，進而溝通感情，謀求共識。交談者應態度誠懇，語言平易，親切自然。

（二）發言

發言是在正式社交場合應用的一種口語表達形式。發言可分為兩種形式：一種是主動式發言，它根據集會的宗旨，需要事先做好準備；另一種是被動式發言，它是事先沒有準備的臨場即興發言。

（三）演講

演講是演講者運用有聲語言和態勢語言，面對大眾，發表意見，抒發感情，達到感召聽眾為目的的口語表達形式。嚴格地講，演講是演講者與聽眾、聽眾與聽眾的三角訊息交流，演講者不能以傳達自己的思想和情感、情緒為滿足，他必須能用高超的語言藝術控制住自己與聽眾、聽眾與聽眾情緒的應和、交流與共鳴。演講的語言要求富於鼓動性，用詞的感情色彩鮮明生動。

（四）論辯

論辯是參與的雙方彼此用一定的理由來說明自己的見解，揭露對方的矛盾以便最後證明自己的認識、意見正確的口語表達形式。論辯的語言要清晰嚴謹，說理透徹，注重邏輯性。

四、有聲語言的基本要求

有聲語言的表達目的是實現人與人之間思想和感情的交流。表達者都希望對方能明白、理解和接受自己的意思。這就要求有聲語言要符合口語表達的基本要求。

（一）準確

有聲語言的準確是指表達要符合語音、語法和邏輯規範。一是要符合語音、語法規範。所謂語音規範就是要使用現代漢民族的共同語——普通話，要做到發音準確，吐字清晰。語法要符合現代漢語語法規範和修辭原則。二是要符合邏輯規範。邏輯性是全人類共同遵守的。口語表達要做到概念明確，判斷準確，推理嚴密。

（二）簡潔

簡潔就是要求表達者以最經濟的語言手段，輸出最大的訊息量，使聽者在較少的時間裡獲得較多的訊息。要緊扣主題，突出重點，條理清晰，不枝不蔓。「言不在多，達意則靈」，切忌「懶婆娘的裹腳布，又臭又長」。

據說，有一回，美國著名作家馬克·吐溫聽一個牧師說教。初聽講得很有力，打算捐出帶來的所有的錢。過了十分鐘，牧師還在沒完沒了地講，於是，馬克·吐溫準備只捐出很少的零碎錢。又過了十分鐘，牧師還在囉唆，馬克·吐溫決定一個錢也不給了。等到牧師終於講完，收款的盤子遞到他眼前時，他氣得不但沒有捐款，反而從盤子裡拿走了兩塊錢。

可見，冗長、囉唆的講話是不受歡迎的，既害人又害己。過多堆砌無用的詞藻，廢話連篇的「文字的贅肉」是沒有市場的。

契訶夫說：「簡潔是才能的姊妹。」短小精悍，內容新穎的講話總是給人留下深刻的印象。

一位教師給學生講《詩經》中的「賦」和「興」時就用了簡潔的語言：

流行歌曲《小芳》中的「村裡有個姑娘叫小芳，長得美麗又大方，一雙美麗的大眼睛，辮子粗又長」，這就是賦。歌手尹相杰、於文華演唱的歌曲「天不颳風天不下雨天上有太陽，妹不開口妹不說話妹心怎麼想」，其中「天不颳風天不下雨天上有太陽」就是起興。陝北民歌信天游有許多就運用了起興的手法。如「上河的鴨子，下河的鵝，一對對毛眼眼望哥哥」，「白羊肚子手巾三道道藍，咱見面那個容易拉話話難」，其中「上河的鴨子，下河的鵝」、「白羊肚子手巾三道道藍」就是用起興的手法開頭的。

（三）生動

生動是有聲語言的特色和優勢。它主要表現在以下幾個方面：

1.表達方式靈活多樣，豐富多彩

在遣詞造句上，表達者可以針對不同的語言環境和講話對象，充分運用個性化和符合口語表達習慣的詞語。在句式使用方面，可以富於變化，長短結合，單句與複句、主謂句與非主謂句靈活運用。在表述上，敘述、描寫、抒情、議論可以巧妙運用。在敘事上，正敘、倒敘、插敘可以揮灑自如。在修辭手法上，比喻、誇張、借代等多種修辭手法任其選擇。以下的例子運用了比喻的修辭手法。

晉平公姬彪，年七十，想學，曰：恐已暮氣。盲樂師師曠答：「少而好學，如日出之陽；壯而好學，如日中之光；老而好學，如秉燭之明。秉燭之明，孰與昧行乎？」

馬丁·路德·金在《我有一個夢想》的演講中運用排比的手法來呼籲自由與平等。

我夢想著，有那麼一天，甚至現在仍為不平等的灼熱和壓迫的高溫所炙烤著的密西西比，也能變為自由與平等的綠洲。

我夢想著，有那麼一天，我的四個孩子，能夠生活在一個不是以他們的膚色，而是以他們的品性來判斷他們的價值的國度裡。

我夢想著，有那麼一天，就在邪惡的種族主義仍然對黑人活動橫加干涉的阿拉巴馬州，就在統治者拒絕取消種族歧視政策的阿拉巴馬州，黑人兒童能夠與白人兒童如兄弟姐妹一般攜起手來。

我夢想著，有那麼一天，溝壑填滿，山嶺削平，崎嶇地帶鏟為平川，坎坷地段夷為平地，上帝的靈光大放光彩，蕓蕓眾生共睹光華！

2.幽默風趣，妙趣橫生

幽默是有聲語言中常用的一種藝術手法。幽默如同一塊巨大的磁石，有著巨大的吸引力。

秦始皇統一天下之前，想大拓苑圉，使之東及函關，西抵陳倉，用來狩獵縱馬遊樂。動工之前，秦始皇召集群臣，問這主意如何。侍臣優旃興沖沖地 說：「善！宜多縱禽獸於中，寇從東來，則令麋鹿向東觸之；西來，則令向西觸之。」一句話，說得秦始皇與眾大臣忍俊不禁，笑出聲來。秦始皇聽到這笑裡藏刀的諷諫，這拓苑的工程計劃自然就取消了。

優旃不直接勸阻秦王，而用幽默的方法委婉地勸說，效果會更好。

元宵節晚上，在大陸中央電視台舉辦的春節聯歡晚會頒獎儀式上，獲得小品類一等獎的代表馮鞏走上主席台領獎。當主持人採訪他時，他表示：在新的一年裡，我們要繼續發揚啃骨頭的精神，不要管拿耗子的閒事。我相信，只要努力，也能有吐出象牙來的本領，創造急了能跳牆的奇蹟。

第三節　態勢語言

一、態勢語言的概念

　　態勢語言，是指透過人體的某一部分形態的變化表達情感，從而達到交流思想訊息的輔助性語言表現方式。它是一種以交際者的面部表情、手勢和體勢形態等傳遞訊息、交流感情、訴諸聽眾視覺的無聲語言，也叫「無聲語言」、「體態語言」、「非語言技巧」等。態勢語言主要由眼神、面部表情語、手勢語、體態語、方位語、服飾語等構成，其主要作用在於輔助口語更好地表情達意。此外，準確、協調、自然、優美、靈活自如的態勢語也是一種藝術，它能給聽眾帶來美的享受。

　　根據現代神經生理學的研究，在人類交際時，人的大腦左半球接受人的口頭語言，即邏輯信號，而大腦右半球接受別人的態勢語言，即形象信號。由此可得出這樣的結論：使用有聲語言，能推動聽眾的大腦左半球的工作；運用態勢語言，能推動聽眾大腦右半球開展工作。如果「光講不動」只能推動聽眾半個腦袋工作。美國心理學家艾伯特·梅拉比安曾提出一個公式：訊息的全部表達＝7%語言＋38%語調＋55%表情。由此可見態勢語言在口語交際中的重要作用。因此，口語交際者要注意發揮態勢語在輔助口語、取代口語、穩定情緒、調控交際過程、補充強化口語訊息、溝通交流情感等方面的作用。言辭接於耳，姿態接於目，二者合力而為之，才能取得口語交際的成功。

二、態勢語言的功能

態勢語從微細的變化之中流溢出來，具有極為豐富的表達功能。

（一）替代表達

態勢語言訊息含量豐富，雖處於從屬地位，但有時可替代有聲語言而起作用。它是特定的交際方式，簡潔直觀，不言而喻。劉鶚在他的小說《老殘游記》中有一段關於藝人王小玉（藝名白妞）上台說書的描寫：

......她將鼓棰子輕輕地點了兩下，方抬起頭來，向台下一盼。那雙眼睛如秋水、如寒星、如寶珠、如白水銀裡頭養著兩丸黑水銀，左右一顧、一看，連那坐在遠遠牆角裡的人都覺得她看見自己了。那坐得近的，更不必說。她的眼神的意思是，我已經注意到各位了！

王小玉用眼神來替代表達，真是奇妙無比，就像無聲的問候和命令，比高叫一聲「請大家安靜」更起作用。

美國企業鉅子哈里斯是一位談判高手，談判時他總是口舌如簧，暢所欲言。每次談判成功後，他總是輕鬆地站起來，脫掉外衣，大笑幾聲，然後伸出雙手與對方熱情道別。

這裡哈里斯「站起來」、「脫掉外衣」、「大笑幾聲」、「伸出雙手」等，就是在利用態勢語實現交際功能。

（二）輔助表達

輔助表達指配合有聲語言，以態托情，加強語勢，強化和深化表達效果，又可以傳達許多有聲語言不可言傳的訊息，省去許多不必要的話語。

為了充分表達思想感情，光靠口語是不夠的，需要用態勢語言加以輔助，使之強化。俗話說的「言之不足則手之舞之，足之蹈

之」就是這個意思。

列寧在演講中，時常運用富於個性色彩的態勢語言。他習慣以一手下壓的動作，表示對資本主義腐朽制度的蔑視、怒斥，而用一手向上前方伸展的姿態，向聽眾展示光明燦爛的革命前途。列寧的動作乾淨利索，給聽眾以極大的鼓舞。

史達林講話時，習慣手拿煙鬥，邊講邊搖頭，這一動作，成為他獨特的演講風格的一部分。

（三）調節情緒

根據心理學的分析，口語交際中，由於心情緊張，會導致一些生理變化。例如：心跳加快，呼吸急促，血液循環加速，體內熱量增多。適當的身體移動、手勢等態勢語的運用，有助於熱量的散發，平靜緊張情緒。如果交際者心理比較緊張，頭上出汗，手、嘴哆嗦，可以拿一個熟悉的物品擺弄或端杯喝水，或由站姿換成坐姿，或拿一本書、一沓文稿。態勢語可以調整心態，消除緊張，達到更好的交際效果。

三、態勢語言的運用原則

（一）目的明確

在口語交際中，交際者的一舉一動，一笑一顰，都應該有明確的目的，切實造成表情達意的作用。否則，態勢語的失誤，不僅起不到輔助交際的作用，甚至會影響了交際。還有一種習慣態勢，往往是口語交際者本人在下意識的情況下產生的。例如，有的人在說話時不斷地眨眼、用手搔頭髮、抓耳撓腮、雙手搓來搓去。這些都無助於口語的表達而有損於交際者的形象。

（二）準確鮮明

準確鮮明的態勢語言，能夠造成補充或加強話語的情意、幫助聽眾理解、激發聽眾情感的作用。高爾基在回憶列寧的演講時寫道：

他那蒙古型的臉上，一雙炯炯有神的眼睛，表現出一個不屈不撓的戰士對謊言的反對以及對生活的忠實，他那雙瞇縫著的眼睛在燃燒著，使著眼色，諷刺地微笑著，閃爍著憤怒。這雙眼睛的光澤使得他的演講更加熱烈、更加清新。有時彷彿是他精神上有一種不可戰勝的力量從他的眼睛裡噴射出來，那內容豐富的話語在他的眼中閃光。

（三）協調一致

1.態勢語與口語協調一致

如果口語交際中態勢語不恰當，與口語的內容脫節，或牽強附會，不僅起不到輔助作用，而且會減弱交際的效果。

如果在口語交際中出現與口語內容反差很大的動作就顯得滑稽可笑了。

2.態勢語與感情協調一致

口語表達時，眼神、手勢、體態和面部表情都要與口語內容所表達的感情統一。

大學生暑期調查研討會上，一位學生講：「房東大媽發高燒，我問大媽的兒子，有體溫計嗎？答：『醫院可能有，我馬上攔車去買。』」這本是一則趣聞，聽眾聽了會笑，可這位大學生的臉上卻掠過一絲悲哀。他停頓一下皺著眉說：「晚上睡不著，再也不能坐在教室裡高談闊論了，要為改變咱們的落後面貌做點什麼了。」

這位演講者「臉上卻掠過一絲悲哀」、「皺著眉」的嚴肅神情與「要為改變咱們的落後面貌做點兒什麼」是協調一致的。

3.不同類型的態勢語言之間要協調一致

在口語交際中，有的人手勢與體態不一致，有的人體態與面部表情不吻合，有的人用態勢語言過頻過濫，喧賓奪主，給人一種做戲表演的印象。不協調的態勢語言會影響口語交際的表達效果。有些小品演員就是運用態勢語言的不協調、不一致創造滑稽形象的。

4.自然雅觀

口語交際中要注意態勢語言的自然雅觀。如對演講者在講台上的要求是：不可不動，不可亂動，不動則已，動則傳情。這是很有道理的。

5.富有個性

由於口語表達者性別、年齡、身材、氣質、性格不同，所以富有鮮明個性的態勢語運用恰當，便能給人鮮明深刻的印象，並能產生獨特的效果。

某電視節目主持人，當她對參與者說「你有3個求助方式」時，有一個習慣性動作，用纖細的手指做出「3」的手勢，出手迅速而恰當。

注意，身材高大者，上區的手勢儘量不要超過頭頂；身材矮小者，則應多做些上區的手勢，使聽眾的視覺感提高一些。就性格來講，外向型性格的人，可多做些幅度較大、乾淨利落的動作；內向型性格的人，則應少用手勢語，或用些節奏緩慢、動作輕柔的手勢語。

6.適應語境，符合身份

態勢語的運用要適合語境，更要符合表達者本人的身份。不同年齡、不同職業、不同性別的人，具有不同的態勢語言。如果不顧身份，就會有損自身形象。

1960年9月，赫魯雪夫出席聯合國大會時，由於脾氣急躁，性格粗魯，經常違反大會規定，隨意站起來打斷別人的發言。當時新聞界評論他「是一個粗魯而不懂規矩的鄉下人」。更有甚者，當西班牙代表發言時，他竟脫下皮鞋，敲打桌子。他的這種行為受到與會代表們的譴責，大大損害了當時的蘇聯在國際上的形象。

四、態勢語言的運用

人們可能會有這樣的感受，聽演講或觀看節目，往往要比聽錄音或聽報告有意思得多。這是因為，態勢語言對感情的表達起著重要作用，它既可有效提高口語表達的準確性、生動性和形象性，也能吸引聽眾的注意力。因此，準確、適當地運用態勢語言，是口語表達者必須掌握的一項基本功。

（一）表情語

羅曼·羅蘭說：「面部表情是多少世紀培養成功的語言，比嘴裡講得更複雜到千百倍的語言。」人的臉面就是「心靈的鏡子」，這面鏡子由臉的顏色、光澤、肌肉的收展以及臉面紋絡組成。人的臉面就像一部百科全書，人的喜怒哀樂等多種複雜情感都可透過這面「心靈的鏡子」表現出來。面部表情，主要指臉、嘴和眉目所表達出來的表情。科學家透過生理學和神經心理學研究表明：人的複雜的表情，是由面部24雙肌筋的交錯與放鬆造成的。人臉上的細微神經遍布於80塊肌肉中，可透過肌肉和神經的組合產生25萬種不同表情。面部表情對有聲語言起著解釋、補充和強化、糾正的作用。

面部表情受兩種因素的制約：一是聽者的態度，二是所講的內容。

對聽者來講，表情的基調是微笑，它是給人好感的祕訣。有人

總結出讓人喜歡的途徑之一就是微笑。行為勝於言論，對人微笑就是向他人表示友好。

　　享譽世界的美國希爾頓大酒店創辦者希爾頓先生，在他事業未成感到苦惱時，他母親對他說：「孩子，你要成功，必須找一種方法，要符合以下幾個條件：第一，要簡單；第二，容易做；第三，不要花本錢；第四，能長期運用。」母親笑而不言。希爾頓反覆觀察、思索，終於悟出：是微笑，只有微笑才完全符合這四個條件。「人不會笑莫開店。」後來他果然用微笑這把鑰匙打開了成功之門，創建了譽滿全球的大酒店。在這裡，微笑是形象化的哲理，是祕訣化的智慧，是照亮迷茫心智的一縷陽光。

　　中國人最相信和氣致祥。和藹可親的表情、言語會給人帶來好運。一個人快樂與否，並不在於你擁有什麼，你是誰，你處於何種地位，你在做什麼。只要你笑口常開，和善待人，就能獲得別人的信任。

　　一切成見、隔閡、怨憤、猜忌，可望在微笑中冰釋。

　　一個婦人總是愁眉不展，婆媳不和睦，搬出來住還同以前一樣劍拔弩張。有人勸她去婚姻專家那裡諮詢一下，她猶豫再三，還是去了。後來，朋友見到她，她喜笑顏開地說，如今與婆婆相處得很好，因為她學會了微笑。是呀，一副緊繃繃的臉，誰樂意看？

　　微笑，是寬容，是理解，是信心，是力量。它能將人與人之間的距離縮短，是事業成功的「催化劑」，是戰勝困難的原動力。「微笑是金」，它最寶貴的內涵是真誠。經常保持真誠的微笑，會給人留下親和、明朗、靈秀、健康、堅韌的印象，也是自己氣質魅力的凸顯——笑容喻示著寬容、樂觀、大度、適應能力強、不易被挫折摧垮。

　　倘若我們每天用微笑的面孔迎接生活，也就等於把自己的生命

拉長了一截。

從內容角度來說，表情應是豐富多彩、千變萬化的，高興、憂傷、痛苦、憤怒、煩惱、悲哀、恐懼、失望、疑惑等各種情感都可透過人的面部表情和眼神表現出來。

常見的面部表情有如下幾種類型：

喜悅：面部肌筋放鬆，嘴角向上，眼色明亮。

憤怒：面部肌筋收縮，嘴角向下，怒目圓睜。

悲哀：面部肌筋放鬆，嘴唇微開，眉目低垂。

快樂：面部肌筋放鬆，嘴唇大開，雙眼瞇縫。

驚訝：面部肌筋收縮，嘴唇大開，眉目緊張。

堅定：面部肌筋收縮，嘴唇緊閉，目光炯炯。

表情中最重要的是眼神。義大利藝術大師達文西在《筆記》中寫道：「眼睛是心靈的窗戶。」人的眼睛「會說話」，眉目是可以傳情、傳神的。人的思維情感，也會在自覺不自覺的眼神的變化中流露出來。因此，口語表達中的眼神是十分重要的。印度文學家泰戈爾說：「一旦學會了眼睛的語言，表情的變化將是無窮無盡的。」比如，一位教師站在講台上，他的眼睛會把他的思想感情、心理變化、性格等展現給他的學生。而學生也總是透過教師的眼神來窺探他的內心世界，從中接受教育。

視線的運用要注意，眼神關注對方的時間要適中，注視對方時間過長，則易出現窘狀，過短幾乎不看對方，給人以傲慢無禮的感覺。要注意，在交際過程中，特別是社交場合，視線一般注視對方的臉部，不要用力盯著對方，或者全身上下打量對方，以免給人一種不尊敬對方或輕浮的感覺。

（二）手勢語

1.手勢語的作用

手勢語，指口語表達時運用手或手臂的各種姿勢表達的多種多樣的訊息。在口語表達中，手勢語使用的頻率很高，範圍也很廣泛。在身體的各部分中，手的表達功能僅次於臉，是口語運用者的第二張臉。手勢語運用得自然、得體、和諧、優美，能夠輔助表情達意，也可以展示個人風度，給人以落落大方、光彩照人的好印象。

2.手勢語的類型

一般來講，手勢語可以分為四種類型。

（1）情意性手勢。當口語交際者講到情緒激動的時候，那種帶有強烈感情色彩的手勢，便能夠表達口語交際者的心情。這種情意性手勢表達情感情真意切，感染力強，聽者的心也能受到很大的震撼。

1946年，聞一多先生在李公樸的悼念會上作了著名的《最後一次演講》，當說到情緒激動的時刻，聞一多先生憤怒地用力拍了一下講台。這「砰」的一聲，頓時震撼了全場聽眾的心，幾個特務嚇得縮著頭，不敢作聲。

這個情意性動作，表達了聞一多先生義憤填膺，悲憤之情達到了極點。

（2）指示性手勢。指示性手勢主要用於指示具體事物或數量，它的特點是動作簡單，表達專一，一般不帶感情色彩。如一個經理在講話中說到當年企業的年總產值實現翻兩番的時候，他伸出食指和中指，輔助說明的手勢，加深了聽眾的印象，突出強調了企業的成就。

（3）象形性手勢。這種手勢主要用於摹形狀物，給聽眾形象化的感覺。比如一位養魚人講「池塘裡的魚已有這麼大」，當說到

「這麼大」時，他伸出兩手，手心相向比劃著魚的大小、長度。這種手勢形象，能夠使人一目瞭然。有人形容對方心眼兒時說「你的心眼兒比針眼還小」，並邊說邊用手的拇指和食指做捏東西的手勢。這種象形性手勢能夠增加語言的形象性。

（4）象徵性手勢。這種手勢的含義比較抽象，如果能配合口語，運用準確、恰當，則能啟發聽眾的思考，引起聽眾的聯想。

3.手勢的區域及內涵

手勢活動的範圍有上、中、下三個區域。此外，還有內區和外區之分。

一般來講，肩部以上，稱為上區。手勢在這一區域活動，一般表示積極、肯定、宏大、激昂的內容和感情，表示理想、希望、喜悅、祝福。如「讓我們揚起風帆，向著光明的未來奮勇前進！」右臂向斜上方打出，表示奮鬥的決心。

肩部到腰部，稱為中區。這一區域的活動，多表示敘述事情和說明事理，表達平靜的心情，一般不帶有濃厚的感情色彩。如「請相信我，我一定會做好這項工作，我雖沒有高超的技術，但我有一顆忠於公司和客戶的心」。右臂抬起，手撫心區，表示忠誠。

腰腹部以下，稱為下區。手勢在這一區域活動，一般表示憎惡、反對、批判、失望等，手勢向外、向下（手心也向下），一般表示消極否定的意思。如「吸毒、嫖娼，這些社會害民害國的骯髒東西，必須徹底根除！」右後臂向胸前，然後迅速向斜下方打出，表示厭惡、憎恨。

手指的作用也不可忽視。如用來表示數目，或指點他人和自己。「你和我」用手來表示，一下子拉近了與聽者的距離，讓人感到無比親切。伸出大拇指表示對人的尊敬、讚揚之情。

拳頭的動作相對來說要少一些，表示憤怒、決心、力量或警告

等意思，要慎重使用。

4.手勢語運用應注意的幾個問題

（1）不能與內容脫節。

（2）不要誇張、表演。

（3）不要過頻、過濫。

（4）不要生硬模仿他人。

（三）體態語

一個人的體態，不僅表現了自身的思想品格、文化素養、舉止風度，也往往反映著對人或事所持的態度。

體態語一般可分為坐姿、站姿、步姿、蹲姿、俯姿、臥姿等。

站姿：一種是「丁字步」，一只腳在前，一只腳在後，兩腳不要靠得太緊，前後交叉不超過一只腳板的長度為宜。還有一種是自然站立式，兩腿直立，兩腳適當分開，給人以精神振奮的印象。站立時應挺胸、收腹，做到「松而不懈，鋌而不僵」。身子不要東搖西晃，不要背著手來回走動，不要以腳尖「打點」或緊張時抓耳撓腮等。

坐姿：坐姿的基本要求是肩部放鬆，不要用力，下巴微向上翹，腰背挺直。女士兩膝併攏，小腿和大腿斜放45度角。男士可分開一些，但不超過肩寬。起坐不要發出響聲。在交際活動中，坐姿有嚴肅性坐姿與隨意性坐姿兩種。選用什麼樣的坐姿是受語言環境制約的，一些嚴肅、認真的場合採用嚴肅坐姿，一些隨和、非嚴肅的場合可採用隨意坐姿。無論男女，不管什麼場合，都不要隨便提褲腿，露出「飛毛腿」，這樣很不文雅。

步姿：步姿是透過步態傳遞訊息的語言。步姿要自然、輕盈、敏捷、矯健。遇到緊急時刻，行走要快，但不能跑，要表現出一種

沉穩、高貴的氣質。一般情況下，男士步幅40公分左右，女士步幅30公分左右；男士每分鐘108～110步，女士每分鐘118～120步。但不同年齡、不同職業、不同性格特點的人體現的步姿語言是有區別的。在交際場合中，要根據不同的語境表達需要選用不同的步姿。

坐、立、行是一個人的氣質標籤。在口語交際活動中，要提升個性形象，為自己的魅力加分，就要表現其優雅的風度、典雅的氣質和高尚的情趣，體現出良好的教養。

為了使自己的態勢語自然、和諧、優美、瀟灑，在平時可根據演講內容對態勢語做個大致的設計，然後再「對鏡」展示、修改。

第四節 類語言

類語言是一種特殊但又很普遍、很重要的語音現象。在口語表達中，要充分發揮類語言的情感功能，做到情語相融，以情帶聲，聲情並茂。

一、類語言概說

類語言也稱「副語言」，是交際過程中的一種有聲但無固定意義的語言。簡單地理解就是指說話的聲音變化，是一種特殊的語音現象。嚴格地說，類語言不是語言，而只是具有某些語言功能的類似於語言的聲音。如語氣、語調、笑聲、掌聲、哭聲等。

類語言一般分為兩種：一種是伴隨有聲語言出現的聲音特性，如停頓、重音、快慢、語調等；另一種是表意的功能性發音，如笑聲、哭聲、呻吟聲、嘆息聲、咳嗽聲、哼聲、嘖嘖聲、叫聲、掌聲、口哨聲等。在口語交際過程中，類語言的巧妙運用，會收到很好的表達效果。

二、類語言的運用技巧

義大利的悲劇明星羅西應邀參加一個歡迎外賓的宴會。宴會上，客人請他表演節目。羅西清了清嗓子，然後用義大利語朗誦了一段台詞。儘管外賓都聽不懂台詞的意思，卻被他悲慘淒涼的語調和跌宕起伏的聲音所感動，許多聽眾潸然淚下，可是羅西的一位朋友卻忍俊不禁，跑出大廳大笑不止。原來，這位明星朗誦的並不是什麼悲劇的台詞，而是宴席上的菜單。

羅西的滑稽表演之所以能夠感染人，是因為他運用了高超、嫻熟的類語言技巧。

（一）語調

語調是指口語表達時因情感和表達的需要，在聲音處理上表現出來的高低、升降、曲直的變化。語調是口語表達的重要手段，它能很好地輔助語言表情達意。基本語調有平直調、昂上調、降抑調和彎曲調四種。一個詞語，只要帶上語調，就能表達一定的意義。比如「啊」字，用不同的語調就能表達不同的含義。

啊（上揚）表示追問（你剛才說什麼？）

啊（長而曲折，下降了再上升）表示驚疑，帶有責備的意味。（你怎麼可以這樣做？）

啊（較長而下降）恍然大悟，明白過來了。（原來是這麼回事！）

又如：「你真行啊！」

你真行啊！（平直調）一般性讚美，表示佩服。

你真行啊！（昂上調）正話反說，表示不滿意，含有諷刺之意。

你真行啊！（降抑調）表示肯定、感嘆，出自內心的讚美。

要正確運用語調的技巧，如果運用不當，就會影響交際的效果。

比如，一位顧客到飯店點菜，服務員回答沒有，回答的語調不同，效果也就不同。

「對不起，沒有這道菜了。」（語調平直）一般性陳述，沒有什麼感情色彩。

「對不起，沒有這道菜了！」（語調平緩）這種回答，態度親切得體。

「對不起，沒有這道菜了！」（語調快速，降抑調表達）這種回答態度生硬，讓人難以接受。

語言若沒有輕重緩急，就難以傳情。同樣一句話，由於語調輕重、高低長短、急緩等的不同變化，在不同語境裡，可以表達出種種不同的思想感情。例如：「啊，多美啊！」用舒緩的語氣可以表達出讚頌之情，如果用怪腔怪調來念，則表現出譏諷嘲笑之意。因此，口語交際者正確選擇和運用語調對表達思想感情有著十分重要的意義。

著名電影演員李默然主張以情托聲，就是用情感把你的聲音托出來。他以朗誦艾青的詩《我愛這片土地》為例，朗誦最後兩句：「為什麼我的兩眼含著淚水？因為我對這土地愛得深沉。」如果以聲帶情，用大音量讀，到這兩句突然有一種凝固的感覺，一個小小的停頓，接著小音量地讀，便能把這種「愛得深沉」的感情表達出來。

這段經驗之談，正說明了要情動於衷，才能聲形於外。只有對講的內容理解至深，有真情實感，語調才能用得貼切、自然、動情。

語調的選擇和運用，必須切合思想內容，符合語言環境，考慮現場效果。語調貼切、自然正是表達者思想感情在語言上的自然流露，所以，恰當地運用語調，事先必須準確地把握所表達的內容和感情。

語速要做到快慢得體，緩急適度，快而不亂，慢而不拖，快中有慢，慢中有快，張弛自然，錯落有致。這樣，便能顯示出語言的清晰度和節奏感，使表達具有音樂美。

（二）停頓

停頓是因內容表達和心理、生理的需要而在有聲語言鏈條上設置的間隙中斷，是有聲語言的「標點符號」。在口語表達中，停頓既是一種語言標誌，也是一種修辭手段，一種語法手段，是節奏的特殊處理。其作用是表示語言的結構關係和層次關係，給說話人以換氣的機會，同時也可以更好地表達語句的意義和感情，給人留下思考、回味、領略的餘地。

同樣一組音節，因停頓不同，意思完全不一樣，例如：「我贊成他也贊成你怎麼樣？」可以說成「我贊成他，也贊成你，怎麼樣」，也可說成「我贊成，他也贊成，你怎麼樣」，兩種停頓，表達了兩種完全不同的意見。可見，停頓不只是交際者在生理上正常換氣的需要，也是表情達意的需要。停頓得當，不僅可以清晰地顯示語意，而且可以調節語言節奏，給聽眾留下回味的餘地。

有時，停頓不當，往往影響語意的表達。例如：「這個縣大膽改革用人制度。」在「大膽」後停頓就會令人莫名其妙。按原意應在「縣」字後停頓才妥。又如「魯冰新、趙列光、李翔等參加了座談會」，這一句中「魯冰新」、「趙列光」與「李翔」是並列關係，用頓號隔開，念時需要停頓。如果在「魯冰新」後不停頓，唸成「魯冰新趙列光」就大錯特錯，把並列關係變成了同位關係了。可見，當停則停，不當停則不停，不可濫用。此外，在交際中，停頓太少、太短，或過多、過長，也都會影響思想感情的正確表達。

停頓一般分為語法停頓（又稱邏輯停頓）、感情停頓（又稱心理停頓）和特殊停頓。

語法停頓既能滿足自然換氣潤嗓的需要，也能使語句、段落層次分明。語法停頓一般用標點符號表示出來，但有時在較長的主語和謂語之間、動詞和較長的賓語之間、較長的附加成分和中心詞之間、較長的聯合成分之間，雖然沒有標點符號，也可作適當停頓。

這種停頓往往是為了強調某一觀點或突出某一事物。如「本來可能成為發明家的人無聲地捲起了設計圖紙」，根據不同的理解和不同的語速，可以有幾種不同的停頓方法。試作比較（「｜」表示無標點的停頓）：

本來可能成為發明家的人｜無聲地捲起了設計圖紙。（語速較快）

本來可能成為發明家的人｜無聲地捲起了｜設計圖紙。（中速）

本來可能成為｜發明家的人｜無聲地｜捲起了｜設計圖紙。（慢速）

感情停頓是為了表達複雜的或微妙的心理感情。感情停頓常常以拖長音節發音，欲停不停或適當延長時間來表現，並且常常輔之以體態語言，使感情表達得更加自然清楚。例如：「把挫折的苦果｜——變成人生的補藥。」這句話在「苦果」後拖音，似停非停，為後面的「變成」昂起而蓄勢，自然地表達了堅韌果斷之情。演講稿《把挫折的苦果變成人生的補藥》中有這樣幾句：

現在，我尚不能寫出｜「籠天地於形內，攝萬物於筆端」的文章，亦不能講出｜恢弘豪壯的語言（注析：這兩句在「出」字後的停頓，既有突出後面作賓語的較長的偏正詞組的作用，又表達出有自知之明的懇切態度。）可我｜正滿懷信心，矢志不渝地朝著理想之地奮進。（注析：在「我」字後作稍長停頓，能表達出堅定的信心。）

有時，為了加強某些特殊效果或應付現場的某些特殊需要，常常採用特殊停頓。一般來講，在列舉事例之前，略作停頓，能引起聽眾獨立思考；在做出妙語驚人的回答之後，稍作停頓，可使人咀嚼回味；在講完奇聞軼事和精彩見解之後，在聽眾讚歎之餘，特意

停頓，可加深聽眾印象，引起聯想；在話題轉移之際或會場氣氛熱烈之時，稍稍停頓，可加深聽眾記憶，給聽眾以領會之機。同時，恰當的特殊停頓，也可以使演講者本身贏得調整情緒的時機。當然，停頓應準確，如果運用不當會有捉弄聽眾之嫌。

（三）重音

在口語表達中，人們常常把某些詞語講得比一般詞語重些或輕些，這樣便能造成突出強調的作用。利用聲音的強弱對比，重讀或輕讀某些表現重點內容的詞、詞組或某個音節，從而造成突出強調的作用，這種口語表達技巧就是重音。

說話的聲音有強有弱。用力大，氣流強，聲音就大、就重；用力小，氣流弱，聲音就小、就輕。每個句子都是由詞語構成，每個詞語在句中的表意作用各不相同。

若按聲音強弱劃分，重音可分為輕讀型重音和重讀型重音，凡讀音比一般詞語讀音輕些的叫輕讀型重音，凡讀音比一般詞語讀音重些的叫重讀型重音。例如：

如果世界上真有不知疲倦的人，我們敬愛的周總理呵，一生休息得最少最少。

「不知疲倦」、「敬愛」、「周總理」應採用重讀型重音來讀，讀得重而深厚，而「最少最少」宜採用輕讀型重音來讀，讀得輕而深沉。

若按句子語法結構、表達的思想感情或內容重點來劃分，重音可分為語法重音、感情重音和邏輯重音。

1.語法重音

語法重讀，是口語中自然形成的一般重讀，它只與語法結構相適應，不帶什麼特殊意義和感情。語法重讀的位置是固定的，因而

形成了語句的自然節奏。語法重讀是有規律可循的，一般的短語句子中的謂語、形容詞前的狀語或後邊的補語、名詞前的定語、疑問代詞和指示代詞常常重讀。如：

生存還是死亡。

有的人活著，他已經死了；有的人死了，他還活著。

2.感情重音

感情重音，就是為了表達某種強烈的感情而採取的重讀。感情重讀很難靠個別詞語的加強來實現。有的時候需要整個句子，甚至一連串的句子來抒發。

我深知：自己沒有當官的本領，更沒有「爭官」的嗜好。我只想：要老老實實地幹好本職工作，自己的一舉一動要對得起良心，對得起群眾。

「深知」和「只想」宜採用輕讀型重音，表達出誠摯懇切的感情；「沒有」、「更沒有」宜採用重讀型重音，表示強調，突出清廉正直的品德；「老老實實」、「幹好」用重讀型重音，突出全心全意、踏踏實實工作的精神；「一舉一動」宜用一字一頓的重讀，與後面連接起來，既突出了語句的輪廓，也顯示了語言的感情層次和內在的邏輯關係。一般來講，表示複句的關聯語和具體修辭特徵的詞語要重讀。

3.邏輯重音

邏輯重音，就是為了更明確地表達說話人的目的和態度，將句中重點詞語的讀音特別加強、加長。邏輯重音，可以將語法重讀的詞語再加重，也可以把邏輯重音放在非語法重音的位置上。例如，「你再說一遍」，情景不同，表達目的不同，對重音的處理也就不同。

①你再說一遍。（剛才沒說清楚）「再」是語法重音。

②你再說一遍。（他不用說了）「你」是邏輯重音。

③你再說一遍。（寫都寫對了）「說」是邏輯重音。

④你再說一遍。（不需再說第二遍）「一」是邏輯重音。

⑤你再說一遍。（再說我就揍扁你）「再」是邏輯重音。比①有更強調的意思。

邏輯重音，是根據語言環境，為表達說話人特定的交際目的而採取的一種修辭方法，「重音」便是其修辭的手段。有人將它稱為「修辭重讀」。

邏輯重音，造成的是特殊表達的作用，如強調、肯定、誇張、對比、特指等。

（四）語速

語速是指講話的快慢緩急，即在相同的時間內所說的音節（字數）的多少。語速在書面上很難表示，文字中沒有語速符號。但是，語速與停頓有一定關係。語速與說話人的年齡、個性、交際對象等有關。根據語體不同語速也會有所不同。一般來說，快速說話每分鐘在200字以上，中速為每分鐘180字左右，慢速為每分鐘150字左右。類語言中的速度運用，是對語速的特殊處理，它往往會打破常規，該快則慢，該慢則快，在超常之中追求一種神奇的效果。

控制語速要遵循兩條基本原則：一是視內容需要而定；二是要做到急緩相間，富於變化。

其實很簡單，他們這樣瘋狂地來製造恐怖，正是他們自己在慌啊！在害怕啊！所以他們製造恐怖，其實是他們在恐怖啊！特務們，你們想想，你們還有幾天？你們完了，快完了。

聞一多先生面對敵人的殘暴、瘋狂，痛心疾首，義憤填膺，本來可以採取高昂、快速的語速來表達，可聞一多先生則多次運用緩慢的語速，有時是一字一頓，將情感蘊藏在心底，在悲憤中顯出對敵人的蔑視。

　　媽媽，我夢見了村邊的小溪，夢見了你，夢見了奶奶。

　　媽媽，我給你們捎去了一件好東西——威力洗衣機，獻給母親的愛。

　　通常情況下，廣告的語速是較快的，而這則廣告多處用緩慢的語速表達，不僅利於抒發對長輩的敬愛之情，更使人一字一句都能聽得清楚，從而收到了很好的宣傳效果。

　　（五）笑聲

　　笑聲是人類有意識、有理智的一種信號，是內心情感的外部顯現。由於笑聲是聲音的傳出，這聲音又帶有功能性，所以笑聲屬於類語言的範疇。

　　配音師朗誦《老人與海》，當朗誦到老人桑地亞哥終於戰勝了大魚時，就巧妙地運用了笑聲。

　　老人拼去最後生命將魚叉紮住了大魚的心臟。那大魚從水裡躍上來，展現它的長、它的寬、它的威力、它的全部的美。「哼——哈——哼——哈——」老人贏了！

　　人類的笑千姿百態，但是需要指出的是，微笑不屬於類語言，因為它是無聲的，只是一種表情，屬於態勢語言。

　　笑聲在口語表達中發揮著重要的作用：可以緩解僵局，消除尷尬，營造氛圍；可以表示委婉的拒絕；可以表示讚許、肯定和承認；可以表示諷刺、憤怒，等等。

　　技能訓練

1.分別做微笑、堅定、驚恐、憤怒的表情練習。

2.請朗讀下面這段演講詞，注意語調快慢的變化。

是啊，雕塑家奉獻美，有了大衛、維納斯；音樂家奉獻美，有了《英雄交響曲》《1814序曲》；科學家奉獻美，有了衛星、導彈、太空梭；工人奉獻美，有了美的產品；農民奉獻美，有了美的食糧；教師奉獻美，有了造福於人類的滿天下的桃李……而軍人，軍人也在奉獻美，奉獻美的生活、美的社會，更奉獻個人的利益、生命和家庭。於是，軍人的美便在犧牲中崇高，便在奉獻中燦爛！

3.停頓練習

（1）人｜並不是生來｜要給你們打敗的，你｜可以消滅他，可就是｜打不敗他……你們｜打不敗他！（海明威《老人與海》）

（2）但熱鬧是他們的，我｜什麼也沒有。（朱自清《荷塘月色》）

（3）王后聽說白雪公主還活著，氣得直咬牙齒：「哼，｜哼，｜誰比我美麗，我｜就要害死誰！」（安徒生《白雪公主》）

（4）太陽出來了，可是｜太陽｜不是我們的，我們｜要睡了。（曹禺《日出》）

4.下面句子屬於哪一種類型的重音，試著練習讀

（1）看吧，它飛舞著，像個精靈——高傲的、黑色的、暴風雨的精靈。

（2）女人就又坐在蓆子上。她望著丈夫的臉，她看出他的臉有些紅漲，說話有些氣喘。她問：「他們幾個呢？」

（3）中國人不打中國人！

（4）讓暴風雨來得更猛烈些吧！

（5）這不公平。你們這幫厚顏無恥的傢伙，可真會選擇時間。可我不怕你們！我不怕你們！我不怕你們！

（6）來吧！我還從來沒有見過比你更大、更美、更沉著的魚呢！

（7）我們都是中國人，都是龍的傳人。

（8）她從未遲到過一次啊！

（9）我們對著高山喊：「王——八——蛋——」

山谷回音：「他剛離去，他剛離去......」

（10）我，願意是急流，山野的小河。

第3章 語音的訓練方法和技巧

　　有聲語言以聲波形式將語音傳送到聽話人的耳鼓，構成口語交際。在這個過程中，發音是極重要的。語音具有清晰度高、圓潤度好、自如性強和適應性廣的特點。從培養口語能力的角度來看，說話人必須發音清晰、準確，並且善於運用語調、語速等，透過聲音的抑揚頓挫，使表情達意更準確；從社會語言應用來看，人與人之間，語音差別很大，在發音上存在的問題很多。因此，要想取得良好的發音效果，做好語音方面的訓練是十分必要的。

第一節 呼吸控制訓練

「氣乃聲之源」，發音的基礎之一是呼吸。響亮、動聽的聲音與科學的呼吸訓練是分不開的。富於彈性、耐久的嗓音，需要源源不斷供給聲帶氣流。呼吸不僅是發聲的動力，還是一種極重要的表達手段，是情與聲之間的橋樑。要想清晰準確自如地表情達意，就要學會控制和運用呼吸。

人的聲音是這樣發出的：氣流進入肺臟後由胸、腹、橫膈膜等肌肉對其進行控制，使其成為一個衝擊波逆流而上，吹擊聲帶，此時聲音比較單純，經過口腔各個發音部位把字咬出來，然後經過共鳴器的共鳴，使聲音美化。有人覺得，在一些大型的口語交際場合，如果時間稍長就會底氣不足，出現口乾舌燥、聲音嘶啞的現象。這是因為，在日常交際如談話、聊天、討論中，人們習慣於用嗓子說話，由於發音時間短還是可以的，如果時間長，就很難應付了。這就需要學會運用科學的發音方法。

要學會正確的發音方法先要學會正確運氣。「氣乃音之帥也」，「氣動則聲發」。氣息是發音的原動力，只有運用科學的運氣發音方法，才能使聲音更加甜美、清亮、持久。

一、胸腹聯合式呼吸法

胸腹聯合式呼吸法，是指胸、腹所有呼吸器官都參與的呼吸運動，使胸廓、橫膈膜及腹部肌肉控制呼吸的能力得到合作，可以擴大胸腔的容量，因而能吸入足夠的氣息。這種呼吸方法容易控制呼吸。人們說的「丹田氣」就是胸腹聯合式呼吸法。

胸腹聯合式呼吸法的要領是：雙目平視，雙肩放鬆，兩肋張開，橫膈膜下降。無論是站姿還是立姿，胸部都要稍向前傾，小腹自然內收，雙腳平放地上。做到以意領氣，意到氣到。

吸氣時全身放鬆，舌尖微翹抵上齒背，兩肋擴大，向上向外提起，感到腰帶漸緊，後腰有一種脹開的感覺，橫膈膜下壓腹部，擴大胸腔體積，小腹內收，氣貫丹田。吸氣時嘴微閉，用鼻吸，儘量吸得足、吸得深。吸氣時腹肌的收縮不可過於主動，收縮的緊張度不可過強。

呼氣時應以慢呼為主。先控制兩肋，使腹部有一種壓力，舌尖抵下齒背，由翹變平，將氣均勻地往外吐，氣從胸腔往外運行，要走一條線，把氣歸攏在一起。呼氣時要張開嘴，做到勻、緩、穩，不要將氣一下子呼出。

胸腹聯合式呼吸法，呼吸活動範圍大、伸縮性強，可以使氣息均勻平衡。理想的狀態是做到「吸氣一大片，呼氣一條線；氣斷情不斷，聲斷意不斷」。

二、胸腹聯合式呼吸基本狀態的訓練

（一）呼吸肌的運動及配合訓練

1.體會日常呼吸時呼吸肌的運動與配合

保持正確的坐姿，身體重心在臀下當中椅子的前部，需滿臀坐。腰直、胸含、肩松，完全自然地像嘆氣一樣，將體內餘氣全部吐出來，然後從容自然地吸氣。吸到正常的程度自然地呼氣，注意體會兩肋下塌，腹壁漸鬆復原。

2.體會稍有控制的吸氣和呼氣

保持正確的坐姿，將體內的餘氣全部吐出來之後，吸氣時有意

識地強調「吸到肺底、兩肋打開、腹壁站定」的感覺，進行慢吸慢呼練習。吸氣時，兩肋後部漸張，腹肌漸漸向丹田集中，腹壁有從鬆弛狀態漸漸繃緊「站定」的感覺。當吸氣比日常自然吸氣稍多五六成時，再調整吸氣呼氣肌的控制感覺，暫時憋住一小會兒再慢慢地呼出。以後，隨著呼吸控制能力的增強，吸氣量可加到比自然吸氣多八九成。

（二）以慢吸慢呼方式進行胸腹聯合式呼吸控制的基本狀態訓練

1.坐姿，重心在臀下當中，軀幹略前傾，肩及前胸放鬆，頸直、腰直、胸稍含，下巴、舌根、喉頭、鎖骨及頸部肌肉需鬆弛。

嘆一口氣將體內餘氣全部吐出，用聞花香、抬重物、半打呵欠等吸氣感覺，從容吸氣，有一種讓氣流「沿後背脊柱向下至肺底」的意念，將氣吸入肺底部，後腰部漸漸有脹滿感，注意力放在兩肋後部向左右打開支撐的感覺上。吸氣時，腹壁不必用力收縮。吸氣到六七成滿時，調整肌肉控制感覺，暫時憋住一小會兒再將氣緩緩呼出，保持兩肋的支撐感。

2.練習慢吸慢呼。呼氣時，撮口做吹塵狀，將氣緩緩「吹」出，要求氣流要吸得深並保持一定量，呼氣要均勻、緩慢、量小而集中。

3.咬緊牙關，吸氣後，從牙縫中發出「嘶——」聲，氣流應平穩均勻。吸一口氣後的呼氣持續時間逐漸延長，達到一口氣能呼30秒～40秒。

4.採用站姿做以上練習。

5.緩慢持續地發出ai uai uang iang四個音練習慢吸慢呼。要求吸氣深，呼氣勻。

（三）延長呼氣時間的訓練

1.慢吸慢呼，延長呼氣時間。保持正確的呼吸狀態，慢吸氣後緩慢呼出，持續時間達到30秒～40秒。

2.慢吸慢呼，數「葫蘆」：「金葫蘆，銀葫蘆，一口氣數不了二十四個葫蘆，一個葫蘆，兩個葫蘆，三個葫蘆......」要求一口氣能數15～24個葫蘆。

3.練習唱舒緩、抒情的歌曲。

（四）擴展胸腹聯合式呼吸控制能力的訓練

1.慢吸快呼的訓練

（1）數數，從一數到十，循環往復，一口氣能數多少遍就數多少遍，要清晰響亮。

（2）保持慢吸的正確狀態吸氣之後，用一口氣反覆念「吃葡萄不吐葡萄皮，不吃葡萄倒吐葡萄皮」。

（3）深吸一口氣反覆念「班幹部不管班幹部」。

（4）數「棗兒」：「出東門，過大橋，大橋底下一樹棗兒，拿著竿子去打棗兒，青的多，紅的少，一個棗兒，兩個棗兒......」要求一口氣至少應當數到20～30個棗兒。

2.快吸慢呼的訓練

（1）誇大聲調，延長發音，控制氣息。

花紅柳綠（發音時，聲母和韻母之間氣息拉長，要均勻、不斷氣）

（2）採用驚喜、痛苦、遠距離等方式喊人的姓名。

3.快吸快呼的訓練

兩肋打開，張嘴的瞬間吸氣到肺底，腹壁站立。要求呼吸急而不促、快而不亂、長而不喘。

（1）用快書的語調和語速來讀《中國功夫》這首歌詞。

臥似一張弓，站似一棵松，

不動不搖坐如鐘，走路一陣風。

南拳和北腿，少林武當功，

太極八卦連環掌，中華有神功！

棍掃一大片，槍挑一條線，

身輕好似雲中燕，豪氣沖雲天！

外練筋骨皮，內練一口氣，

剛柔並濟不低頭，心中有天地。

青鋒劍在手，雙刀就看走，

行家功夫一出手，就知有沒有。

手是兩扇門，腳下是一條根，

四方水土養育了——中華武術魂！

東方一條龍，兒女是英雄。

天高地遠八面風，中華有神功！

（2）貫口段子練習。

大宋朝文堰伯，幼兒倒有伏囚之志，司馬文公倒有破甕救兒之謀。漢孔融四歲讓梨，懂得謙遜之禮。小黃香九歲溫席奉香，秦甘羅一十二歲身為宰相。吳周瑜七歲學文九歲習武，一十三歲官拜水軍都督，執掌六郡八十一州之兵權，施苦肉陷連環借東風借雕翎火燒戰船，使曹操望風鼠竄，險些命喪江南，雖有臥龍鳳雛之相幫，那周瑜也算小孩子當中之魁首。

（3）劉鶚在《老殘游記》中有一段描繪白妞（王小玉藝名）

唱山東大鼓的情景，模仿說書的語氣和語調練習。

　　王小玉便啟朱唇，發皓齒，唱了幾句書兒。聲音初不甚大，只
覺入耳，有說不出來的妙境：五臟六腑裡，像熨斗熨過，無一處不
伏貼，三萬六千個毛孔，像吃了人參果，無一個毛孔不暢快。唱了
十數句之後，漸漸地越唱越高，忽然拔了一個尖兒，像一線鋼絲拋
入天際，不禁暗暗叫絕。哪知他於那極高的地方，尚能迴環轉折；
幾轉之後，又高一層，接連有三四疊，節節高起。恍如由傲來峰西
面，攀登泰山的景象：初看傲來峰削壁千仞，以為上與天通；及至
翻到傲來峰頂，才見扇子崖更在傲來峰上；及至翻到扇子崖，又見
南天門更在扇子崖上：愈翻愈險，愈險愈奇！

　　那王小玉唱到極高的三四疊後，陡然一落，又極力騁其千回百
折的精神，如一條飛蛇在黃山三十六峰半中腰裡盤旋穿插，頃刻之
間，周匝數遍，從此以後愈唱愈低，愈低愈細，那聲音漸漸地就聽
不見了。滿園子的人都屏氣凝神，不敢少動。約有兩三分鐘之久，
彷彿有一點聲音從地底下發出。這一出之後，忽又揚起，像放那東
洋煙火，一個彈子上天，隨化作千百道五色火光，縱橫散亂。這一
聲飛起，即有無限聲音俱來並發。那彈弦子的亦全用輪指，忽大忽
小，同他那聲音相應相合，有如花塢春曉，好鳥亂鳴。耳朵忙不過
來，不曉得聽哪一聲的為是。正在繚亂之際，忽聽霍然一聲，人弦
俱寂。這時台下叫好之聲，轟然雷動。

第二節 共鳴控制訓練

一、共鳴

　　共鳴，指的是物體因共振而發聲的現象。如兩個頻率相同的音叉靠近，其中一個振動發聲時，另一個也會發聲。人的聲帶髮出的聲音是單調乏力的，要發出洪亮悅耳的聲音，需要經過口腔、咽腔、鼻腔、胸腔等共鳴器的控制。人的共鳴器以口腔為主，以胸腔為基礎，以其他共鳴為後備。口腔共鳴對於發聲至關重要，沒有口腔的活動就不可能產生語音，不充分發揮口腔的共鳴作用，發聲就難以做到圓潤動聽。沒有口腔共鳴，其他共鳴腔也難以發揮作用。口腔共鳴要把握四點要領，即提顴肌，開牙關，挺軟腭，鬆下巴。應用和控制好各個共鳴腔，語音的表達效果才會好。

　　要想使語音獲得良好的共鳴，必須注意「暢」與「阻」的矛盾把握。「暢」就是整個發聲的聲道要十分通暢。頸部脊背要自然伸直，這樣聲音不憋不擠，形成一個聲柱流暢地湧出來。「阻」並非把聲音阻住，而是指要運用共鳴器官將聲音錘煉、鍛打，不讓聲音順暢地出來，而應使之有棱角、有份量。

二、共鳴訓練

　　1.用不同的音高發6個單元音——a、o、e、i、u、ü——的延長音，體會不同音區共鳴腔的變化。

　　2.體會胸腔共鳴。低音發「ha」音，聲音感覺是從胸腔發出的，是雄渾的。

3.練習讀下面這首詩，加強韻腳的胸腔共鳴。

春眠不覺曉，處處聞啼鳥。

夜來風雨聲，花落知多少。

4.練習下列含有a音的詞。

計劃 發達 自發 出嫁 萌芽 青蛙

5.模仿汽笛長鳴「di」，可平行發音，也可由小到大或由大到小變化進行。

6.音階「啊」、「眯」層遞練習：由低到高、由高到低，或高低變低高層遞訓練。

第三節 吐字歸音訓練

一、吐字歸音

吐字歸音是傳統的說唱藝術中運用的一種咬字法，是使字音清楚、準確、完整、飽滿的傳統發音手段。吐字歸音把字頭、字腹和字尾的處理分別叫做出字、立字、歸音。

吐字歸音的要領是：

1.出字指吐字歸音過程中對字頭的處理，發音要準確有力，有叨住彈出感。

2.立字指吐字歸音過程中對字腹的處理，韻腹發音時，氣息要流暢地透過發音部位，明亮充實，圓潤飽滿，有拉開立起感。

3.歸音是指吐字歸音過程中對字尾的處理，發音要鮮明、乾淨，不能拖泥帶水，也不能音不到位，要做到到位弱收，趨勢鮮明。

4.棗核形。棗核形是民間說唱藝人對吐字過程形象的描述。棗核形指頭、腹、尾俱全的音節吐字的狀態，字頭叨住彈出，字腹拉開立起，字尾到位弱收，合起來成為一個兩頭小中間大的「棗核」形。

在口語交際中，有些人的表達使人聽不清，聽不明，聽不準。根本原因就是吐字不清晰，歸音不到位。中國傳統的說唱藝術，非常講究吐字歸音，素有「千斤話白四兩唱」、「曲有三絕，字清為一絕」的說法，可見，人們歷來重視吐字歸音。在傳統的說唱表演藝術裡，吐字歸音訓練講究「字正腔圓」，要求每個音都要發得清

晰、有力、傳遠，正規的口語表達也不例外。字正，指字音清晰、準確、響亮，送音有力，語意鮮明；腔圓，即聲音的圓滑。要克服吐字不清晰、歸音不到位的毛病，就要注意咬字時出字部分與立字部分不允許有一絲一毫的分解。要注意咬緊字頭、發亮韻腹、收全韻尾。每個音節從開頭的出字，到中間的擴大聲腔，直到最後的歸音，整個字音要發成圓滑的中間大、兩頭小的棗核形狀，好讓字音的流動量呈「棗核形」。發音時要根據具體內容、形式的不同要求而靈活運用，不能為求「棗核形」的完整而破壞自然流暢的發聲。

二、咬字器官互相配合的要領

吐字是否清楚有先天的因素，而後天的鍛鍊更加重要。控制口腔的技巧就是控制輔音、母音的技巧，只有堅持鍛鍊才能做到吐字清晰有力。

咬字器官的互相配合要掌握以下幾個要領：

1.打開口腔

打開口腔要有提起上腭的感覺，同時下腭要放鬆，可以適當加大口腔的容積，為字音的拉開立起創造條件。要點是提顴肌，開牙關，挺軟腭，鬆下巴。

2.力量集中

咬字器官力量的集中是使聲音集中的重要一環，主要表現在唇和舌上。有的人聲音散、缺乏力度、字音含混不清，最主要的原因是唇舌無力。雙唇是發聲的最後一道關口，唇的力量集中，雙唇貼住上下齒，可以減少因雙唇鬆弛形成唇齒間的腔體造成的湍流，使聲音乾淨、明亮、集中。而在音節中全部都有舌的積極活動，對舌的控制是吐字中最重要的一環。

3.明確發音路線的著力位置

聲音發出的路線是沿軟腭、硬腭的中縱線推到硬腭的前部，硬腭的前部就是字音的著力位置。這樣做會獲得聲音從上唇以上的部位透出的感覺，聲音集中，音色明朗，穿透力強。

三、吐詞力度的處理

前邊介紹的「吐字歸音」，借鑑的是中國傳統說唱藝術的技法，它對提高字音清晰度和圓潤度有一定的作用，但由於過分強調字音的完整性、「棗核形」，卻容易造成語言板滯和思維不暢。可以說吐字歸音更適合於唱的語言，而說的語言更適合吐詞訓練。

「吐詞」是根據漢語語音結構特點提出的詞語吐送的發聲方法。它吸取了傳統的「吐字歸音」發聲法的優點，結合詞語中音節連續變化的規律，提出了在音節組合層面動態把握語言發聲的全新概念，能夠使語言發聲達到既清晰圓潤，又自然流暢的要求。

吐詞力度的處理不同於吐字歸音，它的特點是「兩頭清楚。中間過渡」。「兩頭清楚」是指首字的字頭和末字的字尾要發得清楚。首字的字頭是詞語發音的起始段，只有彈發有力才能保證後續音節發音的飽滿度；末字韻母是詞語中時值最長的部分，字腹要適當拉開，歸音要唇舌到位，以保證詞語整體的完整性和圓潤度。「中間過渡」是指中間部分吐字力度不必太強，發音時只要唇舌力度稍加調節，聲母點到為止，韻母不使脫落，就能夠達到整體清晰、過渡自然的效果了。

四、口腔控制訓練

（一）吐字訓練

吐字訓練，主要是聲母或聲介合母的發音訓練，吐字也叫咬字。「咬字千斤重，聽者自動容」，如果吐字不用力，就不能發出優美動聽的聲音。因為字頭的發音部位的肌肉很容易產生力量，而且只有發字頭的時候肌肉緊張，才能使口腔內壓力增強，口腔和舌頭的肌肉才能相應地緊張起來。這種狀態下發出的字音才有份量，才能達到發聲的效果。

吐字練習時，既不能把聲母或聲介合母咬得過死，又不能放得過鬆。有人形容就像大貓叼小貓那樣，既不能把小貓咬死，也不能把小貓掉在地上。

1.噴口字b、p、m、f的練習

在傳統的說唱表演藝術裡，將以b、p、m、f作聲母或與之相連的聲介合母的字叫做噴口字，這是利用字頭的力量帶響整個字音，從而增強聲音的感染力和表現力。

2.彈舌字d、t、n、l的訓練

在傳統的說唱表演藝術裡，人們將d、t、n、l作聲母或與之相連的聲介合母的字叫做彈舌字。彈舌字，顧名思義，就是發這組音時舌頭要有彈力，要求舌尖活動要迅速、準確、靈活。彈舌字發音時舌尖處於緊張用力狀態，而舌身要放鬆，不要僵硬。

3.開喉字g、k、h的訓練

在傳統的說唱表演藝術裡，人們將g、k、h作聲母或與之開頭的聲介合母的字叫做開喉字。開喉即打開喉嚨。發這組字音時，喉嚨要打開，口後要用力，舌根及軟腭都要適度緊張。

4.舌面音和牙音字j、q、x的訓練

在傳統的說唱表演藝術裡，人們將j、q、x作聲母或與之開頭的聲介合母的字叫做牙音字。j、q、x三個音都含有擦音成分，由

它們開頭的音節發音不容易發得響亮。為了使音節發得響亮，發音時要從後牙部位開始用力，但不要咬死，要有一定的開度。同時，舌面前與硬腭的節制部位要緊張用力，透過用力咬嚼的動作，將氣流引導到牙齒上，使牙震成聲，由後牙傳導到側牙及前齒。

5.齒音字z、c、s、zh、ch、sh、r的訓練

在傳統的說唱表演藝術裡，人們將z、c、s、zh、ch、sh、r作聲母或與之相連的聲介合母的字叫做齒音字。齒音字的「齒」指的是門齒。發音時要用力，引導氣流震動門齒成聲。後牙不要咬死，要留有適當的空隙。許多方言區z、c、s和zh、ch、sh不分，要切實加強舌尖前音z、c、s和舌尖後音zh、ch、sh的辨異訓練，要找規律、下苦功練習。

6.零聲母及其吐字訓練

漢語的音節是由聲母、韻母構成的，以母音開頭的音節同樣有聲母，這個聲母是由開頭母音之前的「零」充當的，這就是零聲母。零聲母可以分為兩類：一類是開口呼零聲母，一類是非開口呼零聲母。開口呼零聲母音節共有13個，即：a、o、e、ê、ai、ei、ao、ou、an、en、ang、eng、er。非開口呼零聲母，指的是以i、u、ü起頭的音節。

零聲母音節的開頭由於缺少輔音節制氣流，往往不容易引起器官的局部緊張，嘴上使不上勁，難以帶響後面的字腹和字尾，並且氣流的消耗很大，給準確出字帶來困難。所以，為了吐字動作有力和音節界限分明，某些輔音成分就成了必須著意發出的語音成分。

（二）韻母及「立字」歸音訓練

所謂「立字」，是藝術語言發聲中對「字腹」（韻腹）的藝術處理。字音是隨著字腹的拉開而在口腔中「立」起來的，因而稱為「立字」。「立字」的總體要求是拉開立起。在字頭輕輕彈出後，

口腔隨著字腹的到來而拉開到適當的開度，感覺字音是隨著上顎的提起而「立」起來，口腔的開度要略大於自然發音的開度，以便取得清晰的音色和豐富的泛音共鳴。具體要求是：

1.適當擴大口腔開度。這並不是將雙唇張得很大，而是要使口腔內的容積增大。儘量撐開後槽牙，適當壓低舌頭，使咽腔和口腔聯合形成喇叭口狀。

2.前音後發，後音前發。前音後發指發前列母音時，舌面低平，舌肌前鬆後緊，舌高點向後移位，使口腔形成筒狀發音。後音前發則與此相反，最好是中部發音，這樣的聲音才飽滿、集中、平實，聽起來才會增強聲音的響度。

3.窄音寬發，寬音窄發。根據舌位的高低，把母音分為寬母音和窄母音兩類。所謂寬窄，是指舌頭與上顎的距離。窄音寬發，是要想辦法尋找母音在口腔內的最大共鳴。發窄母音時舌位比較高，舌頭與上顎的距離比較近，口腔容積較小，容易產生摩擦，聲音不容易發得響亮。所以，發音時，要自然放鬆舌肌和聲帶，聲音拔高時，口腔隨著聲音的升高逐漸放寬，舌位逐漸減低，這樣就略微超出了本母音允許的範圍。寬音窄發主要是指母音a而言，因為a的舌位最低，口腔開度最大，如果一味寬發，顯然沒有必要，所以要適當收斂它的發音。

4.圓唇母音不要太圓。普通話韻母由三部分組成：韻頭、韻腹、韻尾。在傳統的說唱表演藝術中，把吐送韻尾的動作叫收聲（輔音韻尾）、歸韻（母音韻尾），統稱歸音。有韻尾音節的韻尾音素必須要發音到位，不要輕飄飄地若有若無。

（1）收聲：輔音n、ng為韻尾的音節的歸音叫收聲。一類收聲要抵顎，凡韻尾是前鼻音n的，如an、en、in等，收聲時，舌尖要稍抵上齒背，做一個明顯的抵顎動作。比如：展覽、認真、電線、拼音、傳喚、論文、永遠、幸運等。另一類收聲要穿鼻，凡韻

尾是ng的，如ang、eng等，收聲時軟腭下垂，堵住口腔氣流通道，將氣息灌入鼻腔，收後鼻音ng。如：商場、風箏、清明、亮相、狀況、公眾、老翁、英勇等。

（2）歸韻：凡韻尾是i、u、o的，如ai、ou、ao等，其歸音叫歸韻。韻尾是母音i的，如ai、ei等，要展開嘴角，收到i的位置。如：開採、愛戴、妹妹、違背、奇怪、坦率、回味、追回等。韻尾是u或o的，要聚斂雙唇，收到u的位置。如：收購、守候、早操、高考、苗條、巧妙、悠久、優秀等。

有的音節沒有韻尾，詞曲家把這類音節叫「直喉」字音。「直喉」就是在發音時，口腔一直保持韻腹的開度，不在中途改變口腔的開度，或者把口腔的肌肉放鬆，一直到聲音停止後口腔才恢復常態。如：沙發、打雜、薄弱、沒落、特色、折射、提議、立即、古樸、督促、全局、區域、倉促、文字、專職、史詩、而且、十二、國家、發芽、解決、特別、計劃、青蛙、國貨、著落、掠奪、隔絕等。

五、吐字歸音的綜合訓練

（一）吐字歸音的常規練習方法

1.彈唇：雙唇緊閉，阻住氣流，然後突然打開，爆發出「b」或「p」音。

2.轉唇：雙唇緊閉，用力撮起，順時針轉360度。

3.彈舌：舌輕觸上齒背，用氣衝擊使舌跳動。

4.捲舌：舌尖牴觸硬腭，上捲直至軟腭發「er」音。

5.提腭：發「ga」音，提起軟腭，使口腔充分打開。

（二）吐字練習

1.b、p、m、f的繞口令練習

練習時要注意先準後快。

（1）八百標兵奔北坡，砲兵並排北邊跑，砲兵怕把標兵碰，標兵怕碰砲兵跑。

（2）一平盆面烙一平盆餅，餅碰盆，盆碰餅。

（3）一條褲子七條縫兒，橫縫兒上有豎縫兒，豎縫兒上有橫縫兒。縫了橫縫兒縫豎縫兒，縫了豎縫兒再縫橫縫兒。

（4）對門有堵白粉牆，白粉牆上畫鳳凰。先畫一只粉黃粉黃的黃鳳凰，後畫一只緋紅緋紅的紅鳳凰，紅鳳凰看黃鳳凰。黃鳳凰，紅鳳凰，兩只都像活鳳凰。

（5）出北門，朝北走，

走出八千八百八十八大步，

來到八千八百八十八里鋪。

八千八百八十八里鋪，

種了八千八百八十八棵芭蕉樹，

飛來八千八百八十八個八哥鳥，

要在這八千八百八十八棵芭蕉樹上住。

惹惱了八千八百八十八個老伯伯，

掏出八千八百八十八個白彈弓，

不讓這八千八百八十八個八哥鳥，

在這八千八百八十八棵芭蕉樹上住。

跑來了八千八百八十八個白胖小哥哥，

拽住了八千八百八十八個老伯伯，

不要打這八千八百八十八個八哥鳥。

2.d、t、n、l的繞口令練習

（1）東洞庭，西洞庭，洞庭山上一條藤，藤上掛個大銅鈴。風吹藤動銅鈴動，風停藤定銅鈴靜。

（2）太陽從西往東落，聽我唱首顛倒歌。地下打雷沒有響，天上石頭滾下坡；江裡駱駝會下蛋，山上鯉魚搭成窩；臘月苦熱直流汗，六月暴冷打哆嗦；姐在房中頭梳手，門外口袋把驢馱。

（3）新郎和新娘，柳樹底下來納涼。新娘問新郎：「你是下湖去挖泥，還是下田去扶犁？」新郎問新娘：「你是坐在樹下把書念，還是下湖去採蓮？」新娘聽了抿嘴樂：「我採蓮，你挖泥，我拉犁，你扶犁，挖完了泥，採完了蓮，扶完了犁，咱倆一起把書念。」

（4）調到敵島打特盜，特盜太刁投短刀。擋推頂打短刀掉，踏盜得刀盜打倒。

（5）兔子拉肚子，肚子怪兔子，兔子怪肚子。兔子說是由於肚子才拉肚子，肚子說是由於兔子才拉肚子。到底兔子弄得肚子拉肚子，還是肚子弄得兔子拉肚子？我看是兔子弄得肚子拉肚子。

（6）無奈說拿無賴無奈；無賴說無奈是個無賴。到底是無賴無奈，還是無奈就無賴？一天無賴去偷奶，看見小牛正吃奶。無賴上前去擠奶，小牛舉蹄踢無賴，無賴著急可無奈。

3.g、k、h的繞口令練習

（1）我們要學理化，他們要學理髮。理化不是理髮，理髮不是理化，理化、理髮要分清，學會理化不一定就會理髮，學會理髮

不一定就會理化。

（2）老華工葛蓋谷歸國觀光，剛剛過了海關就來觀看故國港口的風光。昔日港口空曠曠，如今蓋滿樓閣，街道寬廣；過去工頭剋扣，港口罷工，鰥寡孤獨屍骨拋山岡；如今只見船竿高掛，漁歌高亢唱海港。歸國觀光的葛蓋谷無限感慨，感慨故國港口無限風光。

4.j、q、x的繞口令練習

（1）琴琴擎起氫氣球，氫氣球輕輕起。氫球起琴琴喜，氣球不起琴琴氣。

（2）向欣熙想學戲，虛心學戲細學習。

（3）打南邊來個瘸子，手裡托著個碟子，碟子裡裝著個茄子，地下釘著個橛子，橛子絆倒了瘸子，撒了碟子裡的茄子，氣得瘸子撒了碟子，拔了橛子，踩了茄子。

（4）七巷一個漆匠，西巷一個錫匠。七巷的漆匠偷了西巷錫匠的錫，西巷的錫匠拿了七巷漆匠的漆。七巷的漆匠氣西巷的錫匠拿了漆，西巷的錫匠譏七巷的漆匠拿了錫。請問漆匠和錫匠，誰拿誰的錫，誰偷誰的漆。

5.z、c、s、zh、ch、sh、r的繞口令練習

（1）種紫竹，做竹桌，紫竹桌子自製作。

（2）三山撐四水，四水繞三山，三山四水春長在，四水三山四時春。

（3）鋤長草，草成材，長草叢中出粗柴。

（4）山前有個崔粗腿，山後有個崔腿粗。二人山前來比腿。不知是崔粗腿比崔腿粗的腿粗，還是崔腿粗比崔粗腿的腿粗。

（5）司令部指示：四團十連石連長帶四十人在十日四時四十分按時到達師部司令部，師長召開誓師大會。

（6）小司和小時，一個吃柿子，一個寫詩詞。小司無意弄濕紙，濕紙不能寫詩詞，小時說此事怨小司。

（7）山前有四十四棵死澀柿子樹，山後有四十四個石獅子。山前的四十四棵死澀柿子樹，澀死了山後的四十四個石獅子，山後的四十四個石獅子，咬死了山前的四十四棵死澀柿子樹。不知是山前的四十四棵死澀柿子樹澀死了山後的四十四個石獅子，還是山後的四十四個石獅子咬死了山前的四十四棵死澀柿子樹。

（8）試將四十四只極細的紫絲線，試織四十四只極細極細的紫獅子。細紫絲織細紫獅子，細紫絲線卻織成了死紫獅子，紫獅子織不成了就扯斷了紫絲線。

（三）「立字」繞口令練習

1.天上七顆星，樹上七隻鷹，樑上七只釘，台上七盞燈。拿扇扇了燈，用手拔了釘，舉槍打了鷹，烏雲蓋了星。

2.姓陳的不能說姓程，姓程的不能說姓陳，禾木的程，耳東的陳，如果說陳程不分，就會認錯人。

3.同姓不能唸成通信，通信不能說成同姓；同姓的可以互相通信，通信的可不一定同姓。

（四）歸韻繞口令練習

1.小艾和小戴，一起來買菜，小艾把一斤菜給小戴，小艾有比小戴多一倍的菜。小戴把一斤菜給小艾，小戴小艾就有一般多的菜。請你摸摸腦袋猜一猜，小艾小戴各買了多少菜。

2.北風吹，雪花飛，冬天雪花是寶貝。去給春苗蓋上被，明年麥子多幾倍。

3.東西胡同南北走，遇到一個人咬狗。伸手拾狗砸石頭，又被石頭咬一口。從來不說顛倒話，布袋馱著騾子走。

（五）無韻尾繞口令練習

1.小華和胖胖，兩人種花又種瓜。小華會種花不會種瓜，胖胖會種瓜不會種花。

2.坡上立著一隻鵝，坡下就是一條河。寬寬的河，肥肥的鵝，鵝要過河，河要渡鵝。不知是鵝過河，還是河渡鵝。

3.清早起來雨稀稀，王七上街去買席。騎著毛驢跑得急，捎帶賣蛋又販梨。一跑跑到小橋西，毛驢一下失了蹄。打了蛋，撒了梨，跑了驢，急得王七眼淚滴，又哭雞蛋又罵驢。

第4章 朗誦的口才藝術

朗誦是將詩歌、散文或其他書面文字用富於感染力的有聲語言再現出來的創作活動。朗，即聲音清晰、響亮；誦，即讀出聲音來或背誦。朗讀和朗誦既有聯繫又有區別。古人有「誦其詩，讀其書」的說法，意思是說，表達具有藝術感染力的「詩」一類的作品叫誦，表達實用性文章的「書」一類的作品叫讀。就是說，朗讀是把書面語轉化為口語的一般表現形式，而朗誦是把書面語轉化為口語的藝術表現形式。二者都屬於口語表達活動，都可以鍛鍊和運用口才。

朗誦是人們喜聞樂見的一種語言藝術形式。透過朗誦可以提高閱讀能力，增強藝術鑒賞水準；透過朗誦可以陶冶性情，開闊胸懷，文明言行；透過朗誦可以有效地培養對語言詞彙細緻入微的體味能力。因此，要想成為口才藝術的高手，就不能輕視朗誦。

第一節 朗誦的特點與基本要求

一、朗誦的特點

朗誦是一種重要的口語藝術形式。它具有以下特點：

（一）有聲性

朗誦是透過有聲語言來表現文字內容的，是把書面的視覺文字轉化為聽覺的語音的過程。朗誦既不是文學創作，也不是音樂創作，而是「取他人所作，由自己所讀，為別人所聽」的。朗誦要使用和調動一切發音功能和手段，使用規範化語音，創造性地、完美地轉化和表現作品內容。

（二）表演性

朗誦既需要完美地再現作品內容，更需要創造性地表現作品內容。它需要運用更多的態勢語言和類語言來增強創造力和表現力。

（三）再創作

朗誦是一種再創作活動。朗誦的材料一般為詩歌或散文，因為這些文體具有文字優美、句式簡短、合轍押韻、朗朗上口的特點。朗誦的再創作，不是脫離朗誦的材料去另行一套，也不是照字讀音的簡單活動，而是要求朗誦者透過原作的字句，將自己的情感傾注其中，用有聲語言傳達出原作的主要精神和藝術美感；不僅要讓聽眾領會朗誦的內容，而且要使其在感情上受到感染。

二、朗誦的基本要求

朗誦在表現書面文字時，不僅要讓聽眾領會朗誦的內容，而且要使其在感情上受到感染。為了達到這個目的，朗誦者在朗誦前就必須做好一系列的準備工作：一是要選好材料；二是把握作品的思想內涵；三是用普通話語音朗誦；四是瞭解聽眾，創造氣氛。

（一）選好作品

朗誦者要很好地傳情達意，引起聽眾共鳴，首先要注意材料的選擇。朗誦的材料可以自己創作，更多的是選擇別人的作品。首先要注意選擇那些語言形象而且適於上口的作品。因為形象感受是朗誦中一個很重要的環節，乾癟枯燥的書面語言難以感染聽眾。其次，要根據朗誦的場合和聽眾的需要，以及朗誦者自己的愛好和實際水準，在眾多作品中，選出合適的作品。

（二）把握作品的思想內涵

選定朗誦作品之後，要準確地把握作品的思想內涵。優秀的作品，字裡行間處處流露著作者的態度、感情。作者的態度、感情對朗讀者十分重要，一定要在透徹地理解、感受中深入開掘，把朗誦者自己的態度感情融會在作品內容裡，進而表現在有聲語言中。態度、感情是朗誦根基的核心，是朗誦再創作的精華，是朗誦有聲語言的生命，是朗誦技巧的靈魂。固然，朗誦中各種藝術手段的運用十分重要，但是，如果離開了準確、透徹地把握作品的態度、感情，那麼，藝術技巧就成了無源之水、無本之木，成了一種純粹的形式主義，也就無法做到傳情，無法讓聽眾動情了。要準確、透徹地把握作品的態度、感情及作品內容，應注意以下幾點：

1.掃除障礙，把握主題

朗誦者要把作品的思想感情準確地表現出來，需要透過字裡行間，理解作品的內在含義。首先要清除文字方面的障礙，弄清楚文章中生字、生詞、成語典故、語句等的含義，不能囫圇吞棗，望文

生義。其次，要把握作品創作的背景、作品的主題和情感的基調，是謳歌、鞭撻、高昂、悲壯，還是歡快、深沉、雄壯、纏綿，這樣才會準確地理解作品，才不會把作品理解得支離破碎，甚至歪曲原作的思想內容。以高爾基的《海燕》為例，掃除文字障礙後，就要對作品進行綜合分析。這篇作品以象徵手法，透過暴風雨來臨之前、暴風雨逼近和即將來臨三個畫面的描繪，塑造了一隻不怕電閃雷鳴、敢於搏風擊浪、勇於呼風喚雨的海燕這一「勝利的預言家」的形象。而這部作品誕生之後立即不逕而走，被廣大工人和革命群眾在活動時朗誦，被視做傳播革命訊息、堅定革命理想的戰歌。綜合分析之後，朗誦時就不難把握這篇散文詩的主題，即滿懷激情地呼喚革命高潮的到來。進而，把握這部作品的基調應是對革命高潮的嚮往、企盼。

2.分析層次、結構

對作品的重點、層次、結構進行認真分析，研究作品的起、承、轉、合，弄清文章的內在邏輯，以便合理地運用各種有聲語言表達技巧和手段，表現、烘托主題。

3.深刻感受，細心體會

在理解感受作品的同時，往往伴隨著豐富的想像，這樣才能創造性地進行朗誦，使作品的內容在自己的心中、眼前活動起來，就好像親眼看到、親身經歷一樣。以陳然的《我的自白書》為例，在對作品進行綜合分析的同時，可以設想自己就是陳然，當時正處在這樣的情境中：我被國民黨逮捕，在獄中飽受折磨，但信仰毫不動搖。最後，敵人把一張白紙放在我面前，讓我寫自白書，我滿懷對敵人的憤恨和藐視，滿懷革命必勝的堅定信念，自豪地寫下了《我的自白書》。這樣透過深入的理解、真摯的感受和豐富的想像，使己動情，從而也使人動情。有的朗誦者，聽起來也有著抑揚頓挫的語調，可就是打動不了聽眾。如果不是作品本身有缺陷，那就是朗

誦者對作品的感受還太淺薄，沒有真正走進作品，而是在那裡「擠」情、「造」情。聽眾是敏銳的，他們不會被虛情所動。朗誦者要喚起聽眾的感情，使聽眾與自己同喜同悲同呼吸，必須仔細體味作品，進入角色，進入情境，這樣朗誦出來的作品才能引起共鳴，產生強烈的藝術感染力。

（三）用普通話語音朗誦

要使自己的朗誦優美動聽，必須使用標準的普通話進行朗誦。因為朗誦作品一般都是運用現代漢民族共同語——普通話寫成的，所以，只有用普通話語音朗誦，才能更好地表達作品的思想內容。同時，普通話是漢民族共同語，用普通話朗誦，便於不同方言區的人理解、接受。因而，在朗誦之前，要咬準字音，掌握語流音變等普通話知識。因此，學習和掌握有關普通話的語音知識、漢語拼音的基本技能，克服方言土語是朗誦的基本功。只有掌握普通話的規律，多看、多讀幾遍，把字認準，把音讀準，才能在朗誦時流利自然，扣人心弦，才能「清水出芙蓉，天然去雕飾」，給人留下深刻的印象，產生良好的效果。

（四）瞭解聽眾，創造氣氛

朗讀是給人聽的，必須有人聽、有人欣賞、有人品評。朗誦要看對象，聽眾的年齡、性別、文化修養、興趣不同，對朗誦的要求也就不同。要想感動別人，首先應感動自己，也就是說朗誦者在準備朗誦稿時，要首先進入作品的境界，調動自己的思想感情，這樣才能把朗誦技巧融入感情的自然流露之中。藝術感染力是受許多綜合因素作用的，而聲音是關鍵的因素。作品中詞句的情感因素，主要是靠聲音的高低強弱來傳達的。朗誦除了要吐字清晰、語言流暢、發音洪亮外，還需要透過音色的變化來迎合作品的語言風格和情感基調，或清麗甜美，或沉雄穩健，或雄渾嘹亮。要將自己喜怒哀樂的真實感受用聲音傳達出去，使朗誦的聲音透過修飾，創造一種和諧、共鳴的氣氛，從而產生強大的藝術感染力。

第二節 朗誦的基本技巧

一、詩歌的朗誦

自古以來，詩歌就是多樣化的，既有歷史的烙印，又有現實的足跡，既有詩體的區別，又有詩風的分野。詩歌具有四大特徵：澎湃的激情，飛騰的想像，深邃的意境，和諧的韻律。詩歌的朗誦是很講究技巧的。

（一）格律詩朗誦

格律詩的格律是有嚴格要求的，不過，由於聲、韻、調的歷史變遷，朗誦時不必拘泥於詩的格律的嚴格要求，而應在一定程度上衝破某些限制。朗誦格律詩應瞭解其以下特點：

1.字數一定

五言、七言的絕句、律詩字數是一定的；宋詞、元曲，有的要根據詞牌填詞，有的要根據曲牌作曲，字數也是一定的。

2.語節一定

格律詩各句中詞的疏密度大體相近。五言詩分為兩個語節，即二、三格式。第一個語節可有延長音，第二個語節詞密，後有停頓，不急促，又不必太拖。這樣可以更好地展現意境，體味詩情，而且利於具體而靈活地處理。七言詩普遍地分為三個語節，即二、二、三格式，也有四、三的格式。語節特點的存在是格律詩的重要標誌之一。朗誦時或斷或連，或擴展或緊縮，要酌情靈活處理。

春眠 | 不覺曉 |

處處 | 聞啼鳥 |

夜來│風雨聲│

花落│知多少│

渭城│朝雨│浥輕塵│

客舍│青青│柳色新│

勸君│更盡│一杯酒│

西出│陽關│無故人│

3.韻腳一定

　　沒有韻腳就難稱格律詩。格律詩中雙句末一音節一般都是韻腳。第一句押韻的也較普遍。絕句、律詩等一般是一韻到底，古詩、樂府、歌行，有不少換韻的。詞、曲大多也一韻到底。朗誦時必須給韻腳以呼應，在韻腳不是重音的詩句中也要適當地比其他音節讀得響亮些。

4.平仄一定

　　不同的格律詩有不同的格律，也就包含著平仄問題。格律詩平仄相對應，語勢就變得錯落有致，節奏的抑揚就更加鮮明。在普通話中，平，指漢語中的陰陽兩個聲調，仄，指漢語中的上聲、去聲兩個聲調。古人作格律詩，對平仄的要求相當嚴格，在朗誦時也非常重要。在五言詩中，第二、第四個字的平仄要求嚴格，七言詩中，「一三五不論，二四六分明」。

　　五言詩的平仄如王之渙的《登鸛雀樓》：

白日依山盡，（平仄平平仄）

黃河入海流。（平平仄仄平）

欲窮千里目，（仄平平仄仄）

更上一層樓。（仄仄仄平平）

七言詩的平仄如王昌齡的《出塞》：

秦時明月漢時關，（平平平仄仄平平）

萬里長征人未還。（仄仄平平平仄平）

但使龍城飛將在，（仄仄平平平仄仄）

不教胡馬度陰山。（平仄平仄仄平平）

5.語無定勢

格律詩有一定的規律可循，但是讀好不易。要讀出豐富的感情、深邃的意境，就要突破侷限，讀出變化來，讀出個性來。要體會詩中的感情，讀出詩歌的韻味。

如蘇軾的《江城子·乙卯正月二十日夜記夢》和《江城子·密州出獵》：

江城子

乙卯正月二十日夜記夢

十年生死兩茫茫，不思量，自難忘。千里孤墳，無處話淒涼。縱使相逢應不識，塵滿面，鬢如霜。夜來幽夢忽還鄉。小軒窗，正梳妝。相顧無言，唯有淚千行。料得年年腸斷處：明月夜，短松岡。

江城子

密州出獵

老夫聊發少年狂，左牽黃，右擎蒼。錦帽貂裘，千騎卷平岡。欲報傾城隨太守，親射虎，看孫郎。酒酣胸膽尚開張，鬢微霜，又何妨！持節雲中，何日遣馮唐？會挽雕弓如滿月，西北望，射天狼。

同是蘇軾的詞，一樣的詞牌名，然而表達的情感是不一樣的。

前者表現的是對已故妻子的深深懷念，朗誦時語速要慢，語調要低；後者表現的是蘇軾豁達豪放的胸懷，朗誦時語速要快，語調要高昂。

（二）自由詩朗誦

1.品味意境，由境抒情

不論是敘事詩、抒情詩還是諷刺詩，如果沒有意境，就很難成為好詩。若表達不出意境，也就不算好的朗誦。無意境的朗誦，情浮意淺，無論聲音怎樣變化多端，也彌補不了這一根本的弱點。朗誦時尤其要注意那些句句比喻、處處象徵的詩，萬花筒般的變幻，往往使人眼花繚亂。

詩歌的語言極為凝練，在自由詩中顯現出了萬千氣象。詩的語言具有跳躍性，更增加了詩的容量。如果不能把握跳躍中的內在聯繫，把一個個單句平擺浮擱地呈現給聽者，意境當然就無從表達。

2.把握節奏，讀出韻味

節奏是詩的生命，如果不把握節奏，只剩了「自由」而丟掉了「詩」。詩的韻味從節奏中來，自由詩朗誦的節奏，不但展現著意境美，而且顯示著音韻美，詩味便如影隨形地飄散出來。

（三）詩歌的背誦

朗誦詩歌的目的是加深對詩的體會，傳達出詩的意蘊，給人以美感享受。

1.要熟稔於胸。全身心沉浸於詩的意境之中，讓詩句在心中跳動，幾欲脫口而出。無論是專業學習，還是業餘愛好，多讀、多背一些詩歌，實在是一種陶冶和享受，值得大力提倡。

2.要形於色。眼、手、形、面部表情要準確傳情達意，為表達原作服務。

3.要把精力花在理解作品、表達作品上。中國是一個詩的國度，一般來說，千古傳誦的佳作，都是膾炙人口的精品、特色鮮明的範本。要認真體會作品的內容，體會詩歌的意境，準確表達作品的思想內涵。

二、散文的朗誦

散文分為許多種類，朗誦時要根據體裁的不同而區別對待。

散文具有線索清晰、立意具體、表達細膩、點染得體的特點。因此，朗誦散文時要把握作者的思想感情，確定文章的感情基調，捕捉文章的抒情線索。

記敘文是以記敘、描寫為主要表達方式，兼以議論和抒情的文體，比較自然活潑，接近口語。朗誦時要注意層次分明，來龍去脈要交代清楚。語氣要靈活生動，選擇不同的語氣進行表達，要富於變化，開頭引入，結尾留有回味。

議論文以議論為主要表達方式，是用來分析事理、闡述觀點的一種文體。問題要提得響亮清楚，論證要確鑿有力，結論鏗鏘有力，擲地有聲。

說明文是以解釋說明為主要表達方式的文體。朗誦時應當客觀清楚，以平樸質誠的語氣，不加渲染地展現給聽眾，根據需要恰當地運用重音、停頓等技巧，以突出要說明的問題。

朗誦散文時要注意以下問題：敘述要舒展，描寫要實在，人物要寫意化，聲音要輕柔化。要注意文章的層次，把來龍去脈交代清楚。還要注意趣味性，語音要起伏跳躍。依據抒情的基調，確定朗誦聲調的高低、語勢的強弱、語速的快慢，這樣才能恰到好處地傳達出作品的思想感情。

三、小說的朗誦

　　小說是綜合運用語言藝術的各種表現手法，透過塑造人物形象，展開故事情節，描寫具體環境來反映社會生活的一種文體。小說有情節，有人物，篇幅也較長，需調動用多種技巧來朗誦。朗誦者的主要精力應放在刻畫人物性格上，從外形與內心兩方面去把握小說中的人物。朗誦的基調要儘量體現作者的題旨、志趣和文風。在朗誦人物對話時，要特別注意人物的個性、年齡、職業和當時的心理狀態，語調要有區別，體現出人物的性格特徵，但不要過分強調對話的表演性，要清楚我們朗誦的人物對話，是一種「轉述」，而不是「扮演」。朗誦的任務就是告訴聽眾說了些什麼，而不是怎樣說的問題。所以在朗誦時，要有一定的聲音造型，但絕不是扮演這個角色。

技能訓練

1.朗誦下面幾首古體詩詞，體會朗誦技巧。

蜀相

杜甫

蜀相祠堂何處尋，

錦官城外柏森森。

映階碧草自春色，

隔葉黃鸝空好音。

三顧頻煩天下計，

兩朝開濟老臣心。

出師未捷身先死，

長使英雄淚滿襟。

浪淘沙

李煜

簾外雨潺潺，春意闌珊，羅衾不耐五更寒。夢裡不知身是客，一晌貪歡。獨自莫憑欄！無限江山，別時容易見時難。流水落花春去也，天上人間！

蝶戀花

蘇軾

花褪殘紅青杏小。燕子飛時，綠水人家繞。枝上柳綿吹又少，天涯何處無芳草！牆裡鞦韆牆外道。牆外行人，牆裡佳人笑。笑漸不聞聲漸消，多情卻被無情惱。

永遇樂

李清照

落日熔金，暮雲合璧，人在何處？染柳煙濃，吹梅笛怨，春意知幾許？元宵佳節，融合天氣，次第豈無風雨？來相召、香車寶馬，謝他酒朋詩侶。中州盛日，閨門多暇，記得偏重三五。鋪翠冠兒，捻金雪柳，簇帶爭濟楚。如今憔悴，風鬟霧鬢，怕見夜間出去。不如向簾兒底下，聽人笑語。

2.朗誦下面幾首自由體，體會朗誦的要點。

我願是一條急流

（匈牙利）裴多菲

我願是一條急流，

是山間的小河，

穿過崎嶇的道路，

從岩石中間流過......

只要我的愛人，

是一條小魚，

在我的浪花裡，

愉快地游來游去。

我願是一片荒林，

坐落在河流兩岸，

我高聲呼叫著，

同暴風雨作戰......

只要我的愛人，

是一只小鳥，

停在枝頭上鳴叫，

在我的懷裡作巢。

我願是城堡的廢墟，

聳立在高山之巔，

即使被輕易毀滅，

我也毫不懊喪......

只要我的愛人，

是一根常青藤，

綠色枝條恰似臂膀，

沿著我的前額攀援而上。

我願是一所小房，

在幽谷中隱藏，

飽經風雨的打擊，

屋頂留下了創傷……

只要我的愛人，

是熊熊的烈火，

在我的胸膛裡，

緩慢而歡快地閃爍。

我願是一塊雲朵，

是一面破碎的大旗，

在曠野的上空，

疲倦地傲然挺立……

只要我的愛人，

是黃昏的太陽，

照亮我蒼白的臉，

映出紅色的光焰！

雪花的快樂

徐志摩

假如我是一朵雪花，

翩翩地在半空裡瀟灑，

我一定認清我的方向——

飛揚，飛揚，飛揚——

這地面上有我的方向。

不去那冷漠的幽谷，

不去那淒清的山麓，

也不上荒街去惆悵——

飛揚，飛揚，飛揚——

你看，我有我的方向！

在半空裡娟娟的飛舞，

認明了那清幽的住處，

等著她來花園裡探望——

飛揚，飛揚，飛揚——

啊，她身上有硃砂梅的清香！

那時我憑藉我的身輕，

盈盈的，沾住了她的衣襟，

貼近她柔波似的心胸——

消溶，消溶，消溶——

溶入了她柔波似的心胸！

致橡樹

舒婷

我如果愛你——

絕不像攀援的凌霄花，

借你的高枝炫耀自己；

我如果愛你——

絕不學痴情的鳥兒，

為綠蔭重複單調的歌曲；

也不止像泉源，

常年送來清涼的慰藉；

也不止像險峰，

增加你的高度，襯托你的威儀。

甚至日光

甚至春雨。

不，這些都還不夠！

我必須是你近旁的一株木棉，

作為樹的形象和你站在一起。

根，緊握在地下，

葉，相觸在雲裡。

每一陣風過，

我們都互相致意，

但沒有人

聽懂我們的言語。

你有你的銅枝鐵桿，

像刀、像劍、也像戟；

我有我紅碩的花朵，

像沉重的嘆息，

又像英勇的火炬。

我們分擔寒潮、風雷、霹靂，

我們共享霧靄、流嵐、虹霓。

彷彿永遠分離，

卻又終身相依，

這才是偉大的愛情，

堅貞就在這裡：

愛——

不僅愛你偉岸的身軀，

也愛你堅持的位置，

腳下的土地！

3.朗誦下面幾段文字，體味其中的感情。

（1）散文《母親的自述》

兒子說長大就長大了，不用聽媽媽唱那些老掉牙的歌謠了。

兒子說離開媽媽就離開了，這是真的嗎？這回真的掙斷了連接媽和你的臍帶？真是有苗不愁長啊！兒子呱呱墜地，好像就在眼前的事。當鋒利的手術刀把新生命從母體剝落出來的時候，媽媽的身體好像全掏空了，生命全交出去了，世界變成全新的了！新的太陽出世了！

我的兒子，媽媽終於等到了你第一聲嘹亮的啼哭，第一回蹣跚走路，聽到你第一次奶聲奶氣叫「媽媽」，看見你第一回自己會穿褲子，媽媽咧嘴笑著流淚啊！你第一次過馬路上學去了，媽媽想，什麼時候不用媽媽的心跟著你走呢？平平常常、忙忙碌碌的日子裡，媽媽可沒覺得自己老了。等到你，我的孩子，又帶回一個愛你的人，媽媽才不情願地認可：兒子大了，媽媽老了！

是啊，我的孩子，媽媽，就是把你從她生命中分離出來的人，用生命哺育和營養你的人，用懷抱溫暖你的人，給你做絲棉背心的人，怕你冷，怕你熱，怕你感冒，怕你不開心；盼望你一路平安，盼望世人好好待你，盼望你長大，也害怕你長大的人，你痛苦她也心痛的人。你給了她無限幸福，也讓她無比的寂寞。你讓她享受歡樂也讓她孤獨，可她到底從你的青春中，延長了自己的青春，從你的幸福中汲取了自己的一份兒幸福！

趕緊給媽媽寫封信吧，遠方的兒子！向媽媽報一聲平安吧，讓媽媽為你的一點一滴成績驕傲吧！這是媽媽生命中的最好的營養品。

哦，別！別笑話我這個白髮蒼蒼、嘮嘮叨叨的老太婆。

（2）下面是曹禺的話劇《雷雨》中魯侍萍回憶往事、揭露周樸園罪惡的兩段話。第一段是相認前，第二段是相認後。相認前後，魯侍萍的怨憤之情由克制到逐漸顯露，說話的語氣和態度也起了變化，試用不同的語速、語氣和語調加以表達。

①她是個下等人，不很守本分的。聽說她跟那時周公館的少爺有點不清白，生了兩個兒子。生了第二個，才過三天，忽然周少爺不要她了。大孩子就放在周公館，剛生的孩子她抱在懷裡，在年三十夜裡投河死的。

②哼，我的眼淚早哭乾了，我沒有委屈，我有的是恨，是悔，

是三十年一天一天我自己受的苦。你大概已經忘了你做的事了！三十年前，大年三十的晚上我生下你的第二個兒子才三天，你為了要趕緊娶那位有錢有門第的小姐，你們逼著我冒著大雪出去，要我離開你們周家的門。

（3）朗誦下面引自莎士比亞的劇本《哈姆雷特》中的兩段台詞。

①人類是多麼了不起的傑作！多麼高貴的理性！多麼偉大的力量！多麼優美的儀表！多麼高雅的舉動！在行為上多麼像一個天使！在智慧上多麼像一個天神！宇宙的精華！萬物的靈長！（哈姆雷特）

②啊，一顆多麼高貴的心就這樣隕落了！朝臣的眼睛、學者的辯舌、軍人的利劍、國家所矚望的一朵嬌花；時流的明鏡、人倫的雅範、舉世矚目的中心，這樣無可挽回地隕落了！（奧菲利亞）

4.舉辦一次詩文朗誦會或者話劇表演。

第5章　社交的口才藝術

　　社交，即社會交往，是現代社會個人和社會組織維繫生存和開拓發展的重要手段。良好的社交口才可以提升個人的品位，增進人際交往。人與人的社會交往具有普遍性。古希臘哲學家亞里士多德說：「一個生活在社會之外的人，同人不發生關係的人，不是動物就是神。」社會交往是人們交流思想、溝通情感的重要形式，它貫穿於人的工作、學習、家庭生活和人生歷程之中。如今，人類社會已經進入21世紀，人們的生活節奏日益加快，活動空間越來越大，由此帶來的人與人之間的交往也比過去任何時代都更加頻繁、更加密切。

　　口才是社交的工具，社交又是施展口才藝術的舞台。有聲語言的主要功能就是用於人們之間的社會交往。在社會交往中，時時處處離不開口才。有人把當今社會稱之為「全面公共關係時代」，而社交口才已經成為衡量成功人士的重要標準之一。一番關心體貼的話語，給親情、友情和愛情帶來無限的歡樂、溫馨與慰藉；一句恰當得體的話語使陌生的上下、長幼、男女個個如沐浴春風。稱讚別人時，巧妙使用口才，熱誠實在，恰當中肯；批評他人時巧妙使用口才，委婉中聽，忠言入耳。可以說良好的口才確實能夠達到「一句話讓人笑，一句話讓人跳」的效果。一個不善於社會交往的人，很難與人溝通交流，很難獲得成功。相反，誰擁有了良好的社交口才，誰就會成為最有力量的人。

第一節 招呼、介紹

一、招呼

打招呼是人們日常應酬中最常用的禮節之一。不管是遇到熟人還是陌生人，打招呼、相互介紹既是一種彼此尊重，是親切、友好、禮貌的表示，又是一種擴大交往、加深友誼的有效方法。

有的人不重視打招呼：天天見面的人就用不著打招呼，自己家裡的人也用不著打招呼，認為無關緊要的人就更用不著打招呼，有的人不願意先向別人打招呼。這些認識都是不正確的。打招呼是聯絡感情的手段，溝通交流的方式，增進友誼的紐帶。對此，絕對不能輕視和小看。對自己周圍的人，包括單位的同事、家庭的親人、鄰里、同學、親朋好友等，不論其身份、地位、年齡、性別，都應該一視同仁。見面打招呼，表示親切、友好，先打招呼是主動的表現，是熱情的象徵，是一個人內在修養程度高低的重要標誌。先打招呼獲得的是人際關係的主動權。漫不經心的習慣有時會給人以傲慢的印象，與別人見面時心不在焉，失去了打招呼問候的機會，無意間就形成了彼此的隔膜。因此，善於交際就要從打招呼開始。

（一）招呼的方式

1.稱呼式

稱呼是依交往關係來確定的，包括尊稱、泛稱、謙稱等。

（1）尊稱。一是用於稱呼所仰慕、尊敬的人或長輩、長於自己的人。常用的稱謂如：您（您好、請您），貴（貴姓、貴單位、貴庚），大（大名、大作、大人），令（令堂、令兄、令郎），賢（賢弟、賢侄），敬（敬請、敬賀）。二是稱呼長官。稱呼長官常

稱其職務，如劉縣長、張局長、李科長、王經理、趙廠長。

（2）泛稱。表達方式有：姓名＋職務、職稱、職業。如：李老師、張先生、趙大夫、王導演、張大哥、劉叔叔、孫阿姨等。

（3）謙稱。如：家（家父、家母），舍（舍弟、舍妹），老（老粗、老朽），小（小兒、小女），拙（拙筆、拙見），敝（敝校、敝人）。

2.寒暄式

寒暄原來指人們見面時談論天氣冷暖、問寒問暖，現在多用於人們見面相互問候的語言。寒暄隨場景、對象、氣氛不同而採取不同的形式。

（1）敬慕式。如久仰、幸會等。

（2）讚揚式。對對方的優點、長處加以誇獎。如「氣色真好！」「您的報告真精彩！」「你的裙子真漂亮！」

（3）問候式。如「早安！」「工作忙嗎？」「請代問你媽媽好。」

（4）關懷式。如「請慢走。」「小心著涼！」「多注意安全！」

（5）請教式。如「請您多多關照！」「請斧正。」

（6）攀認式。如「老鄉」、「老同學」、「老長官」、「校友」等。

（7）道歉式。如「打擾了」、「對不起」、「添麻煩了」等。

3.態勢語式

態勢語式是用面部表情、身體態勢和肢體動作打招呼的方式。

如點頭、微笑、招手、眼神等。

（二）招呼的技巧

1.主動大方

誰先打招呼，誰就占有了主動權。雙方見面，不管彼此年齡、地位有何差距，一般應先主動、熱情、大方地與對方打招呼。如果你是長輩，會顯得和藹可親，如果你是晚輩，則會顯得彬彬有禮。

2.因時而異

以一天早、午、晚為例，隨時間變化，打招呼也應巧妙而自然變化。早晨用「您早」、「早安」、「您好」；中午用「您好」、「午睡了嗎」；晚上用「晚安」、「下班了」等。

3.因地而異

打招呼也要分場所。在公共場所，如大街上、公園、餐館、商店等遇到熟人，自然可以和熟人問候，寒暄交談，但也不要故作驚喜，大驚小怪。如果在開會、看電影、看文藝演出、聽音樂會時，就不可大聲寒暄，這時微笑著招招手、點點頭即可。

4.兼顧眾人

如果打招呼的對象不止一個人，就要做到面面俱到。如果來者是兩位長輩，可說「兩位伯伯好」，表現謙恭有禮。同輩則可隨便些，如「二位有何貴幹」，遇到三人以上的一夥，並且他們正自顧玩笑，可「視而不見」，免得因為打招呼而沖淡了對方興致（但事後碰到要說明）。如果對方中僅有個別人熟悉，雖然只能與熟人打招呼，但目光也應顧及其餘人，以表示對其餘陌生人的尊重，也是對熟人的尊重。

5.靈活應變

如果碰到特殊的場合打招呼，就應靈活變通。所謂特殊場合，

就是不宜於按照常規打招呼，或使人無法應答和難於應答的場合。比如，在廁所相遇，不說什麼實際的內容，或點頭以示看見了，或「噢，劉主任」支吾過去即可。這種含糊其辭的招呼可以繞開一些不必要的難堪。另外，遇到晦氣、傷心或讓人難堪的事，與當事人打招呼時，應機敏地岔開話題，繞開當事人倒霉的事，談些無關的話題，同樣是一種獲得和諧氣氛的好的處理方式。特殊情況下的招呼，一定要慎重、自然、合情合理，不可使人感到莫名其妙，甚至起疑心。

常見的日常打招呼用語有：「對不起」、「打擾您」、「謝謝」、「非常感謝」、「可否請您......」、「請問您願不願意」、「您不介意吧」等。這些日常用語應該常掛在嘴邊。

6.回謝對方

別人向你打招呼時，要認真、及時、熱情回謝。把「謝謝」二字說得恰到好處也很有學問，口與眼要緊密配合，嘴裡說「謝謝」時，眼神裡一定要表現出是出於真心，不是漫不經心地隨便應付一句。否則，毫無表情，連看都不看一眼，就隨便敷衍一句，別人會感到不真誠，從而會從心底裡泛起反感和不快，甚至產生厭煩情緒，回謝之意造成了相反的作用。人多的時候，要向大家致謝，或一一道謝，或一齊道謝，使每個人都感受到誠意。

二、介紹

介紹是社交場合人們相互認識、建立聯繫、溝通感情必不可少的。從交際心理上看，人們初次見面彼此都有一種瞭解對方並渴望得到對方尊重的心理。這時如果你能進行自我介紹，不僅滿足了對方的需要，而且對方也會以禮相待，介紹自我。這就為進一步交往奠定了良好的基礎。

（一）自我介紹

自我介紹實際上是一種自我推銷，最好能給人留下深刻的印象。一般情況下，自我介紹的內容和形式應取決於所在場所的氣氛和對象。

自我介紹通常分為兩類，即非正式場合和正式場合。當然，自我介紹大多指的是在非正式場合，因為正式場合會有人專門作介紹的。

自我介紹時應該注意：一是要有自信心，要克服膽怯心理。二是要真誠自然。語言要誠懇、謙遜，切忌誇大其詞、目中無人。三是要注意場合和對象。介紹內容長短應適中，少則五六句，多則一二十句即可。如：

我叫葉開。葉是樹葉的葉，開是開花的開。

我叫王明，是明新科技大學的教師。來參加這次學術研討會，希望大家多多指教。現在我就談談自己的想法......

在「禮儀小姐大賽」中，有一位叫江南的少女即興自我介紹達到了很好地推銷自己的目的：

唐代詩人白居易有一首詞：「江南好，風景舊曾諳。日出江花紅勝火，春來江水綠如藍。能不憶江南？」我就是「能不憶江南」的「江南」。

社交場合要善於主動介紹自己，自我介紹，要具有「短、平、快」的特點。「短」是用最簡單的方法，「平」是用最能令人接受的方式，「快」是用最短的時間。

製作人鄧建國一次去一家咖啡廳，見咖啡廳人很多，他對朋友說：「怎樣在大家不反感的情況下，盡快讓所有的人知道我？既不能廣播，也不能影響別人喝咖啡。」他讓服務員叫來老闆說：「我

叫鄧建國，這是我的名片，生意好嗎？很喜歡這個店，希望做貴店的顧問，幫你推廣你的店。」老闆高興地說：「久仰大名，請做永久的高級顧問。」鄧建國問：「生意這麼好，打不打折？」老闆說：「本週全場八折。」於是鄧建國掏出兩盒名片，走到客人桌旁，輕聲說：「我叫鄧建國，這是我的名片，是本咖啡廳的高級顧問。現在全場打八折，請大家多提意見。」他初進咖啡廳，沒有人認識他，當他離開時，卻有許多人與他打招呼。

（二）介紹別人

介紹別人要遵循尊者優先瞭解對方的原則。要先將主人介紹給客人，先將年輕者介紹給年長者，先將男士介紹給女士。介紹時還要依現場情況靈活掌握，除介紹姓名、單位外還可以介紹興趣、愛好等。

一般來說，介紹別人時應先向雙方打個招呼：「請允許我介紹你們認識一下。」「我介紹你們認識一個人好不好？」這樣雙方都有準備，不會感到突然。

各位，我來給大家介紹一下，這位是電視台的劉小蘭記者，今天是專程來為我們採訪報導的。劉記者，這位是公司的王總經理，這位是李主任，還有這幾位都是我們公司的員工。

（三）別人為你介紹

接受別人為你介紹時，要面帶微笑，認真傾聽，一般不要插言。聽完介紹後才可恭維或引導繼續交談。如聽完別人的介紹，就可以說：

您好！早就聽說您的大名了，只是無緣相識。今後還請多多關照！

第二節 拜訪、接待

拜訪和接待是人們常見的社會交往方式。對不同的關係、不同的人群，要區別對待，因人因事而異。一般說來，在拜訪和接待的語言中，要體現出親疏有別，遠近有別，男女有別，忙閒有別，要把握談話的分寸。

一、拜訪

拜訪是一種有目的的社交行為，或為增進友誼，或為消除誤會，或有事相求，或專為禮節性拜訪。

（一）拜訪的種類

1.工作性拜訪。包括請示、彙報、諮詢、求助等。

2.公關性拜訪。一般是以加強聯繫、增進友誼為目的，或為鞏固關係，或為宣傳產品，或為牽線搭橋，等等。

3.禮節性拜訪。如節日慰問、生日慶祝、受朋友之託看望等。

4.親朋性拜訪。如看望老人、探望病人等。

（二）拜訪應注意的事項

1.選擇恰當的拜訪時機

拜訪是一種主動行為，需要得到被拜訪人的接待，所以要選擇恰當的時機。要選擇好拜訪的時間、地點。去辦公室還是去家裡，是上班時間還是在家時間，拜訪時間的是長還是短，這些都要根據具體情況而定，不能隨意冒昧前往。

2.把握拜訪語言

拜訪是有目的的行為。採取什麼表達方式，使用哪些話語，談話的深淺緩急，要做到心中有數。

3.文明禮貌

拜訪是一種規範的社交行為，拜訪者要體現出應有的禮貌。要做到衣帽整潔、舉止有度。要注意多用謙詞、敬辭。特別要注意小節，如抽煙、吐痰等都不可隨意而為。

二、接待

「來而無往非禮也。」接待是拜訪的承受者。接待包括迎客、交談、送客三個環節。

（一）接待環節

1.迎客

作為主人對已經知道要前來的拜訪者，應該有所準備。古人云：「有朋自遠方來，不亦樂乎？」好客、敬客是文明的象徵。對拜訪者應該多用敬辭，表達歡迎之意。如「歡迎，歡迎！」「見到你真是太高興了！」「終於把你給盼來了！」「是什麼風把您給吹來了？」即使對不速之客或你心中並不歡迎的拜訪者也要表示出主人起碼的禮貌和姿態。

2.交談

一般來說，與前來拜訪者的談話應該在態度十分客氣、氣氛十分融洽中進行。對工作性拜訪者，要做到平易近人，多用商量的口吻，比如「你看這樣行不行？」「你看這樣好不好？」對公關性拜訪者，應多談友誼之詞，表達願意合作之意，對能給予幫助的要不

遺餘力，對幫不上忙的事，可表示自己的歉意，也可以出點子、主意或指指路子，比如，「我們上次的合作非常愉快」、「今後我們還會有更多的合作機會」。對禮節性拜訪者，要表達謝意，對對方所做工作給予讚美和肯定，比如：「這樣忙還來看我，真是太高興了。我很好，不用惦記了。」對親朋性拜訪者，則可以放鬆一些，談談自己，也可以問問對方及家人的情況，表達出關心之意。

交談中的5不準：（1）不打斷對方；（2）不補充對方；（3）不糾正對方；（4）不質疑對方；（5）不獨占講壇。

涉外交往5不問：（1）收入不問；（2）年紀大小不問；（3）婚姻不問；（4）健康不問；（5）個人經歷不問。

3.送客

客人將離去時要表達挽留之意，但對一般拜訪者不可強留。送客時要親自送出門外，再目送其離去，對十分親密的人要多送一程。送客時要講歡送言語，比如「不能再待會兒嗎？」「您慢走！」「歡迎再來。」

（二）拜訪、接待應該注意的問題

拜訪、接待是相輔相成的，「有來無往非禮也」，今天是拜訪者，明天就可能是接待者。無論是拜訪者還是接待者，都要換位思考，將心比心演好自己的角色。

1.創造良好的氛圍

無論是拜訪還是接待都需要有寬鬆和諧的氛圍，雖然有主動和被動之分，但雙方都要以誠相待。親切自然、熱情周到、耐心細緻、平易近人是拜訪、接待的最理想的氛圍。

2.把握談話的分寸

拜訪和接待是社交形式，對不同的關係、不同的人群，要區別對待，因人因事而異。

第三節 表揚、批評

表揚、批評是社交中經常採用的手段。表揚與批評是一對矛盾,是對立的統一。表揚、批評的運用有很強的藝術性。

一、表揚

表揚是一方對另一方的優點、成績給予稱讚、誇獎。在人際交往中,恰當地運用表揚能夠造成意想不到的作用。

(一)表揚的作用

1.表揚是對人的肯定

喜歡聽別人讚揚是人類的共性,從剛剛懂事的兒童到耄耋之年的老者無一例外。自己的長處、優點被人發現並受到肯定,會從心理上產生一種滿足感、愉悅感。

2.表揚是人前進的動力

人的進步需要動力,戰勝困難需要勇氣,而表揚就是精神動力的重要源泉。幼兒園摔倒的孩子聽到阿姨「多麼勇敢」的表揚,就可以帶著眼淚爬起來微笑。

1937年夏天,朱德應邀對國軍一二七師官兵作講話。他以親切感人的鄉音對這些四川子弟說:你們初次離開家鄉,遠來北國,可能水土不服,生活不習慣,希望你們注意起居,保重身體,好為國殺敵。

平易、親切的話語,充滿了關切、體貼和激勵,士兵們紛紛表示:跟著這樣的長官當兵打仗,戰死也值得。

3.表揚是人類進步的旗幟

表揚就是樹立榜樣，榜樣的力量是無窮的。表揚一個人帶動一大片。表揚先進就是批評落後。見賢思齊，學習先進，就能共同進步。

4.表揚是人際關係的融合劑

能夠看到別人的優點，能夠誠懇地讚揚別人，一方面表現出自己的慧眼和謙遜，另一方面也會得到別人的感激和信任。在一定程度上說，表揚別人，就是肯定了自己。表揚可以增進感情，加深友誼，密切關係。

（二）表揚的技巧

1.善於發現亮點

表揚要有目標，適時、適當發現別人的亮點是表揚的基礎。亮點有大小之分，但亮點就是亮點，不能因其小而視而不見。表揚要具體、實在，不能給人虛的感覺。

這次會議的準備工作很細緻，特別是材料印得規範，大家反映不錯。

劉總，這麼大的工程，您一個人給搞定了，可真了不起。不過您可要注意身體呀，別光為了工作，累壞了自己。

張老師，您那本書寫得真好！沒少花功夫吧？您可要注意休息了，瞧您比原來瘦多了。

你炒菜的手藝真不錯，這道菜符合我的胃口最好，我都吃撐著了。

尋找亮點要細心觀察，準確定位。抓住關鍵環節，有時會產生意想不到的效果。

紐約園藝設計與保養公司的管理人唐納德·麥克馬亨替著名的鑒賞家做庭園設計，主人出來作交代，告訴想在哪裡種一片石楠和杜鵑花。見到主人，麥克馬亨說：「先生，我知道你有個癖好，就是養了許多漂亮的好狗，聽說每年在麥迪遜廣場花園的展覽裡，你都拿到藍帶獎。」

主人說：「是的，我從養狗中得到了很多樂趣，你想不想看看他們？」他花了近一個小時帶麥克馬亨參觀各類狗和得的獎品，甚至向他介紹如何影響狗的外貌和智慧，又問道：

「你有沒有小孩？」

「有的，我有個兒子。」

「啊，他想不想要隻小狗呢？」

「當然哪，他一定會很高興的。」

「那麼我要送一隻給他。」

於是，他走進屋，打了一份血統譜和飼養說明書給麥克馬亨。他不但贈送了一只價值好幾百美元的小狗，還擠出75分鐘時間與麥克馬亨交談，這完全是因為麥克馬亨衷心地讚美他的癖好和成就的緣故。

2.準確把握機遇

表揚要選好、選準時機。一是表揚的時間，要根據交際的具體情況，要做到不前不後，恰到好處。二是表揚的內容。一個人的長處、優點很多，哪些是最亮點，說出來效果最好，要準確把握。如，下班後走進家門，看見媽媽已經擺在桌上的飯菜就說：「我饞得不行了，快吃吧！」媽媽的心會像蜜一樣甜。

抗戰勝利後，著名國畫大師張大千從上海返回四川老家。他的一位學生設宴為他餞行。宴會上人們比較拘謹，為了活躍氣氛，張

大千向梅蘭芳敬酒說：「梅先生，你是君子，我是小人，先敬你一杯。」梅蘭芳不解其意，眾人也莫名其妙。張大千笑言解釋道：「君子動口，小人動手。你唱戲動口，所以你是君子；我畫畫動手，所以我是小人。」一席話引得滿堂賓客大笑不已。

張大千巧妙引用俗語，誇獎了梅蘭芳，同時也巧妙地做了自誇，令人忍俊不禁，給人耳目一新的感覺，既活躍了氣氛，又增進了友誼。

3.用語貼切、恰當

讚揚他人的優點，特別是在公眾場合，用語一定要貼切、恰當。不要說過頭話，說得過分了，被表揚的人難以領受，甚至會覺得有被戲弄的感覺，旁聽的人以為是在過分地討好人家，也會產生厭煩情緒。這樣的表揚不僅達不到應有的目的，還會得不償失。比如：第一次與人見面時不能說「你真是個好人」。因為不十分瞭解人家，怎麼能說人家是好人呢？

美國的鋼鐵大王安德魯·卡內基常常公開稱讚他人，私底下也是如此，卡內基甚至在墓碑上也不會忘記恭維別人。他為自己所寫的墓誌銘是這樣的：「這裡躺著一個人，他懂得如何哄騙比他聰明的人。」這也是安德魯·卡內基成功的主要原因。

真誠的讚賞是約翰·洛克菲勒成功管理人事的首要祕訣。他的合夥人愛德華·貝德福特在南美的一次生意中損失了100萬美元，洛克菲勒知道他已經盡力了，於是另找其他的事稱讚他，說他節省了60%的投資金額：「這太好了！我們並不能總是像巔峰時期那麼好。」

二、批評

在社會交往中，批評也是時常用到的。人非聖賢，孰能無過？俗話說：「良藥苦口利於病，忠言逆耳利於行。」奧斯特洛夫斯基說：「批評，這是正常的血液循環，沒有它就不免有停滯和生病的現象。」

不過，實際上批評總是令人難堪的。所以，能夠坦率、真誠地批評別人的人，是真正的人，是高尚的人，是可以交為朋友的人。社會上有人說「言多語失」，所謂失，就是怕說出來的話別人不愛聽，傷了人家。所以，進行批評時，就要特別講究方式方法，以求得良好的效果。

「以人為鏡可以知得失。」受到批評的人要有正確的態度，要聞過則喜，有則改之，無則加勉。對於批評者來說，批評要充滿善意，既批評了他人，又讓其接受，那才是成功的批評。為此，要學會批評的技巧，恰到好處地進行批評。

有一次吃飯時，一位朋友以張大千的長鬍子為話題，接連不斷地開玩笑，甚至譏諷他。可是，張大千卻不煩惱，不慌不忙地說：「我也奉獻給諸位一個有關鬍子的故事：劉備在關羽、張飛二位兄弟亡故後，要興師伐吳為弟報仇。關羽之子關興與張飛之子張苞復仇心切，都爭做先鋒。為公平起見，劉備說：『你們分別講述父親的戰功，誰講得多，誰就當先鋒！』張苞搶先發話：『先父喝斷長坂橋，夜戰馬超，智取瓦口，義釋嚴顏。』關興口吃，但也不甘落後，說：『先父鬚長數尺，獻帝當面稱讚為美髯公……』這時，關公立於雲端，禁不住大罵道：『不肖子，為父當年斬顏良，誅文醜，過五關，斬六將，單刀赴會，這些光榮的戰績都不講，光講你老子的一口鬍子又有何用？』」眾人聽完這個故事都啞然無聲。從此，別人再也不敢扯鬍子的事了。

張大千對別人總開自己的玩笑有意見，但如果直接提出批評，失去了分寸就會產生不愉快。張大千透過講故事巧妙地表明了自己

批評的態度，取得了很好的效果。

（一）批評的方法

批評是一個非常敏感的話題，尤其要講究方式、方法。

1.把握批評的目標、動機。一是批評要有明確的目標，是對某個人，還是對一群人，不能無的放矢，亂批評一氣。二是明確為什麼要批評，要達到什麼目的。批評不能由著性子來，看誰不順眼就批評誰幾句。

一名顧客在酒店喝啤酒，他喝完第二杯後，轉身問老闆：「你們這一星期能賣多少桶啤酒？」「7桶。」老闆因生意不佳有些不悅。「那麼，」顧客說：「我有一個辦法，能使每星期賣掉70桶。」老闆很驚喜，忙問：「什麼辦法？」「這很簡單，你只要將每個杯子裡的啤酒裝滿就行。」

這個顧客的目的是批評老闆賣酒不足杯。這位顧客顯然是對這家酒店不把顧客杯子裡的啤酒裝滿不滿意，他是分三步達到目的的。先詢問，然後拋出誘餌，最後實現目的。這種暗含諷刺的、幽默的批評方式容易讓人接受。

2.注意態度、語氣。受批評的人能不能接受，很大程度上取決於批評人時的態度和語氣。要具體區分被批評人的年齡、性別、職務，對老人要採取尊敬的口氣，不要給人居高臨下的感覺；對兒童要有耐心，表現出愛心；對比自己職務高的長官，要以虛心的語氣；對下級則要以愛護、幫助的態度。下面是妻子對丈夫的問話：

今天怎麼回來得這麼晚？吃飯了嗎？你還要不要身體了？

怎麼才回來？幹什麼去了？喝酒去了？你還要不要這個家了？

兩句問話，效果不同。第一句是含有關心、嗔怪的詢問，容易讓人接受；第二句是帶有責備、埋怨的詢問，不容易讓人接受，而

且容易產生家庭矛盾。

3.追求圓滿的結果。批評的目的在於幫助和愛護，如果經過批評留下不愉快或結下仇怨就沒有達到目的。這就需要批評者考慮周全，把握好尺度。對一時接受不了的人，過後要多做解釋，消除誤解求得團結。

某大學一位教授對有些學生既不肯下工夫學習鑽研，又想取得好成績，在寫論文時偷懶、抄襲的現象，提出了批評。他沒有直接提出批評，而是分析差別，劃清界限，巧妙引導，指出抄襲與創造的界限就在於是否加入自己的智慧勞動。他說：「天下文章一大抄，看你會抄不會抄。大家要記住這樣一句話：偷一個人的主意是剽竊，偷很多人的主意是研究。」

（二）批評的技巧

1.點到為止。俗話說：「聽話聽聲，鑼鼓聽音。」一般來說，人們對批評都是非常敏感的，不管你採取什麼方式、方法。所以，批評的話語點到為止，不能無休無止，否則也許會適得其反。

某君房屋漏雨，每次請求修繕都沒有結果。一天，單位長官視察民情，問及此君房子事。人們以為他會大訴其苦，卻沒有想到某君微微一笑說：「還好，不是經常，只是下雨時才漏。」他的話使大家一陣大笑。幾天後，修房的事妥善解決了。

不管什麼原因，漏雨的房子長期得不到修理，房主肯定有氣。但是主管維修的人被告狀，總是不高興，過後能不能給修也是個未知數。點到為止，大家面子都過得去，誰也就犯不著為難誰了。

德皇威廉二世設計了一艘軍艦，自以為得意，便請國際上的造船專家來鑒定。一位造船專家提出了這樣的意見：「陛下，您設計的這艘軍艦將是一艘威力無比、堅固異常、速度超群、裝備上乘、十分美麗的軍艦。但看起來它有一個缺點：那就是只要它一下水，

就會立即沉入水底，如同一只鉛鑄的鴨子一樣。」

以上兩個案例都是點到為止，不把話說破、說露。

2.側面提醒。批評人時，一般不宜當面橫加指責，而應採取側面提醒或從旁滲透的方法。被批評的人一般都會對號入座，檢討自己，從而達到批評的目的。

一家營建公司的安全檢查員，檢查工地上的工人有沒有戴安全帽。每當發現工人在工作時不戴安全帽，便用職位上的權威要求工人改正，其結果是受批評的工人常顯得不悅，而且等他一離開，便又常常把帽子拿掉。

後來他決定改變方式。他再看見有工人不戴安全帽時，便問帽子戴在頭上是否不舒服，或是帽子尺寸不合適，並且用愉快的聲調提醒工人戴安全帽的重要性，然後要求他們在工作時最好戴上。這樣的效果果然比以前好得多，也沒有工人顯得不高興了。

3.泛泛而談。批評某個人，又不針對某個人，只說現象不對人。

在公司召開的業務會議上，主持人業務科張科長說：「這個會很重要。與會同志一律關閉手機，集中精力開會。」可是，正當王經理分析經營形勢時，坐在王經理身邊的業務骨幹小李的手機突然響了起來。王經理看了小李一眼，頓了頓，沒說啥，接著講了下去。張科長的火氣一下子鼓了起來，狠狠瞪了小李一眼，心想：「給我丟臉，看我怎麼收拾你。」可王經理卻好像絲毫沒有受到影響一樣，有條不紊地部署著公司的下一步工作。張科長心裡平靜下來了。會議結束時，張科長沒有點名批評小李，只是說：「希望今後要注意開會紀律。」散會後小李主動向張科長承認了錯誤。

4.正話反說。明明不對，卻故意加以表揚。受批評的人自會感覺到，也便於被批評者接受。

有位教師發現學生中有人吸煙，就在班會上說：「今天我不想說吸煙的壞處，只講好處。一是可以防小偷。吸煙的人夜裡咳嗽，小偷怎敢上門？二是可演包公。從小吸煙煙塵滿面，演包公不用化妝了。三是『永遠年輕』。吸煙的歷史越長，壽命越短，那麼，他的人壽檔案上的年齡當然永遠年輕了。」

5.風趣幽默。寓批評於風趣幽默之中，輕鬆一笑之中使被批評的人欣然接受。

伏爾泰曾有一位僕人，有些懶惰。一天，伏爾泰請他把鞋子拿過來。鞋子拿過來了，但布滿泥汙。於是伏爾泰問道：「你早上為什麼不把它擦乾淨呢？」「用不著，先生。路上淨是汙泥，兩個小時以後，您的鞋子又和現在的一樣髒了。」伏爾泰沒有講話，微笑著走出門去。僕人趕忙追上去說：「先生慢走！鑰匙呢？櫥上的鑰匙，我還要吃午飯呢。」「我的朋友，還吃什麼午飯。反正兩個小時以後你又將和現在一樣餓嘛。」

6.把握時機。開展批評要把握好時機，批評的效果有時與時機關係很大。

趙高要陷害李斯，他對李斯說秦二世的行為不對，勸李斯進諫，並約定如果秦二世有時間，就通知李斯。有一天，李斯應約進宮，二世正與姬妾取樂，看見李斯進來，心中很不高興，而李斯卻茫然不知，正言進諫，二世只好當場敷衍一下。等李斯一退出，二世便開始發牢騷，說李斯瞧不起他，什麼時候不好說，偏在這個時候來教訓人。

李斯不看時機的批評，是給自己引來殺身之禍的原因之一。

第四節 說服、拒絕

在社會交往中，很多時候需要說服別人接受自己的觀點，支持自己的工作，理解自己的意圖。也有很多時候需要拒絕別人的要求。說服和拒絕都要學會一定的方法，掌握一定的技巧。

一、說服

語言溝通的最高境界不是口若懸河，也非出口成章，而是成功地說服別人。

說服就是以擺事實、講道理的方法讓別人聽從、服從自己。說服就要擺事實。耳聽為虛，眼見為實，事實勝於雄辯。沒有事實作依據，是不能服人的。說服就要講道理，「有理走遍天下」。說服的目的就是統一思想，化解矛盾，達成共識。比如周恩來在西安事變中透徹的分析、精湛的口才促進西安事變的和平解決。

1936年12月12日發生了震驚中外的西安事變。周恩來到西安後，經過周密細緻的工作，對張、楊東北軍和西北軍的內部工作已見成效。這時宋子文、宋美齡兄妹趕赴西安與周恩來會談。宋美齡先是指責共產黨，又以幾十萬裝備精良的軍隊相威脅。她說：「我覺得西安方面這樣做未免有點太危險了。南京有幾十萬裝備精良的軍隊，難道都視而不見、充耳不聞？以卵擊石，除自取滅亡之外，還能有什麼結果呢？」

面對挑戰和威脅，周恩來並沒有發火。為爭取宋氏兄妹影響蔣介石抗日，周恩來非常注意語言上的分寸和態度上的不卑不亢。「關於這方面的情況，我知道得不多，不過並非全無所聞。你們南

京，一方面何應欽親任司令，校場白衣掛帥，興師問罪；另一方面，你夫人又大吵大鬧，制止出兵。這些做法，究竟是誰真心救蔣先生呢？」周恩來不緊不慢地問道。周恩來深知何應欽與蔣介石之間的矛盾及宋與何之間的糾葛。於是周恩來對宋的發難來了個順水推舟，運用其矛盾，迂迴出擊，使對方氣勢頓減。

周恩來接著說：「何應欽在這個問題上，可以說很聰明。他的討伐呀，轟炸呀，無非是想逼死蔣先生，取而代之，作為繼蔣的第一人，倘若逼不死則可落個救蔣第一功。南京這種戲中有戲的複雜情況，我想，蔣夫人，你一定比我更清楚，更明白。」周恩來進一步點其要害，揭其矛盾，釜底抽薪，打亂了對方的心理準備，削弱了對方的心理優勢。宋美齡立時臉色煞白，像洩了氣的皮球。

周恩來不容其反駁，接著繼續說道：「如果說要打，我們已經奉陪10年了。對共產黨、紅軍的厲害，我想夫人你不會不知道吧！何況如今的國內形勢已非往昔，南京面對的敵手，也非一個共產黨、一支紅軍，而是全國所有要求抗戰的人民和軍隊。蔣先生無視這一現實，導致了今日的不幸。如果有人還不引以為鑒，其結果是可以預見的，那才是『以卵擊石，自取滅亡』了。」周恩來在削弱了對方的攻勢之後，話鋒一收，直逼對方而下，還用假設和對比手法，正面駁擊，對其敲響警鐘；最後把「以卵擊石，自取滅亡」之語完璧歸趙，輕鬆地還給對方。這一招使對方作繭自縛，收到了醍醐灌頂、振聾發聵之效。

周恩來運用了委婉曲折的說服方法，層層剖析，用令人信服、無懈可擊的語言，全面駁斥了宋美齡的觀點，而又使其無言可對，真是出神入化，精妙之極。

（一）說服的方法

要達到說服的目的，就要有科學有效的說服方法。說服方法很多，但也有一定的規律。

1.瞭解對方是說服對方的基礎

要想說服對方就要仔細研究對方，深入瞭解對方的有關情況，比如對方的性格、長處、興趣、愛好、情緒、想法等，以便有針對性地說服。

2.循序漸進，充分誘導

說服不能一蹴而就，一口吃成個胖子。一般被說服人都要產生反說服的心理，有時越努力就越不能成功。所以就要運用循序漸進的誘導方式。如設法瞭解對方的想法和憑據，進行換位思考，再因勢利導，讓對方逐步接受自己的觀點。

3.說服別人一定要有耐心

做說服工作，如果對方立即點頭，改弦易轍，「一言驚醒夢中人」，當然是最好不過的了。可實際上，這樣的情況並不多見。更多的是要經歷艱難曲折。這時就要有做長期說服工作的準備。要情、理並用，人都是有感情、懂道理的。要說服別人就要以情入手，以理服人，逐步解釋一些細節和要點，逐漸消除對方的成見和牴觸。

（二）說服的技巧

1.直言利害

對被說服人直接陳述利害，一針見血，從而使被說服人放棄自己的意見、主張，服從自己的要求。

馮玉祥當旅長時，有一次駐防四川順慶，與一支友軍發生矛盾。這支友軍將驕兵惰，長官穿黑花緞馬褂、藍花緞袍子，在街上搖搖擺擺，像當地的富家公子。有一天，士兵來報：「我們上街買東西，他們看我們穿得不好，罵我們是孫子兵。」為了避免引起亂子，馮玉祥立即集合官兵訓話：「剛才有人來報，說混成旅的兵罵

我們是『孫子兵』，聽說大家都很生氣。可是我卻覺得他們罵得對。按歷史的關係說，他們的旅長曾做過20鎮的協統，我是20鎮裡出來的，你們又是我的學生，算起來你們不正是矮兩輩嗎？他們說你們是孫子兵，不是說對了嗎？再拿衣服說，緞子的兒子是綢子，綢子的兒子是布，現在他們穿緞子，我們穿布，因此他們說我們是孫子兵，不也是應當的嗎？不過話雖這麼說，若是有朝一日開上戰場，那時就能看出誰是爺爺，誰是孫子來了！」

2.巧妙迂迴

欲說服對方，不直言點明，採取迂迴包抄的辦法。透過這種方法使被說服者恍然大悟，進而被說服。

電話機的發明者貝爾，有一次出門去籌款。他到一個大資本家斯貝特先生的家裡，希望他能夠為他正在進行的新發明投資。但他知道斯貝特是一個脾氣古怪的人，而且向來對於電氣事業不感興趣。所以，貝爾去了以後並沒有說明投資後獲多少利益，也沒向他解釋科學理論，而是這樣的：貝爾彈著鋼琴，忽然停止了，他向斯貝特說，你可知道，如果我把這腳板踏下去，對著鋼琴唱出一個聲音，這鋼琴便也會重複發出這個聲音來。這事你看有趣嗎？

斯貝特當然摸不著頭腦，更不知其中含義，於是他放下手中正在閱讀的書本，好奇地詢問貝爾。貝爾詳細地對他解釋了和音、複音等電話機的原理。這場談話的結果是，斯貝特很情願地負擔了貝爾的一部分實驗經費。

3.先揚後抑

就是先表揚，後批評。表揚容易使對方有面子，同時也能拉近雙方的感情。在此基礎上，再指出其不足，批評其錯誤。

一位教師走進教室便發現有兩位同學不知因為什麼正扭打在一起，全班同學的目光都望著老師，看老師如何處理，而這兩名同學

卻渾然不知，仍打得十分「投入」。見此情景，老師便幽默地說：「同學們請繼續欣賞這十分精彩的『男子雙打』比賽。」在學生的笑聲中，他倆不好意思地停了下來。老師又不失時機地補充了一句：「同學之間互諒互讓，不要因為一點小意思弄得大家都不好意思。」

4.逼其就範

情和理不是萬能的。有時有的人為了實現和達到自己的某種目的，會不顧情理，那麼對他們就可以先禮後兵。所謂先禮後兵就是在動之以情、曉之以理後仍不能使其服從，那麼就要來硬的，讓他在事實面前看到不服從得到的不利後果。這種方法就是在一定程度上給予對方壓力，迫使其服從。

一個旅遊團隊去旅遊，預訂的是有單獨浴室的套房，可是洗澡時卻沒有水。為此，領隊找來了經理。

領隊：對不起，這麼晚了還把您從家裡請來。但大家滿身是汗，不洗澡怎麼行？何況我們預訂時說好供應熱水的呀！

經理：這事我也沒辦法。鍋爐工回家去了，他忘了放水。你們可以去公共浴室。

領隊：是的，我們可以去集體浴室，不過話要講清，套房一人2000元一天，是有單獨浴室的。你降低了標準，每人只能付1000元了。

經理：那不行。

領隊：那就只能供應套房的熱水。

經理：我沒有辦法。

領隊：您有辦法。去把鍋爐工找回來。我勸大家可以耐心等一會兒。

經理一看沒辦法混過去，只好派人找回鍋爐工。浴室終於有了熱水。

二、拒絕

拒絕是社交中常有的事情。拒絕就是對別人的觀點、意見不能同意或接受，對別人的要求、願望不能達到或滿足，對別人的行動、工作不能支持或配合。拒絕別人是很為難的事情，要達到拒絕的目的，就要學會一些技巧。

拒絕的最佳結果是既要達到拒絕的目的，又要讓對方能欣然接受，因此拒絕要講究方式、方法和技巧。

1.據理直言

對那些不合情理的要求、做法，可以明確告之不同意見，沒有必要去花費時間和精力。要以理否定，以例證明，有理有據地拒絕。

雜誌社的推銷員到環宇公司推銷雜誌。王經理只好當面對他說：「謝謝。你們的服務很周到，可是，這些雜誌對我們真的幫助不大。況且我們已經訂閱了幾種需要的雜誌。請原諒。」

2.藉口否定

對不便於直言否定的，可以尋找藉口否定或無限期拖延。

「這件事必須長官一起商量才能定，可是人員聚不齊。」「這事我做不了主，需要長官研究。」「我是同意的，可是就怕其他人有不同意見。」

3.轉移話題

對來訪徵求意見的人不做正面回答，而是顧左右而言其他，岔

開話題，婉言拒絕。

「今天遇到點事，心情不好。談點別的吧。」「這事還是以後再談，我們先吃飯。」

4.歸謬否定

認真研究對方意見，尋找不足，指出不合邏輯、不合情理之處，形成自我否定，然後加以拒絕。

稅收員小李的岳父受人之託求他為一個私營企業減免稅金。小李礙於岳父的情面不好直言拒絕，於是就耐心細緻地跟岳父說明。小李說：「對稅收國家政策、法律有規定。我個人無權私自減免。我違反規定辦事，您是得了人情，也有了面子。可是一旦事情被發現了，我就會受處分，甚至受到法律制裁，那可就不光是丟面子，連公職也沒了。您看咱是要面子還是要公職？」岳父聽了後連連擺手說：「那咱不幹，那咱不幹。」

5.仙人指路

另出一個主意或意見，從而避開自己的參與，實現拒絕的目的。

王寶是個煤礦主，這一陣子生意很好。一天，他過去的一位朋友找到他非要投資入股不可。王寶心裡不情願可又不好明著拒絕他，就說：「我這個礦潛力不大，估計開兩年也就完了。你看這樣好不好，我認識一個朋友，最近新開了一個大礦，儲量很大。前幾天他拉我入股，可我這兒沒閒錢。我給你介紹一下，你們自己談。你看行嗎？」朋友見狀，只好答應。

6.先揚後抑

先表揚對方一番，肯定他的好處、優點，從而拉近感情，然後再說出自己的難處，不好辦或不能辦的苦衷，請對方理解、原諒。

有一名學者，婉言拒絕朋友請他作講座的邀請，他說了下面幾句話：「你能給我這個機會，我非常感謝，這種類型的講座正是我感興趣的話題。不過，很遺憾，我的時間排得滿滿的，實在安排不過來。」

一家公司的人事部主管向求職人員回答不被錄用的消息，是這樣說的：「這次本公司招收職員，承蒙您能前來應聘，我們非常感謝。經我們公司慎重審議，由於招聘的人員有限，決定不能錄用，我們表示非常遺憾。」

7.沉默不語

有時可以保持沉默，不言不語，不置可否，以此來表示拒絕。如可以裝作沒注意、沒聽見或沒看見，或用看表、打哈欠等暗示對方離開。

公司經理會議正研究人事和後勤保障等問題。對人事安排，與會的5名經理各懷己見，打著自己的小九九。會議開了1個多小時，幾番爭論，大家互不讓步。最後主管人事的胡副經理提議舉手表決。可當他再看韓總經理時，只見這位已50出頭年紀的總經理歪著腦袋，閉著眼睛，已經打起了呼嚕。胡副經理知趣地伸手搖了搖韓總的手，說：「韓總，韓總，我們研究後勤保障問題吧。」韓總像是在朦朧中，含糊地說：「好，好。」

8.委婉拒絕

透過顧左右而言他，巧妙、委婉地拒絕。

清代的鄭板橋做濰縣縣令時，查處了一個叫李卿的惡霸。李卿的父親李君是刑部天官，得訊後急忙趕回為兒子求情。李君以訪友的名義拜訪鄭板橋。李君看到鄭板橋房中有文房四寶，於是提筆寫道：「燮乃才子」。鄭板橋一看人家在誇自己呢，自己也得表示表示，就提筆寫道：「卿本佳人」。「我這個『燮』字可是鄭兄的大

名，這個『卿』字......」「當然是貴公子的寶號啦！」李君心裡高興極了：「承蒙鄭兄關照，既然我子是佳人，那就請鄭兄手下留情。」「李大人怎麼糊塗了？唐代李延壽不是說過『卿本佳人，奈何作賊』嗎？」李君臉上一紅，只好拱手作別了。

第五節 社交談話的技巧

　　說話是一種簡單的技能，但是要成為一個出色的口語表達者，是一件非常不容易的事。社交中，良好的談話技巧可以幫助人們在各個領域取得成績。

一、放鬆情緒，相信自己

　　有的人與人談話，特別是和陌生人談話時不知所措，障礙重重。這種情況主要是心理障礙造成的。藉口一般如下：「我也不知道說什麼好」、「有什麼好說的」、「我真的不會說」等等。解決的辦法就是要樹立自信心，克服內心的害羞，克服心理障礙，消除心理負擔，敢於說話，相信人人都能做個善談者。談話並非都要說出警句或名言，其實，最佳的談話者也會有50%的內容是沒有意義的。相信只要放鬆情緒，就會有佳句湧現。

　　要克服緊張情緒，平時就要注意積累說話內容。養成閱讀的好習慣，多聽收音機的談話節目，觀看電視紀錄片、座談、重要的新聞報導。要培養自己說話的興趣，留心傾聽良好的談吐。只要持之以恆，日子久了便會有所感悟，逐步提高口語表達能力。

二、拋磚引玉，啟動談話

　　每個人在談話之初都有可能談一些既缺乏機智又毫無意義的事情。其實，這種短暫的交談也是十分必要的。任何談話者都不能期望對方一開始就熱情高漲，興趣盎然，而總要等待對方有了說話的熱情以後，才能逐漸把話題深入下去。

引入話題常見的方法有寒暄入話、直接入話、間接入話等形式。寒暄入話是常見的簡潔入話的形式，比如一開始可以先談談天氣、說說工作、問問祖籍等，以激起對方談話的興趣。其實沒有誰會真正關心這些，但它確實能使談話自如起來。直接入話一般在目的明確、時間緊迫的情況下，見面後就直接引入話題。間接入話是先不直接談主題，採取迂迴婉轉的間接方式，創造融洽的交談氣氛後，再逐步切入正題。

三、引而不發，隨聲附和

談話者和汽車司機一樣，必須隨時留意紅綠燈。紅綠燈一方面是聽眾的反應，一方面可能是自己的厭煩、急躁不安及挫敗等不良情緒。

（一）要善於讓對方談論自己

讓對方談論自己的高超之處在於啟發、誘導對方講話。如果能夠激發起對方的談話興趣，並使之持續下去，那麼對方就會對你更熱心，更易於接受你的觀點。談話時要明確透過交談想得到什麼，是想表現和炫耀自己，還是與別人友好交往。如果是後者，就要把機會讓給對方，那樣你會得到更多的東西。在這方面，記者與被採訪人的談話體現得最充分。記者採訪時一般是先提問，有時只一兩句話，就引發被採訪人談論自己。

一次，記者採訪雜交水稻之父袁隆平。記者問：「您這一生希望有多少資產？」袁隆平說：「一個小棚子，下面一口小豬，足矣。」他的回答有些讓人不解。袁隆平解釋說：「這是個『家』字嘛。這個棚子就是上面的寶蓋頭，下面這個『豕』，古代講不就是豬嗎？」記者恍然大悟。他接著說：「有一首歌就是這樣唱的，我想有個家，一個不大的地方……這是對的，家再大你也只能睡一張

床，資產再多你每天也只能吃三頓飯，對不對？我對錢這個東西看得很淡，夠用就行。」

（二）掌握談論自己的時機

談論自己的恰當時機是當你受到邀請或有人要求你講自己的時候。當有人確實對你提出邀請讓你談論自己時，就不要守口如瓶。但要記住，談論自己不要過多，回答了對方提出的問題以後，要把談話的中心再集中到對方身上。

（三）學會多說「我也」

從心理學上講，人都有被認同的需要。當對方告訴你一些事情，如果你能認同，就會與對方形成一種感情的親近與融合。如果對方說：「我非常喜歡這個城市。」你最好回答：「我也是。」如果對方說：「我是新加坡人。」你最好說：「我出差到過那裡，真是一座美麗的現代化都市。」

（四）學會傾聽，切忌隨便插嘴

打斷別人的話語是最無禮的舉動，因此，交談時要注意以下幾點：

（1）勿以不相關的問題打斷別人的談話；

（2）勿以無關的言論打斷別人的談話；

（3）勿以替別人說話而打斷別人的談話；

（4）勿以幫別人說事而打斷別人的談話；

（5）勿爭辯不必要的細節而打斷別人的談話。

四、目光交流，知己知彼

在談話中，除了語言交流之外，目光是最重要的交流工具了。無論是一對一的交談，還是集體談話，目光的交流作用是毋庸置疑的。在交談中，眼睛會告訴人們很多東西，人們可以透過眼睛流露出內心的隱祕，去調整交談的方向、節奏、基調；也可以透過眼睛表達出豐富的內涵，增強講話的效果。

五、以人為本，寬鬆和諧

（一）創造環境，調整心態

要想成為一個健談的人，並且使人願意交談，其中一個技巧就是創造一種愉快、寬鬆的談話環境。比如，朋友之間談話要多選擇輕鬆愉快的話題，透過談話愉悅身心。一個悲觀失望的人，或總是嘮叨自己的麻煩和不幸的人，與任何人談話都會破壞愉快的氛圍。

（二）求同存異，達到目的

無論是朋友談話還是工作會談，要想沒有任何爭論是不切實際的。可以爭論，但如果不是原則問題，就不必興師問罪，橫加指責。即使是利益相背、行為相左的談話，也要平心靜氣，尋找共同點，求大同，存小異。一味地強調自己的觀點，排斥他人，就會使彼此的鴻溝愈來愈深，最終難以調和。

（三）和風細雨，潤物無聲

如果想透過談話成為一個受歡迎的人，就要注意不要使用傷害別人感情的語言。有的人喜歡以挖苦、諷刺、取笑別人來調節談話氣氛，殊不知這樣很容易造成誤解和傷害。所以，與人談話不要說刻薄的話，不揭別人的短處，應在潤物無聲的和風細雨中達到交流的目的。

1971年7月29日，季辛吉率代表團祕密訪問北京，進行打破大陸

美國中斷20年外交僵局的談判。來華前，尼克森總統曾不止一次為他們設想這次會談的情形，以為中方會拍桌子叫喊打倒美帝國主義，勒令他們退出台灣，滾出東南亞。為此，季辛吉一行非常緊張。但事實出乎他們的意料。周恩來微笑著握著季辛吉的手，友好地說：「這是中美兩國高級官員二十幾年來第一次握手。」當季辛吉把隨行人員一一介紹給周恩來時，他的讚美更出乎他們的意料，他握住霍爾德的手說：「我知道，你會講北京話，還會講廣東話。廣東話連我都講不好。你是在香港學的吧！」又對斯邁澤說：「我讀過你在《外交季刊》上發表的關於日本的論文，希望你也寫一篇中國的。」最後握住洛德的手說：「小伙子，好年輕，我們該是半個親戚，我知道你的妻子是中國人，在寫小說。我願意讀到她的書，歡迎她回來訪問。」

周恩來運用了高超的談話技巧。他認識到季辛吉一行的緊張心情，在嚴肅的外交場合有意淡化了政治角色，抓住細微之處拉家常似的，對美方成員進行了巧妙的讚美。既親切又得體，緩解了對方的緊張情緒，使他們對中國人頓生敬意。周恩來能做到這一點，是事前細心準備的結果。他事先對季辛吉一行的工作、生活資料做了一定的瞭解，同時對他們來華心理做了準確分析，因此才會有外交場合上出色的表現。

（四）通俗簡潔，精練生動

簡潔、精練是實現交談高效率的要求。應該培養自己思路清晰、觀點鮮明地表述問題的能力。講有內容、重實效的話，學會用恰如其分的詞句表情達意，儘可能用精確、簡練的語言表達出深刻的思想內涵。

語言簡潔、精練，表現在對句子長短的處理方面。應該少用長句，多用短句，這樣可以使聽者理解得快而準確。

英國物理學家羅茲博士，解釋原子的大小時說：一滴水中的原

子和地中海中的水滴一樣多，一滴水中的原子數和地球上的樹葉一樣多。

震撼世界的相對論，是科學發展史上劃時代的里程碑。要用一句簡潔的話將這高深的理論說清楚顯然不是一件輕而易舉的事。晚年的愛因斯坦有一次是這樣向青年學生們解釋相對論的：「當你和一位美麗的姑娘坐上兩小時，你會感到好像坐了一分鐘；但要是你和一個很醜的老頭坐在一起，哪怕只坐上一分鐘，你卻感到好像是坐了兩個小時。這就是相對論。」

羅茲博士用對比的手法解釋原子的大小和數量，愛因斯坦用貼切完美的比喻，解釋了什麼是高深莫測的相對論，語言非常簡潔、深刻和生動。

（五）個性突出，幽默詼諧

個性化語言就是用自己的語言表達觀點。談話要以我口表我心，以我話傳我情。談話的語言不能過分俗套，而要有自己的個性。

幽默是一種很好的品格，幽默是充滿智慧的，是魅力的表現。有時候，幽默是緩和氣氛的良方，是說明問題的一種有效方式。有時候，幽默還是十分有效的防守武器，它能達到意想不到的效果。

有一位著名的作家，人們都傳說他的風度非常好，從不對女士說難聽的話。有一位婦人，長得十分醜陋，她存心想使那位作家說她長得難看，從而使他難堪，便特地跑來問：「我是不是長得很美？」那位作家說道：「其實每一位女性都是天上掉下來的天使，只不過有些臉先著地罷了……」

這就是幽默的威力，有誰不為這位男士的機智所折服呢？

有時候，適度的幽默可以緩和氣氛，還容易讓對方接受，同時還表現出談話者的修養和風度。

下面是某西餐廳內顧客和服務生之間的一段對話：

顧客：我的菜還沒做好嗎？

服務生：您訂了什麼菜？

顧客：炸蝸牛。

服務生：噢，我去廚房看一下，請您稍等片刻。

顧客：我已經等了半個小時啦。

服務生：這是因為蝸牛是行動遲緩的動物……

「行動遲緩」和「等了半個小時」之間顯然沒有因果關係，而服務生卻超常規地將二者用一個共同特徵「慢」聯繫到一起，這種超常規的聯想，產生了幽默的效果，使顧客轉怒為笑。

幽默是語言中的鹽，許多名人都有個性突出、幽默詼諧的談吐。

錢鍾書先生的《圍城》出版後，在國內外引起了轟動。錢先生是個「甘於寂寞」的人，他不願被人炒作，也不願拋頭露面，只想專心做學問。一天，一位英國女士打來電話，想見見錢先生。錢鍾書婉言謝絕，但那位女士卻十分執著，最後錢鍾書實在沒有辦法了，便以其特有的語言對她說：「假如你吃了一個雞蛋覺得不錯，你認為有必要去認識那隻下蛋的母雞嗎？」

一位是誠心誠意想見名人大師，一位是甘願淡薄，心靜如水。錢鍾書先生一句妙語，既表白了自己的心跡，又達到了善意回絕的目的。

有一天數十位學者聚集在一起，討論啟功先生的新著作《漢語現象論叢》，對這部別開生面的著作給予高度肯定。討論結束前，一直正襟危坐、凝神傾聽的啟功先生站起來講話。他躬著身子，認真地說：「我內侄的孩子小時候，他的一個同學常跟他上家來玩。

有時我嫌他們鬧，就說，你們出去玩吧，乖，啊？如此幾次，有一天，我聽見他倆出去，那個孩子邊下樓邊不解地問：那個老頭說我們乖，我們哪兒乖啊？今天上午聽了各位的發言，給我的感覺就像那小孩，我不禁要自問一聲：我哪兒乖啊？」

當在場的人們聽完這最後一句，靜靜的會場裡伴隨著歡笑，響起熱烈的掌聲。真是令人拍案叫絕！一則故事，一段比興，傳達了謙虛，暗和了感謝，表現出大師談吐的風趣與幽默。

有一種幽默，人們稱之為冷幽默，是指用一本正經的、嚴肅的表情，非常正規的言語，平淡的語調傳達一種幽默的訊息，講話者不露絲毫笑容，而聽者往往捧腹大笑。

電影《不見不散》中，演員葛優有這樣一段台詞：

「這是喜馬拉雅山脈，它的南坡緩緩伸向印度洋，受印度洋暖濕氣流的影響，這裡氣候溫和，四季如春。它的北坡，氣溫陡降，氣候寒冷，自然條件十分惡劣。」

「不如我們在這裡，開一條，甭多了，50公里寬的口子，直接把印度洋的暖空氣引到這裡，青藏高原從此摘掉貧窮落後的帽子不說，還能變出多少個魚米之鄉來呀......」

在說這段話的時候，葛優臉上沒有一絲笑容，語氣也很誠懇，一副認真的樣子，而觀眾卻早已忍俊不禁、捧腹大笑了。這就是冷幽默的效果。

相關鏈接1

大師的幽默

「五四」新文化運動時期，胡適先生在提倡白話文的演講會上，用「打油詩」發言說：「文字沒雅俗，卻有死活可道。古人叫做欲，今人叫做要；古人叫做至，今人叫做到；古人叫做溺，今人

叫做尿；本來同一字，聲音少許變了，並無雅俗可言，何必紛紛胡鬧？至於古人叫字，今人叫號；古人懸樑，今人上吊；古名雖未必佳，今名又何嘗少妙？至於古人乘輿，今人坐轎；古人加冠束幘，今人但知戴帽；若必叫帽作巾，叫轎作輿，豈非張冠李戴，認虎作豹......」胡適先生這樣深入淺出、詼諧幽默地介紹古今文字知識，將文言白話對照，確實造成了幽默的作用。

著名作家王蒙先生詼諧、機智、幽默。一次，王蒙先生應邀到上海某大學演講，一開始他就說：「由於我這幾天身體不太好，感冒咳嗽，不大能說話，還請大家諒解。不過，我想這也不一定是壞事，這是在時刻提醒我——多做事少說話......」幽默的開場白立刻引起台下的笑聲和掌聲。

馬寅初講課時很少翻課本、讀講義，講得激動時，往往走下講台，揮動手臂，言詞密集，一些坐在前排的學生說：「聽馬先生講課，要撐雨傘。」

蕭伯納在上海見到魯迅，說：「他們稱你是中國的高爾基，但你比高爾基漂亮。」魯迅回答說：「我更老些，還會更加漂亮。」

一個初出茅廬的作家請卓別林看他寫的一部電影腳本，問有何意見。卓別林仔細看過後，搖搖頭：「等你和我一樣出名的時候才能寫這樣的東西，現在你要寫得更好才行。」

雨果出國旅行，來到某國邊境，哨兵登記時問：「姓名？」「雨果。」「幹什麼的？」「寫東西的。」「以什麼謀生？」「筆桿子。」於是哨兵在登記簿上寫道：姓名：雨果；職業：販賣筆桿。

相關鏈接2

幽默構成法之一 ——歪解

說鹹鴨蛋是鹽水煮的不是幽默，說鹹鴨蛋是鹹鴨子生的這才是

幽默。

　　三位母親自豪地談起她們的孩子。第一位說：「我之所以相信我家的小明能成為一名工程師，是因為不管我給他買什麼玩具，他都把它們拆得七零八散。」

　　第二位說：「我為我兒子感到驕傲。他將來一定會成為一名出色的律師，因為他現在總愛和別人吵架。」

　　第三位說：「我兒子將來一定會成為一名醫生，這是毫無疑問的。因為他現在體弱多病。俗話說：『久病成良醫』。」

　　三位母親都從常理中跳了出來，給這些問題找到了一個似是而非、牛頭不對馬嘴的解釋，結果和原因之間顯得那樣不相稱，那樣荒謬，兩者之間造成的巨大反差就形成了幽默感。這就是歪解的奧祕所在。

　　「王志剛，你為什麼總是把一隻耳朵捂住？」「老師，你不是說我聽課時，總是一隻耳朵進，一隻耳朵出嗎？」

　　老師：「請問，你哥哥有八個蘋果，你吃了兩個，還剩幾個？」

　　學生：「那我哥哥準會揍我一頓。」

　　在兩個幽默中，原因與結果之間不是一種邏輯的必然聯繫，而是孩子的天真與頑皮將兩者聯結在一起，就產生了可笑的因素。

　　幽默不是科學，不是邏輯，而是一種雍容豁達的生活態度，是用巧妙的手段來宣泄情感而又不致造成傷害的一種方式。只有把握了幽默只屬於人的情感、人的心靈這一本質，你才會瀟灑自如地突破常規，用看似荒謬的理由去解釋生活，解釋自己與他人，去為生活製造一點笑聲，一點樂趣。

第六節 社交談話的基本要求

一、聲音洪亮，優美動聽

談話的音量要大小保持在適宜的水準上，既要使對方能聽清，又不能吵人、煩人。此外，要注意調整音色和音調，做到抑揚頓挫，優美動聽。

二、吐字清晰，節奏適當

在公共場合談話應該注意發音準確，要講普通話，否則你的談話有可能被人誤解。談話的語速與吐字清晰度有關。一般電台播音員的播音速度是每分鐘180～200字。談話的語速要根據實際情況來把握，過快或過慢都會影響表達效果。說話要清晰有力，不要吞吞吐吐、含糊不清，要透過語調表現出自信、樂觀。根據場合決定聲音的大小，除非必要的場合，不必高聲大叫，聲音應該適度，與周圍的氣氛協調一致。

三、純淨語言，去除贅詞

談話時要去除不必要的贅詞。贅詞是談話者組織內部語言時自覺或不自覺地發出的毫無意義的聲音，它對談話者來說是一種習慣，對聽者來講是談話者的缺點、不足，會直接影響接收訊息的效果和連貫性。

四、注意語氣，把握頓挫

談話能夠綜合體現一個人的能力、觀念、人格等特徵。談話時應該不卑不亢。語言優美，平易自然，態度平和，會給人帶來好感；粗獷而不倨傲，有生氣又富於變化，會受人歡迎。

在談話中，不要忽視了語氣的重要作用。恰當的語氣可以引人注意，可以增強表達的感染力，表現出自信和樂觀，彌補言辭的不足，給談話增添光彩。

語氣實際上是一種非言語訊息。在談話中，語氣具體表現為音量的大小、聲調的高低、節奏的快慢、語調的急緩。我們在談話中應該充分運用語調的表現力。根據場合決定聲音的大小，注意節奏的快慢，抑揚頓挫，要使自己的聲音飽含情感。

五、面帶微笑，真誠寬容

微笑是最生動的表情，微笑是愉快談話的通行證。雨果說：「微笑就是陽光，它能消除人們臉上的冬色。」面帶微笑的談話容易被人接受，並獲得好感。面帶微笑是禮貌的表示，是自信的體現，是坦誠的象徵。真誠的微笑體現出一個人的淳樸、坦然、寬容和信任，可以反映出一個人的德行、修養。微笑能夠冰釋前嫌，得到朋友，也必定會減少對立，消除隔閡。

六、合作交流，掌握分寸

在談話時，要與對方合作：表情要合作，動作要合作，話題要合作。說話時要泰然自若，儘量不用過分專業的詞語，讓對方聽懂，講普通話，儘量少說或不說方言。要注意社會公德和個人修養，在公共場所，聲調低一點，不妨害別人。

某藝術院校畢業生畢業公演，當主持人問與女生同台演出的指

導老師「生活上有什麼個性特點」的話題時，學生在觀眾面前答：「我們老師好吃！」

說話要講究分寸，例如上述這句話，可以說成「我的老師是全校有名的美食家」或「美食大師」。

技能訓練

1.閱讀下面這個關於「打招呼」的笑話，談談自己的體會，並思考打招呼應注意什麼。

有個人非常喜歡猩猩，一天心血來潮去動物園看猩猩。當他看到猩猩時，興奮地向猩猩招手，結果猩猩憤怒異常地拿地上的石頭丟他。他被砸得頭破血流，非常生氣地找管理員理論。管理員十分疑惑地問：「你對牠們做了什麼嗎？」他說他只是對它們招手打招呼而已。管理員回答：「這就對了。我告訴你，在猩猩的語言裡，招手是罵牠白痴的意思。」「哦！原來這樣。那我要怎樣和牠們打招呼呢？」管理員答道：「你要面對牠們捶胸吶喊。」於是他立刻跑到猩猩面前對牠們捶胸吶喊。結果，他看見所有的猩猩對他招手。

2.分析下面兩位母親對待孩子學習成績的不同反應。

有兩個小學生，學習都有進步，結果考試同樣地得了80分，回家將成績單給自己的媽媽看。

一個孩子的母親說：「哎呀，你竟然只考了80分。」小孩滿腔的喜悅頓時涼了下去，心想：「80分是那麼好得的嗎？哼！」第二次考試他只得了70分。

另一個孩子的母親卻說：「哎呀，你竟然考了80分，真不錯！」小孩的成績受到肯定，心想：「80分有什麼了不起。」第二次考試他得了85分。

3.分析下面這個案例，王先生婉言拒絕的語言有什麼特點。

一次，王先生去香港創辦實業公司，剛下飛機，女記者問：「請問王先生帶來多少錢？」王先生笑問：「對女士不能問年齡，對先生不能問錢數，你說對嗎？」

4.閱讀下文，分析人物的談話錯在哪裡。

在一輛公共汽車上，一個年輕人，乾乾瘦瘦的，戴個眼鏡，身旁有幾個大包包，一看就是剛從外地到北京的。他手裡拿著一份地圖在認真研究著，眼裡不時露出迷茫的神情。他問售票員：「去頤和園應該在哪兒下車啊？」

售票員是個短頭髮的小姑娘，正剔著指甲縫呢。她說：「你坐錯方向了，應該到對面再往回坐。拿著地圖都看不明白，還看什麼勁兒啊！」

旁邊一個大爺聽不下去了，說：「你不用往回坐，再往前坐四站換904也能到。現在的年輕人哪，沒一個有教養的！」

站在大爺身邊的一位小姐忍不住了：「大爺，不能說年輕人都沒教養吧，沒教養的畢竟是少數嘛。您這麼一說我們都成什麼人了？就像您這樣上了年紀看著挺慈祥的，一肚子壞水兒的多了去了！」

這時候一位中年大姐說了：「你這個女孩子怎麼能這麼跟老人講話呢，要有禮貌嘛。你對你父母也這麼說話嗎？瞧你那樣，估計你父母也管不了你。」

售票員說：「都別吵了，該下車的下車吧，別把自己的正事兒給耽誤了。要吵統統都給我下車吵去，不下去我車可不走了啊！煩不煩啊！」

這時候那個外地小夥兒說：「大家都別吵了！都是我的錯，我

自個兒沒看好地圖，讓大家跟著我都生了一肚子氣！大家就算給我面子，都別吵了行嗎？早知道北京人都是這麼一群不講理的王八蛋，我還不如不來呢！」

5.下面兩個人同是用100元買報紙，結果卻不同，為什麼？說說談話的語言應該注意什麼。

有一人出差在外，想在報攤上買份報紙，發現未帶零錢，只好遞過100元整鈔對報販說：「找錢吧！」報販很不高興地回答：「先生，我可不是在上下班時來替人找零錢的。」一會兒，又走過來一人，對報販說：「先生，對不起，不知你是否願意幫助我解決這個困難。我想買份這兒的報紙，但只有一張100元的鈔票，該怎麼辦？」結果，報販毫不猶豫地把一份報遞給了他，並且友好地說：「拿去吧，等有了零錢再給我。」

6.下面這段話有什麼毛病，請指出來。

有位祕書對經理說：「經理，今天有個人找你，是位女生，說有點事要商量。穿著一件漂亮的淡青色的風衣，背著一個棕色的細帶的精緻的名牌包，30多歲，她說她在家等你，說你們事先說好的，可能你忘了。她姓張。」

7.以小組為單位，確定一個談話主題進行交流。可以一對一，也可以一人對多人。

第6章　導遊的口才藝術

　　導遊以其在旅遊活動中全方位、全過程的引導功能，確立了在旅遊業務中的核心地位。導遊服務是旅遊服務的一個重要組成部分。導遊集講解服務、旅行生活服務於一身，具有服務性、文化性、經濟性等特點。在旅遊活動中，導遊起著媒介作用。

第一節 旅遊與導遊概述

一、旅遊形勢的發展

在當今社會旅遊已經成為一個十分熱門的產業。在國際上，旅遊業被譽為永不衰落的朝陽產業。據世界旅遊組織預測，未來國際旅遊仍將保持強勁增長勢頭，到2020年，國際旅遊人數將增至16億人次。

在亞洲，特別是在中國，旅遊市場將進一步擴大，中國豐富的旅遊資源不斷得到開發，旅遊產品結構不斷完善，旅遊產業規模不斷擴大，發展旅遊的大環境逐漸優化，這些都為中國旅遊市場的擴大提供了堅實的保障。根據世界旅遊組織預測，到2020年中國將成為世界第一大旅遊目的地。到2020年，中國接待國際旅遊者將超過13000萬人次，占世界旅遊市場占有率的8%，中國將取代傳統旅遊勝地法國、西班牙和美國等國家，成為世界第一位的旅遊目的地國家和第四大客源輸出國。到2020年，中國將實現旅遊外匯收入580億美元，旅遊業總收入將達到3萬億元人民幣以上。

旅遊業的飛速發展，迫切需要更多的高素質的導遊人才，對導遊人員的綜合素質也提出了更高的要求，其中導遊的口才是十分重要的方面。

二、導遊與導覽員

（一）導遊概念

導遊，就是引導他人旅行遊覽。導遊包含兩層含義：一是引導

遊覽活動，包括導遊業務、導遊工作、導遊接待。二是指從事導遊工作的人員。導遊業務是和旅遊業相伴而行、共同發展的。

（二）導遊內容

導遊內容是指導遊人員向旅遊者提供服務的領域，包括導遊講解服務、旅行生活服務與交通服務。

導遊講解服務包括旅遊者在旅遊目的地旅遊期間的沿途講解服務、參觀遊覽現場的導遊講解，以及座談、訪問和某些參觀點的口譯服務。

（三）導覽員

導覽是接受旅行社委派，為旅遊者提供嚮導、講解及其他服務的人員。導覽是整個旅遊業，特別是整個旅遊接待工作中最積極、最活躍、最典型並起著決定性作用的工作人員。

導覽被稱為「民間大使」，代表旅行社接待遊客。導覽與遊客接觸直接，相處時間長，其最重要的工作就是為遊客作好講解服務。

導覽是運用語言表現自然和社會以滿足旅遊者求知、求解、求樂、審美要求的專職工作者。在導遊界有句行話，說是「全憑導遊一張嘴，調動遊客兩條腿」。可以說，導遊是靠「嘴巴子」吃飯的。導遊服務工作要求導遊人員要成為一本小型的「百科全書」，要具有淵博的知識，豐富的導遊資料，還應具有比較紮實的語言功底，將那些豐富的知識用正確、優美的口語表達出來，並與旅遊者交流思想、溝通訊息，取得更好的服務效果。

第二節 導覽的口語藝術形式

一個旅遊團活動的過程，好比是一台機器運轉的過程，導覽的口才在這其中起著十分重要的作用。

導遊口語的藝術形式主要包括有聲語言、態勢語言兩方面。

一、有聲語言

（一）獨白式

獨白式是導覽講、旅遊者聽的語言傳遞方式。在導遊過程中，它的使用頻率較高。如致歡迎詞或歡送詞，獨白式的導遊講解、聲像導遊解說等。獨白式導遊語言具有以下特點：

1.明顯的目的性；

2.對象明確；

3.能使說話者的觀點、態度等訊息得到充分表達。

（二）對話式

對話式是導覽與一個或多個旅遊者之間進行的交談，如問答、商討等。對話式導遊語言具有以下特點：

1.對語言環境有較強的依賴性；

2.反饋及時。

二、態勢語言

在導遊中，態勢語言是一種運用較多的溝通方式。主要有以下幾種：

1.首語。首語是透過頭部活動所傳遞的訊息，包括點頭和搖頭。世界上大部分國家、地區都以點頭表示肯定，搖頭表示否定，但也有例外。如：在印度，同意對方意見不是用點頭表示，而是用頭向左搖動來表示，不同意時則點頭。

2.手勢語。手勢語是導覽用來配合有聲語言的一個重要傳遞方式，有強化口語的作用，有時還能表述口語難以表述的內容。

（1）握手。導覽初次與旅遊者見面和同旅遊者道別均採用握手的方式，祝賀旅遊者生日、互贈紀念品、引見也常用握手的方式。

（2）招手。導覽在同旅遊者熟悉之後，如當旅遊者嚮導遊人員問好時，導覽既可口頭回答，也可招手致意，但招手時應面帶笑容。此外，在人多的場合或雙方距離較遠時，目光接觸後也可招手示意。

3.目光語。導覽的目光和眼神所表達的整體訊息應該是親切、友好的。在導遊講解中，導覽的目光需要環視，以觀察旅遊者的動向和反應。

4.微笑語。微笑對於樹立良好的導覽形像有著十分重要的意義。導覽笑容可掬能給人以親切、友好、熱情的印象。同時，微笑能使旅遊者迅速消除生疏感，增加親切感。

5.姿態語。導覽的舉止姿態既要符合生理特點、身份和性格特徵，又要適合講解內容、場合和氣氛。男導遊應有剛毅之美，女導遊應有溫柔之美。

6.服飾語。導覽的服飾不能過分華麗，飾物也不宜過多，否則會給旅遊者以炫耀、輕浮之感。導覽的著裝一要整潔，二要協調，三要有風度。

第三節 導遊口才基本技能

「江山風光無限美，全靠導遊一張嘴。」導覽憑藉著「嘴上功夫」引導遊客去探索美、發現美、享受美，進而提高遊客的審美能力。美學家朱光潛認為：「話說得好就會如實地達意，使聽者感到舒服，發生美感。這樣的話就成了藝術。」導覽除了要掌握導遊專業方面的知識和技能外，還必須掌握口才的基本技能，講究口才的藝術。

一般來講，導遊語言具有言之有理、言之有物、言之有趣、言之有神這四個特點。正確清楚是講解的基本原則，生動鮮明是講解成功的標誌。講解時應有自己特有的表情和氣質，使遊人聽之入神。要做到這幾點，就要下大決心不斷地進行語言訓練，俗話說：「一年拳，兩年腿，十年才練一張嘴。」要以「語不驚人死不休」的決心和毅力鍛鍊口才，成為導遊語言藝術家。這是一名優秀導覽不可缺少的精神素質。

導遊口語往往沒有時間字斟句酌，具有「快、急、難」的特點。要成為一名優秀的導覽，必須具備良好的口才。

一、發音

導遊的聲音高低、音量大小、發音正確與否直接影響著與旅遊者的溝通。導遊的聲音要適度，以在場的旅遊者能聽清為準。導遊的語調要悅耳動聽、親切自然，具有感染力。女性導遊的音質要溫柔、甜美；男性導遊的音質要圓潤、醇厚。

二、節奏

導遊要把握好音調的高低輕重、語氣的起承轉合和節奏的徐疾頓挫。語速快慢的變化要適於旅遊者的特點，如對中青年旅遊者，語速要適中；對老年旅遊者，語速要放慢；對需要強調的事情語速要放慢；對那些不太重要的事情語速要適當加快。

三、生動

生動形像是導遊口才藝術的具體體現。既要使表達的內容、方式生動形象，還要求神態、表情、手勢以及聲調的和諧一致，並注意運用各種修辭手法。導遊在講解中，可運用比喻、擬人、設問、排比、誇張等修辭手法，恰當地使用諺語、俗語、歇後語、格言、典故等。

下面是河北承德魁星樓的介紹：

轟立在我們眼前的高大建築就是景區主體建築魁星樓，它坐落於半壁山之巔，建築分為基座和樓體兩部分。基座為多層須彌座，主樓為兩層琉璃瓦飛檐式方樓，通高18.88米，方闊百餘步。其座上12根朱紅大柱，頂立四方，主樓前後有石階通道，四周連廊相通。正面台階上的四個描金大字「忠義文魁」為當年熱河都統英和所書。「忠義」即為「德」，「文」即「才學」，意為只有德才兼備的人，才能金榜登魁。門殿正中有一匾額，上有英和所寫「魁星樓」三個大字，與山門正中三個大字一樣，都似有缺漏，「魁」字少一筆，意為做人不可強出頭。「星」字少一筆，「日」代表上天，「生」代表天下萬物，意為人不可與天鬥，「樓」字多一橫，意為讓魁星樓更加堅固。這三字意為「是頭不出頭，是星不占星，但求平安事，樓下可棲身」，反映出道家無為而治的思想。正殿門

外一幅楹聯，上聯為「天地蘊丹青毓秀鍾靈文明福地綿道脈」，下聯為「淵源接濡瀠紫極鴻麻半壁聳峙炳文光」，充分反映了山之靈，樓之尊。樓內雕樑畫棟，殿內主要供奉魁星神。神像為一赤髮藍面鬼像，頭角猙獰，注目人間，手托才斗，硃筆高懸，一腳向後翹起，一腳站立在鰲頭之上，作點狀元之相。魁星本是北七星勺上第一顆星，因此有為首第一的意思。晉代才子謝靈運說過：「天下才學一石，曹植獨占八斗，我得一斗，天下人共分一斗。」因此形成了以斗量才的說法。而魁星所居之勺如斗，因此形成了魁星以斗量才，開文運，點狀元的說法。神像上端高懸「天開文運」匾，就點出了魁星神的職能。兩側有楹聯贊魁星：「天下人才以斗量半只腳踢開千秋文運；世間學子爭光輝一只筆點明萬代鴻儒。」乾隆皇帝也曾有詩贊到：「維北有鬥，光列七星；同旋帝座，獨占魁名。方應璇璣，斜槽玉衡；勒圖金石，取象文明。城隅竦峙，地得鍾靈；佇看多士，奮跡雲程。」神像後是一幅大型彩色壁畫，畫中繪有牡丹、蘋果、柿子、桃、松、日、月、七星、蝙蝠、鹿、鶴、魚躍龍門、搖錢樹、聚寶盆等。寓意一旦金榜高中，一定會得到「大富大貴、平平安安、事事如意、松鶴延年、福祿雙至、錦繡前程」，正可謂：「十年寒窗苦讀書，只求魁星落筆成。他年身到鳳凰池，那時天高任鳥飛。」

以上這段介紹，導遊將知識性、趣味性、文學性融為一體，體現了生動形象的特點。

四、含蓄

導遊含而不露的解說語言可以使遊客對旅遊景點產生濃厚的興趣，留下難以忘懷的印象。含蓄的語言是導遊的「常規武器」，是導遊語言藝術的高超體現。在導遊活動中，應把自己的情感滲透在向旅遊者介紹的社會文化知識之中。比如，有人把錢比喻為「孔方

兄」，把上海的浦東、浦西比喻為黃浦江的兩個孩子，這樣的含蓄語言，都是耐人尋味的。

國外的一個「李白文學散步旅遊團」來中國旅遊，行程是從四川的江岫到安徽的馬鞍山。到了馬鞍山的採石江邊，導遊介紹李白之死時有這樣一段話：「李白在他病入膏肓而又無錢醫治時，悄悄地帶上了一瓶酒，帶著未遂的心願和沒有流完的淚，在此告別了他平生喜愛的山川，告別了詩和酒，騎鯨捉月去了。」

含蓄的介紹，加上導遊的表情，一定能使旅遊者受到感染，沉浸在對李白深深的懷念之中。

五、幽默

生活需要幽默，導遊尤其需要幽默。美國作家愛默生說過：「如果你想統治這個世界，就必須使這個世界有趣。」有人說，幽默的學問就是創造「有趣」的學問。幽默不是簡單地搞笑，幽默是揭示事物之間的倒錯關係。只有看透事物之間的關係才能看到事物之間的倒錯關係，產生真正的幽默。導遊的幽默是一種力量，是一種機智，是才學的標誌。

幽默是最有感染力的傳遞藝術，是導遊與旅遊者實現良好溝通的祕方。幽默可以融洽關係，調節情緒，活躍氣氛，寓教於樂，提高遊興，有時還能幫助導遊擺脫尷尬的處境，甚至「化干戈為玉帛」。比如：

初次為大家服務，我感到十分榮幸。我姓馬，「老馬識途」的馬。今天各位到我們這兒旅遊，請放心好了，有我一馬當先，什麼事情都會馬到成功！

旅遊者一聽到這些話都樂了，初次見面的拘謹感一掃而光，大

家的關係一下子變得融洽起來。

　　某地剛剛出現了一次飛機飛行事故。一批旅遊者又要乘飛機去那個地方。旅遊者上了飛機後感到有些不安和恐懼。這時，導遊微笑著對大家說：

　　請各位放心，我是大家的「護身符」，今天陪同大家一同前往，保證一切順利。請允許我在此向大家透露一個祕密，我做了十多年導遊，坐過幾十次飛機，還沒有一次從天而降的經歷。

　　導遊的幽默逗樂了大家，飛機上旅遊者的不安情緒消除了。

六、靈活

　　有人說：「靈活創新是導遊的靈魂，沒有靈活創新，導遊藝術就不會發展。」導遊工作是一項綜合性的藝術工作，靈活創新是非常重要的。

　　一位導遊正在上海的豫園九曲橋旁向外國遊客介紹湖心亭的建築特點和中國民間風俗，忽然，一邊傳來了悠揚動聽的嗩吶聲，只見6位穿著民族服裝的抬轎人，隨著嗩吶聲在翩翩起舞。遊客的興趣都轉移到了花轎那裡。導遊順水推舟，乾脆領著遊客來到花轎旁說：「各位來賓，這就是中國古代的『計程車』，世界上第一輛汽車誕生時遠遠不如它那麼漂亮。」說完，他走到花轎旁，學著那抬轎伕的姿勢邊跳舞邊吆喝著，遊客拍著手哈哈大笑起來。

　　導遊只介紹了34個字，用了不到10秒鐘，短短一席話使遊客瞭解了中國民間風俗的一個側面，他的靈活介紹給遊客留下了深刻的印象，達到了較好的效果。

　　遊客剛下飛機，便下起雨來，導遊隨口說道：「旅客朋友：你們好！『有朋自遠方來，不亦樂乎！』你們看，連老天都知道你們

一路辛苦，所以，也來為你們洗塵。」

在旅行中下雨是常有的事，下雨會給遊客的旅行帶來許多不便。在這種情況下，導遊靈活地送上幾句帶有祝福、讚許的話語，能產生奇妙的效果。

一名青年導遊接一個老年旅遊團，一名遊客說：「我們年老事多，讓你這年輕人受累了。」青年導遊說：「你們能吃好、住好、遊好、玩好，我就非常的好。常言道：『近朱者赤』，能和各位高壽者在一起，說不定我也可以增壽呢。」

這種機智靈活的回答，讓遊客既感到親切、欣慰，又感到風趣、幽默，這種語言很容易與遊客拉近距離。

相關鏈接

導遊在語言方面應該具備的條件是：

1.像文學家那樣具有淵博的知識。

2.像藝術家那樣具有豐富的表情。

3.像歌唱家那樣唱出動人的歌聲。

4.像演說家那樣口若懸河，妙語連珠。

5.像幽默家那樣風趣、詼諧、幽默。

6.像政治家那樣思維敏捷、反應靈活。

7.像外交家那樣風度翩翩、彬彬有禮。

8.像通曉母語那樣掌握工作語言。

第四節 導遊的講解技巧

一、講解前的準備

導遊對導遊詞是爛熟於心的，但是規範、定型的導遊詞有很大侷限性，這就要求在接團和講解之前要進一步做好準備。

（一）事先準備遊客想急於知道的內容

遊客的層次不同，想要瞭解的內容也不相同，但一般說來，遊客主要是瞭解當地的文化底蘊和豐富的內涵。如遊客到西安主要想瞭解千年古都歷史；到上海主要想瞭解中國近代、現代歷史。只有瞭解遊客想急於知道的內容，才能準確地找到切入點，盡快進入角色。

比如旅遊者到豫園，都關心這樣三個問題：一是這是個什麼樣的園林？二是這個園林為什麼叫豫園？三是這個園林的名氣為什麼那麼大？所以導遊就告訴大家：

在中國，園林被分為三大類：皇家園林、私家園林和寺廟園林。豫園屬於私家園林。中國園林的建築有許多技巧，比如借景、障景等。不過，它們都由四個基本要素組成，這四個要素是水、植物、建築和假山。大多數的私家園林在江南，就是因為這兒水源多，有適宜做假山的石頭。豫園是400多年前明朝時建的。園主姓潘，是個大官。他建此園是為了取悅雙親，讓他們安度晚年。所以豫園的「豫」字就取其豫悅之意。可惜的是他父母未能眼見豫園落成就去世了。清末，潘家衰弱，其後代變賣此園於當時行會。豫園之所以成為名勝，還有另一個原因。1853年，上海小刀會起義，園內一廳堂曾被用作指揮部。所以今天名氣這麼大。

（二）因人而異選好「熱點」

由於旅遊者的年齡、性別、興趣愛好以及職業等的差別，層次和素質不同，因而造成了許多差異。導遊要充分考慮這些差異，具體地準備好一些大眾化的熱點話題，同時也要選擇好角度，準備多種類型的題目，這樣才能量體裁衣，增強針對性。

（三）言辭要有時代感

導遊講解的目的是給予旅遊者知識，所以導遊詞就要與時俱進，體現時代氣息，符合時代潮流。比如導遊講解大觀園的導遊詞：

以前聽說有一份非常有趣的調查報告，說是有人在大學調查這樣一個問題，林黛玉和薛寶釵之間，你選擇誰作為終身伴侶？結果顯示，絕大多數男學生選擇了薛寶釵。而許多女學生認為，賈寶玉可以喜歡，但不可做丈夫。

這就值得人們去思考、去重新翻閱《紅樓夢》了。薛寶釵從小喪父，以後隨著母兄客居大觀園。曹雪芹將她安排在二十幾回後才亮相，如果說她「壞」，那麼這種壞也是有限的。在書中薛寶釵是以容貌豐美、品格端方、舉止嫻雅的面貌出現，因而博得賈府眾多人的好評，就連林黛玉也不得不「暗服」。

誠然，從如今現代人的角度觀察和理解，薛寶釵自然有愛的權利，甚至有和林黛玉爭的自由，根本談不上什麼「第三者」和「插足者」。試看天下哪一位不是把為了追求幸福和美好的愛情當做人生的一大目標呢？

二、講解的技巧

（一）概述法

概述法就是簡明扼要地一次性介紹一個參觀項目。如：

避暑山莊又名熱河行宮，是中國現存最大的皇家園林，它始建於1703年，竣工於1792年，經過康、乾長達89年的經營，山莊內已經具有多種風格的建築120多組。山莊總面積564公頃，分為宮殿區、湖區、平原區和山區幾部分。正所謂「山莊咫尺間，直做萬里觀」，大家就請跟我的腳步一同去領略一下吧！

（二）強調法

強調法就是在講解時強調和突出某一方面。一是強調景點中具有代表性的景觀；二是強調景點的特徵和與眾不同之處；三是強調旅遊者特別感興趣的內容；四是強調景點所占的突出位置。人們普遍關心和感興趣的是一些在世界或全中國占有一定位置的景點。

世界上最大的宮殿群是中國首都北京的故宮。

中國的南京長江大橋是世界上最長的鐵路、公路兩用橋。

世界上最大的廣場是北京的天安門廣場。

世界上最高的機場是海拔4368米的中國西藏拉薩飛機場。

（三）懸唸法

懸唸法就是在講解時提出使旅遊者感興趣的話題，然後用「且聽下回分解」來「賣關子」、「吊胃口」。如：導遊講解虎丘塔建造的年代時，就是抓住遊客心理，提出一個個問題，環環相扣。

虎丘塔究竟有多少年了？1000年還是1500年？過去人們猜測著，說法不一。加固修塔的時候，在古塔內發現了一個窟窿，建築工人探進身去，在那裡找到一個石頭箱子，工人們把它搬出來，打開一看裡面還有一個木頭箱子，大概這麼大……再把木箱打開，裡面有一包佛經，用刺繡的絲織物包著。解開這包東西，箱底寫著年代，為中國北宋建隆二年，即961年。因此，虎丘塔至今有1000多

年了。

（四）設問法

設問法就是在講解時運用提問的方法來活躍氣氛，激發想像，促進遊客參與和互動。如游淶水縣野三坡時導遊的講解：

大家知道為什麼這裡叫野三坡嗎？這是因為這裡的地勢由南向北逐漸增高，由於地勢的高低變化，氣候也有所不同，人們習慣分為上、中、下坡，三坡就由此而來。另外，據《涿州志》記載，明朝初年，燕王朱棣興師掃北，到達三坡境界，見到一只松鼠用兩只前爪捧吃松果，燕王龍顏大悅，以為松鼠在向自己拱手施禮，就說：「野獸尚且歸順了，何況此地百姓呢？」於是頒布恩詔免除了三坡的丁糧，三坡人民也因此免遭了一場災難，於是便給這裡起名叫野三坡。

設問法有我問客答、客問我答、自問自答和客問客答四種常見的形式。它不僅可以避免導遊在講解中一統天下的局面，而且能使旅遊團隊內的氣氛活躍，關係融洽，更可滿足各種遊客的求知慾，從而給人留下難以忘懷的印象。

1.我問客答法

導遊在講解過程中，為了啟發遊客開動腦筋，防止單調乏味，適當組織遊客積極參與講解之中是大有益處的。例如在中國的園林旅遊景點中，我們時常會看見各種磚雕、木雕以及各種花紋圖案，導遊除了講解這些所見物的年代、歷史和典故外，還可以向遊客提問它們的寓意。比如蝙蝠、桃子和靈芝三種圖案合在一起為何寓意？導遊這麼一問，遊客定會興趣大增。

導遊採用我問客答法時，所提問題必須是在遊客似懂非懂的程度或者是難度不大，需要動腦筋才能回答。導遊提出問題後，一般要停頓數秒鐘，如遊客實在回答不出，應立即給予答案，否則時間

過長會陷入尷尬的場面。比如上面的問題，導遊將蝙蝠、桃子和靈芝在中國古代的象徵意義細說一番後，說：「三者合而為一，寓意為福壽如意！」

另外，花紋圖案中蓮花和鯉魚象徵著「連年有餘」，牡丹和水仙花象徵著「富貴平安」，松和鶴象徵著「延年益壽」。還有一種圖案頗有意思，即樹上掛著一顆官印，旁邊蹲著一隻猴子，其寓意為「封侯掛印」。類似這些寓意的還很多，導遊均可採用我問客答法。

2.客問我答法

這種方法就是回答遊客提出的種種問題。導遊依據一定的事實基礎和原則進行合適的表達。在整個旅遊過程中，遊客的問題涉及面很廣，其難度也有深有淺，同時也具有隨意性。導遊首先應該是不厭其煩，對實在回答不出的問題也應謙虛，想盡辦法做到既不失面子，也使遊客得到心理上的滿足。

在整個旅遊活動過程中，導遊使用客問我答法要順其自然，尤其是做導遊時間不長的人員，不要有意或提倡讓客人提問，當然，對經驗豐富、知識淵博的老導遊另當別論了。導遊界有句行話，叫做「導遊不怕說，就怕問」。如果導遊有意讓遊客提問，而導遊又回答不出，就會處在尷尬和不利的處境之中。因此，導遊最好要慎重選擇此法。

3.自問自答法

該法是導遊常用的一種導遊方法。自問自答就是由導遊自己提出問題，並且由自己來回答。自問自答法在掌握節奏和速度上要比我問客答法來得快些，因導遊在指導思想上不打算讓遊客來回答，如果有遊客要回答或者想回答，那導遊也就順水推舟，順其自然了。

比如導遊對承德避暑山莊文津閣「日月同輝」的介紹：

瞧！池中一彎新月，在水中輕輕抖動。這是天上月亮的倒影嗎？不是，天上正是麗日當空。是我們眼睛的錯覺嗎？更不是，我們看得這樣真真切切。這就是堪稱承德一絕的「日月同輝」奇觀。究竟是怎麼回事兒？請各位到前面的假山中自己尋找答案。（此時導遊給遊客留出幾分鐘時間去尋找。）大家請注意，這位小姐是最先找到答案的！原來這是利用光的反射原理，透過山洞南壁的月牙形缺口，在水中倒映出來的影子。

導遊並未開門見山告訴旅遊者，而是提出疑問，再去解釋原因，使遊客恍然大悟，使「日月同輝」這一奇觀給旅遊者留下深刻的印象。

自問自答法的關鍵在於動作、表情和眼神，自問自答法和我問客答法的最大區別就在於此。遊客根據導遊的表情，會判斷哪些問題該回答，哪些不該回答。導遊駕馭兩種方法，全憑自己靈活掌握，只有這樣導遊的講解藝術才能發揮到淋漓盡致、渾然一體的境界。

4.客問客答法

該法是設問法中難度最大的方法，導遊如果使用得當，不僅能挑起遊客的積極性，而且能夠活躍旅遊團隊的氣氛，加強導遊與遊客以及遊客與遊客之間的關係。

客問客答法一般是在導遊使用以上「三法」中產生的。當遊客嚮導遊提出問題後，導遊不馬上給予解答，而是故意讓遊客來回答。應當注意的是，導遊應有意讓那些活躍分子來回答，那些人如果回答正確，心中自然高興；如果回答不對，當導遊講出正確答案時，那些人也會哈哈一笑了之，而不至於造成難堪。

導遊運用客問客答法的時間、地點和團隊氣氛要把握好，如果

不當會適得其反。一般來說，在遊客玩得高興時或者對某些問題頗感興趣時使用此法效果會更好，而當遊客處於疲倦和無聊之中時，對回答問題是不感興趣的。

（五）類比法

類比法就是以熟喻生，達到類比旁通的導遊方法。如把北京的王府井比做日本東京的銀座，把唐代長安城與東羅馬帝國的首都君士坦丁堡相比，把九門提督比做衛戍司令。

（六）故事講解法

故事講解法就是在導遊講解中透過穿插人物傳說、歷史故事的手段以增強效果的方法。如在講解浙江紹興的旅遊景點蘭亭時，就可以介紹一些有關王羲之的傳說：

據說，王羲之在20歲的時候，太尉郗鑒欲找女婿，恰好王家舉辦宴會，郗鑒派門生到王家去，躲在暗處，偷偷觀察那些年輕人的行為舉止。門生回去稟報說，王家的小伙子都不好，特別是有一位躺在東廂房床上，袒著肚皮，旁若無人地邊吃燒餅邊用手比劃練字的那位王氏子弟，名叫王羲之，他最可笑，不能入選。郗老先生說，就是他了。此人氣質不錯，將來必有出息。這就是膾炙人口的成語「東床快婿」的來歷。

大家知道「入木三分」的來歷嗎？傳說，王羲之是一位性情直率的人。他到朋友家，見人家的几案滑淨，就在几案上用毛筆寫了兩遍諸葛亮的《梁甫吟》。筆力蒼勁，風度超凡，是難得的書法珍品。朋友的父親回來了，看了几案，大為不快，趕快去擦，擦不掉的就用刀子刮，最深的竟有三分之多。朋友回來見了，追悔不已，並嘆道：羲之的字，真是入木三分啊！

說到王羲之，不能不說到「鵝池」。據《晉書·王羲之傳》記載：山陰有一道士，養好些鵝，王羲之前去觀看，非常高興，堅持

要買。道士說：「如果你能為我寫一遍《道德經》，我就把這一群鵝贈給你。」王羲之高興地為道士書寫一遍《道德經》，趕著一群鵝非常高興地回去了。王羲之愛鵝、養鵝、書鵝，傳說王羲之剛寫完「鵝」字，剛要寫「池」字時，忽聞聖旨到，於是擱筆迎旨。他的兒子王獻之，趁父親離開之際，提筆補上「池」字，一碑二字，一肥一瘦，父子合璧，成為千古佳話。

（七）啟示聯想法

啟示聯想法就是導遊對遊客略加啟示，引起聯想，以達到導遊預期的效果。

例如：

傳說，原來北京故宮有屋9999間，「9」與「久」同音，象徵「長治久安」。

假如一個人從出生那一天開始，就讓他每一天住一間房子，要到27歲時才能把故宮的所有房間住上一遍！

導遊寥寥數語，畫龍點睛，妙趣橫生，讓遊客想像出故宮的房子有多少，建築構思有多麼奇妙，建築規模有多麼宏大。

（八）創新立意法

創新立意法就是對大家熟悉的景點給予新解，用創造性的手段把遊客引入一個新的意境中去。

青島風光可分為五個層次：碧海、金沙、紅瓦、綠樹、藍天，很像音樂的五線譜。勤勞、聰明的青島人民，猶如五線譜上的音符，透過自己辛勤勞動，譜寫出一曲曲動人的英雄樂章。

這是一位上海導遊在導遊大賽上對青島風光所作的創新性的介紹。

一天，導遊高興地帶領一批遊客到昆明湖觀光遊覽，誰知湖邊

的道上沾著許多天鵝的糞便和羽毛，環境非常髒。儘管公園員工不停地在清掃，但仍不盡如人意。遊客心裡有股說不出的滋味。導遊看在心裡，靈機一動，計上心來。她趕緊寫好一封信，請該團的領隊在旅遊車上念讀。

「親愛的女士們、先生們：

我們是一群剛從北方飛過來的不速之客，因見這兒風光十分迷『鵝』，沒有徵得園主的同意便安營紮寨了。由於我們有著游民生活的習慣，因此，法律觀念較淡薄，又不講文明和衛生，隨地大小便，給你們帶來了諸多不便，請多多包涵。還有一事要向在座各位通報一下，如果誰不慎滑倒弄髒衣服，請趕快脫下扔進湖裡，但不要著涼。我們將會把髒衣服洗得乾乾淨淨，至於何時來取衣服，我們心中也沒數。

您的好朋友：一群可愛的小天鵝。」

遊客聽了這封信，就會捧腹大笑，心中的不愉快也會在笑聲中消失。導遊創新立意，巧妙地運用了擬人的手法，把天鵝人格化，形成了有血有肉的人物形象，產生了較好的幽默感和藝術效果，打破了尷尬、難堪的局面，同時也活躍了旅遊團隊的氣氛，增加了情趣。

第五節 歡迎詞、歡送詞

迎、送是一次旅遊行程的兩端，也是整個旅遊的關鍵環節。到車站、機場、港口迎接遊客是導遊服務工作的開始。對千里迢迢、風塵僕僕而來的遊客，導遊首先要問一聲辛苦，表達熱烈歡迎之意，這是導遊給遊客留下的第一印象。經過愉快、舒心的旅遊之後，遊客將要離去，朝夕相處幾日，結下深厚情誼。這時導遊要對遊客說聲再見，並表達良好的祝願。

一、巧開頭——致好歡迎詞

致歡迎詞是導遊服務工作的開始。俗話說：「萬事開頭難」，「良好的開頭是成功的一半」。導遊在剛接到旅遊團隊的那一刻，表現出的良好口才會使遊客為之一振，甚至會影響旅遊的全過程。

歡迎詞是導遊的一次就職宣言。一篇好的歡迎詞，能驅散旅遊者心頭的種種疑惑和謎團。歡迎詞既要簡短明確，又要交代遊覽內容和服務宗旨，既要嚴謹，又要優雅詼諧，或活潑幽默，能體現出某種風格。

一名導遊在春天接待一個外國旅遊團，遊覽路線是上海——蘇州——無錫太湖——南京——黃山——杭州西湖——廣州。他致的歡迎詞是這樣的：

朋友們：我很高興地歡迎你們！中國古代大教育家孔子說過：「有朋自遠方來，不亦樂乎。」寒山寺的鐘聲在歡迎你們，太湖的浪花在歡迎你們，黃山迎客松伸出熱情的手臂歡迎你們，我作為一名中國旅遊服務人員的代表在歡迎你們。

這幾天我將陪同大家走過一條非常美麗的風景線，歡迎你們到黃山看漫山遍野的杜鵑花，到西子湖畔賞杏花，到廣州觀滿城的鮮花。

本次為我們開車的是曾行車兩萬里連一隻雞都有沒撞過的司機。他是一位將軍的兒子，只是外語水準比我差一點兒，否則他會為大家翻譯講解，而我為諸位開車。

我的服務宣言是永遠不說NO。

（一）歡迎詞的主要內容

1.代表旅行社、導遊本人及司機歡迎客人光臨。

2.介紹自己的姓名和單位。

3.介紹司機。

4.介紹日程安排，希望大家配合。

5.表示提供服務的願望。

6.預祝遊客旅遊愉快、順利。

（二）致歡迎詞的要求

導遊要透過致歡迎詞努力展示自己的口才藝術，縮短與遊客的距離。歡迎詞應風趣、自然，切忌死板沉悶。

1.充滿信心，神態自若。開口要緩慢，等待遊客集中精力，注意多用目光語言與大家交流。

2.根據不同的遊客，靈活地使用語言，增加不同的內容。

（三）歡迎詞開首語

1.介紹式。這種方法最常用，特點是較為全面地介紹有關情況。

2.針對式。適合於專業性的旅遊團隊。

3.抒情式。用詩或詩一般的語言開頭。

4.猜謎式。用提出謎語讓遊客回答的方式開頭。

5.講故事式。透過引人入勝的故事情節引發旅客情緒、興趣。

二、妙結尾——致好歡送詞

送別是導遊服務工作的尾聲。這是導遊最後一次集中表達情感的機會，致好歡送詞能夠進一步加深與旅遊者之間的感情，為整個導遊服務錦上添花，同時，也可以為導遊、服務中的失誤和不如意的地方進行彌補。例如：

雖然非常捨不得，但還是不得不說再見了。感謝大家幾天來對我的導遊工作的配合、支持和幫助。儘管我在為大家服務方面做出了自己的努力，但是在這次旅遊過程中，還是有很多地方做得不好，比如說由於我的疏忽趙先生掉了隊；比如劉女士託我找的老同學，我還沒有找到。大家對我安排不周的地方不但理解我而且還十分支持我，這些點點滴滴的事情，使我感動，使我難忘。也許我不是最好的導遊，但是大家卻是我遇見的最好的客人，能和最好的客人一起度過這難忘的幾天，這也是我導遊生涯中最大的收穫。作為一名導遊，雖然走的都是一些自己已經熟得不能再熟的景點，不過每次帶不同的客人卻能讓我有不同的感受。在和大家初次見面的時候我曾說，相識即是緣，我們能同車而行即是修來的緣分；而現在我覺得不僅僅是所謂的緣了，而是一種幸運，能為最好的遊客做導遊是我的幸運。

請允許我再一次由衷地感謝大家對我的支持和配合。其實能和大家達成這種默契真的是很不容易。大家出來旅遊，收穫的是開心

和快樂；而我作為導遊，收穫的則是友情和經歷。我想這次我們都可以說是收穫頗豐吧。也許大家走了以後，我們很難會有再見面的機會，不過我希望大家回去以後和自己的親朋好友回憶這次旅行的時候，不要忘了加上一句，這次旅遊還有一個小導遊，那是個不錯的朋友！

最後，預祝大家旅途愉快，以後若有機會，再來觀光！

（一）歡送詞的主要內容

1.總結、回顧旅遊活動，感謝大家的合作和支持；

2.表達友誼和惜別之情；

3.誠懇徵求旅遊者對接待工作的意見和建議；

4.對旅遊活動中的不順利或服務不周、不盡如人意之處，再一次賠禮道歉；

5.表達美好的祝願。

（二）致歡送詞的要求

導遊與旅遊者經過幾天相處已經熟悉或成為朋友了，致好歡送詞是給旅客留下深刻印象的好機會。歡送詞既要有文采，又不要說得天花亂墜，冠冕堂皇，要情深意切，有感而發，讓客人覺得很溫馨，甚至終生難忘。致歡送詞時要珍惜別離之情，不要草草了事，「倉促揮手，扭頭就走」，那樣會給人感覺是職業導遊，缺少人情味。

（三）歡送詞的結束語

1.謙遜誠懇式

馬上就到了和各位說再見的時候了。此時此刻我的心情難以用語言來表達。在這次旅行中，我作為導遊有許多工作做得還不十分

完美，我的講解水準還有待提高，離大家的要求還有一定的距離。幾天來大家對我很支持，有的朋友還提出了好的意見和建議，對此我表示深深的謝意。我們就要分別了，讓我說什麼呢？就說句祝願的話吧，祝你們一路平安！祝我們的友誼天長地久！

2.祝願希望式

親愛的朋友們，短暫的相逢就要結束，揮揮手就要和大家告別，非常感謝大家一路上的支持和配合。在這分手的時候，祝大家一路順風，早日回到自己溫暖的家，同時也希望大家回到自己的家鄉後，偶爾翻起中國地圖，想起曾經到過這樣一個小城，對那裡有這樣或那樣的回憶，曾經有過這樣一個小導遊和大家一起度過短暫的幾天，留下了或多或少的記憶。中國有句古語，叫做「兩山不能相遇，兩人總能相逢」，我期盼著不久的將來還會相見。在這裡我只有對大家說：「輕輕的我走了，正如我輕輕的來，我揮一揮手，不帶走一片雲彩。」希望我們還能相見！謝謝大家！

技能訓練

1.下面是介紹蘇州西園「瘋僧」（十不全和尚）的導遊詞，有什麼特點？

朋友們：這塑像可怪了。他有個雅號叫「十不全和尚」，就是說有十樣毛病：歪嘴、駝背、鬥雞眼、招風耳朵、癩痢頭、蹺腳、抓手、斜肩胛、雞胸，外加歪鼻頭。別看相貌怪，但殘而不醜，從正面、左面、右面看，他的臉分別給人歡喜、滑稽、憂愁三種感覺……裡面那500尊羅漢，尊尊不同。請耐心找找，裡面一定有一尊臉型是像你的。

2.閱讀下面這段文字，談談導遊詞介紹中要注意什麼。

郭沫若先生曾為中國第一座遺址博物館——陝西半坡博物館題詞「半坡遺趾」，其墨寶至今仍然鑲在博物館保護大廳東牆之

上，供遊人欣賞。對此題詞，一位導遊以「遺址」而非「遺趾」之議，竟推演出郭老當時喝醉酒，下筆有誤，遂有「遺趾」流傳後世。

幸虧博物館負責人及時解釋，古漢語「趾」與「址」通用，「遺趾」是古代人遺留下來的足跡，而郭老寫這個詞更見精粹。

3.下面這段導遊詞運用的是什麼講解方法？語言有什麼特點？

遊客朋友，我們旅遊的目的地山西永濟就要到了。地處黃河中游的山西，有許多值得去的地方，永濟是人文薈萃之地，是一處非常值得一遊的地方。蒲津渡口有發掘出來的唐代四尊大鐵牛，唐朝時澆鑄這四尊鐵牛是用來做什麼的呢？一會兒我再給大家介紹。王之渙的「欲窮千里目，更上一層樓」的詩句，吟誦的就是這裡著名的鸛雀樓。傳說中四大美人「沉魚落雁，閉月羞花」之一的楊玉環就出生於永濟的獨頭村。「一巷三閣老，對門九尚書。站在古樓往南看，二十四家翰林院。大大小小知州縣，三斗六升菜籽官。」這句流傳至今的順口溜可以證明這裡是出人才的地方。山西的蒲州，是唐代《鶯鶯傳》的發祥地，元代王實甫改為《西廂記》。崔鶯鶯與張生的愛情故事就發生在普救寺。普救寺建於南北朝晚期，唐代武則天年間擴建，明朝嘉靖乙卯冬震毀，過了十年又重建；抗日戰爭時期起火，只有佛塔獨存。1980年代重新修建了普救寺，商家「商心別具」，成為今天的「情侶園」，真可謂「再度新翻西廂記，雙至西廂詠西廂。」

4.組織一次模擬導遊活動，介紹自己家鄉的名勝古蹟。

第7章 演講的口才藝術

　　演講作為一種以語言為工具的社會宣傳活動，可謂源遠流長。在古代的希臘、羅馬和中國，演講就已經高度發展。演講作為一門科學，第二次世界大戰以後，在西方，尤其是在美國取得了較快發展。

　　演講是獲取訊息的好途徑，擴大聯繫的好機會，求知學習的好管道，鍛鍊口才的好方法。演講是一種武器，運用它可以捍衛自己，取得競爭優勢；演講是一條途徑，透過它可以培養能力，增強勇氣；演講是一種智慧，應用它可以機智果敢，幽默詼諧。透過演講人們可以得到理性上的啟迪，知識上的豐富，思想上的教育，情感上的愉悅。演講具有如此巨大的魅力，學好演講，就將會有希望像古希臘哲學家、演講家蘇格拉底說的那樣，成為「最有才幹的人，最能指導別人的人，見解最深刻的人」。

第一節 演講概述

一、演講的概念

演講是演講者運用有聲語言和態勢語言，面對觀眾，發表意見，抒發感情，以感召聽眾為目的的實踐活動。

演講又稱演說，是語言的一種高級表現形式。演講能夠藝術地表達出語言的基本意思，是一種有計劃、有目的、有主題、有系統的視聽兩方面訊息的傳播。

首先，演講是演講者就人們普遍關注的某種有意義的事物或問題，透過口頭語言面對一定場合的聽眾，直接發表意見的一種社會活動。其次，演講是演講者在現場與聽眾雙向交流訊息的活動。嚴格地講，演講是演講者與聽眾、聽眾與聽眾的三角訊息交流，演講者不能僅僅以傳達自己的思想和情感、情緒為滿足，他必須能控制住自己與聽眾、聽眾與聽眾情緒的應和與交流。

演講被稱為「藝術之女王」，是一門綜合性藝術，是最具審美價值的一種口語表達形式。演講以講為主，以演為輔；講與演同步，聲與形結合；口與才互為表裡，融為一體。

二、演講的特徵

演講同其他有聲語言相比有如下特徵：

（一）現實性

演講屬於現實活動範疇，不屬於藝術活動範疇。演講的話題大

都是現實生活問題，選用的材料也要體現真實性，而站在講台上的演講者也同樣是現實生活的人，而不同於舞台藝術的演員。演講者透過對社會現實的判斷和評價，直接向廣大聽眾公開陳述自己的主張和看法。

（二）藝術性

演講是現實活動的藝術。演講具有統一的整體感和協調感，即演講中的各種因素（語言、聲音、表演、形象、時間、環境）形成一種相互依存、相互協調的美感。同時，演講不單純是現實活動，它還具備著戲劇、曲藝、舞蹈、雕塑等藝術門類的某些特點，並將其與演講融為一體，形成具有獨立特徵的演講活動。

（三）鼓動性

演講必須具備強烈的鼓動性。沒有鼓動性，就不成為演講。鼓動性是演講成功與否的一個標誌。一切正直的人們都有追求真善美的渴望，演講者傳播真善美，激勵和鼓舞聽眾，自然會引起共鳴；演講者以自己熾烈的感情去引發聽眾的感情之火，容易達到影響聽眾的目的；演講者的形象、語言、情感、態勢以及演講詞的結構、節奏、情節等均能抓住聽眾。

（四）直觀性

演講的直觀性指的是演講者與聽眾現場直接交流、零距離接觸，加上生動的口語表達，感染和打動聽眾，引起聽眾與演講者的心靈共鳴。

（五）實用性

演講是人們交流思想的工具，是任何人都可以利用的最經濟、最實用、最方便的傳播工具。任何思想、任何學識、任何發明和創造，都可以借助演講這個工具來傳播，比如競選演講、求職演講、禮儀演講等。

三、演講的分類

演講根據功能、形式、內容，可分為如下的類型：

（一）從功能上劃分

1.「使人知」的演講。它是以傳達訊息、闡明事理為主要功能的演講，目的在於使人知道、明白。如秋瑾的《敬告二萬萬女同胞》。

2.「使人信」的演講。它是以使人信賴、相信為目的的演講。如孫中山的《中國決不會淪亡》。

3.「使人激」的演講。它是使聽眾激動起來，在思想感情上產生共鳴的演講。如美國黑人運動領袖馬丁·路德·金的《在林肯紀念堂前的演說》。

4.「使人動」的演講。它是使聽眾產生欲與演講者一起行動的想法的演講。如戴高樂的《告法國人民書》。

5.「使人樂」的演講。它是以活躍氣氛、調節情緒，使人快樂的演講。這種演講多以幽默、笑話或調侃為材料，一般常出現在喜慶的場合。其特點是材料幽默，語言詼諧。這種演講的事例很多，如林語堂的《生活的藝術》。

（二）從表達形式上劃分

1.命題演講

命題演講即由別人擬定題目或演講範圍，並經過準備後所做的演講。它包含兩種形式，即全命題演講和半命題演講。全命題演講的題目一般是由演講活動的組織單位來確定的。半命題演講指演講者根據演講活動的組織單位限定的範圍，自己擬定題目進行的演講。

2.即興演講

即興演講即演講者在事先無準備的情況下，就眼前場面、情境、事物、人物臨時起興發表的演講。它的特點是有感而發，時境感強，短小精悍。它要求演講者要緊扣主題，抓住由頭，迅速組合，言簡意賅。

3.論辯演講

論辯演講即指由兩方或兩方以上的人，就某個問題產生不同意見而展開的面對面的語言交鋒，其目的是堅持真理，批駁謬誤，明辨是非。它的特點是針鋒相對，短兵相接；反映及時，巧妙應對；語言簡潔，一針見血。論辯演講要求演講者具備嚴密的邏輯性和較強的應變能力。

（三）從內容上劃分

1.政治演講

政治演講，指為了一定的政治目的，出於某種政治動機，就某個政治問題以及與政治有關的問題而發表的演講。它包括外交演講、軍事演講、政府工作報告、政治宣傳等。如邱吉爾的《第一次政治演說》。

2.生活演講

生活演講，指演講者就社會生活中存在的各種問題、風俗和現象而做的演講。它表達了演講者對這些問題的看法、見解和觀點。這種演講涵蓋的內容更加廣泛。如美國現代作家福克納的《如果世界上真有天堂》。

3.學術演講

學術演講，指演講者就某些系統、專門的知識和學問而發表的演講，一般指學校的專題講座、學術報告、學術發言等。它必須具

有內容的科學性、論證的嚴密性和語言的準確性三大要素。如法國著名物理學家皮耶·居里的《鐳的發現和對鐳的擔憂》。

4.競選演講

競選演講，指在一定的組織形式中，競爭某一職務或某項工作的演講。它實際上是一種自我推銷。

5.法庭演講

法庭演講，即指公訴人、辯護代理人在法庭上所作的演講和律師的辯護演講。法庭演講的突出特徵是公正性和針對性。如美國律師丹諾的《為宗教和信仰自由一辯》。

6.宗教演講

宗教演講，指的是一切與宗教儀式、宗教宣傳有關的演講。它主要包括布道演講和一些宗教會議演講。

第二節 演講的技巧

一、演講的有聲語言技巧

演講的有聲語言技巧直接關係著演講的社會效果，所以要想提高演講的水準，就必須研究和掌握演講的有聲語言特點。

（一）通俗

演講的語言要通俗平易。否則聽眾聽不懂，不愛聽，就要影響演講的效果。

1.口語化

口語存在於人的日常生活中，豐富多彩，變化多端並且生動活潑，極富人情味。所以演講者一定要竭力選擇有利於口語表達的詞語和句式，句子要多用短句，也要注意散句和整句的結合。

（1）講明白話。演講是演講者與聽眾進行交流的過程，一句話講得不明白就有可能使交流中斷，甚至會影響後面的交流。演講要用現成的、通行的、簡明易懂的話，儘量不用或少用方言、術語。

（2）講有力量的話。演講要句句在理，使人聽後心悅誠服，激發聽眾的積極性，恰當使用格言、警句，從而產生感染力、號召力。講理要曉之以理，動之以情，導之以行，喚起聽眾心靈深處的共鳴，激起聽眾情緒，進而產生一種欲與演講者一致行動的慾望。

（3）講生動的話。演講用語應和諧、優美、響亮、流暢，要多用短句，用形象化的語言。

恩格斯的《在馬克思墓前的講話》，他把馬克思的「逝世」說

成「睡著了」，這樣不僅形象地說明了馬克思逝世時從容、安詳的神態，而且也飽含了作者內心無限懷念的感情。

2.個性化

演講語言是一個人思想、閱歷、才華、氣質以及語言修養的集中表現。要用自己的話講出自己的思想、感情、意志和氣質，少用別人的語言或現成的語言，不講大話、套話。需要指出的是，個性化應把握好分寸，某些「時髦」詞語聽起來「新鮮」，其實內容缺乏生活的真實，乾癟得很。用自己的話講，看起來樸素、普通，但卻真實自然，富有吸引力。

3.幽默風趣

演講能夠引起聽眾興趣，打開聽眾笑臉的絕妙辦法就是幽默。幽默能夠拉近演講者與聽眾的距離，產生親切感，同時又能在意味深長的笑聲中得到富有哲理性的啟迪。

一次，林語堂應邀參加台北某校的畢業典禮。發言的一個個口若懸河，滔滔不絕。輪到他發言的時候已經是11點半了。他站起來說：「女士們，先生們，紳士的講話，應該是像女人的裙子，越短越好。」第二天台北各報風傳最新消息，結論是：幽默大師名不虛傳。

幽默是演講者常用的一種藝術手法。演講的幽默法，是用詼諧的語言、逗人發笑的「材料」或饒有興趣的方式來表達演講內容，抒發演講者感情的一種藝術手法。莎士比亞說：「幽默和風趣是智慧的閃現。」林語堂說：「幽默是人類心靈舒展的花朵，它是心靈的放縱或者放縱的心靈。」幽默是一種很高的人生境界，在演講中有相當重要的作用，它所產生的諧趣對聽眾具有巨大的吸引力和感染力。演講中運用幽默的方法可以愉悅聽眾，啟迪聽眾，委婉地表達演講內容。它多用於即興、開場、應變、諷刺或批評。

魯迅在《魏晉風度及文章與藥及酒之關係》這篇學術演講中，除了講自己獨到的見解外，還充分發揮幽默的作用，使人感到趣味無窮。當講到曹操以「不孝」的罪名殺孔融時，他風趣地說：「倘若曹操在世，我們可以問他，當初求才時不忠不孝也不要緊，為何又以不孝之名殺人呢？然而事實上縱使曹操再生，也沒人敢問他，恐怕他把我們也殺了！」我們可以想像，當時的聽眾聽到這句話時一定會捧腹大笑。

演講中運用幽默法應注意的事項：

1.幽默的運用必須服從於演講的主題，否則就是為幽默而幽默，成了喧賓奪主的單純笑料。

2.演講者如果沒有豐富的生活體驗和廣博的知識，而硬要運用幽默法演講，其幽默就可能淪為低級趣味的滑稽。

3.幽默法的運用，還需看場合和演講的具體情境而定。在莊重悲哀的場合不宜多用幽默的語言，而在喜慶的宴會上發表演講，則可通篇詼諧幽默、妙趣橫生。

一位演講家到某劇院演講，在他講到中途時，有幾位女士開始在台下隨意地說話。演講家暫停演講說：「各位聽眾，其實我最喜歡對女士演講，因為男士們聽我演講，都是一個耳朵聽，另一個耳朵出，簡直沒有效果。」聽到這幾句話，女性聽眾立刻報以熱烈的掌聲。演講家接著說：「可是女士就不同了。她們聽我演講，往往是兩個耳朵聽，一個嘴巴出，所以效果加倍地好！」在一陣喝彩聲和鼓掌聲過後，幾個在台下說話的女性聽眾，乖巧地停止了說話。

在演講當中，面對女性聽眾在台下說話這種現象，聲色俱厲、劈頭蓋臉地批評，顯然不行。這位演講者在沒有準備的情況下，迅速地選定了委婉、巧妙批評的主題，既制止了說話，又容易讓人接受。

（二）簡潔

成功的演講應以最少的語言表達出最多的內容，以最少的時間涵蓋最大的容量。要做到語言簡潔，必須對要演講的內容認真思考，弄清道理，抓住要點，明確中心。演講時不拖泥帶水，做到精益求精。

美國第十六任總統林肯，在國家舉行烈士公墓落成典禮上發表了著名的《在葛底斯堡的演說》。演講的目的在於憑弔犧牲的烈士，激勵人們為爭取自由和統一而不懈奮鬥。這篇演講詞面對15000名聽眾，僅有10個句子，600多字，用了2分15秒鐘的時間，卻贏得了十多分鐘的掌聲。據記載，在林肯講完第一句話之後，數萬群眾無比激動，而當聽眾抹掉激動的淚花，想再仔細聽下去的時候，林肯卻已講到了最後一句。雲集墓地的新聞記者還沒來得及把攝影架支好，演講已經結束了。

林肯的《在葛底斯堡的演說》獲得巨大成功，其蘊涵豐富、思想深邃、措辭精練的話語，令人嘆服。這篇演講詞不愧為短小精悍、言簡意賅的典範，是演講史上不可多得的珍品，被稱為英語演講的最高典範而鑄成金文，至今存放在牛津大學。契訶夫說：「簡潔是才能的姊妹。」短小精悍、內容新穎的演講總是給人留下深刻印象。

（三）準確

演講確切、清晰地表現出所要講述的事實和思想，揭示出它們的本質和聯繫。只有準確的語言才具有科學性，才能逼真地反映出現實面貌和思想實際，才能為聽眾接受，達到宣傳思想、教育和影響聽眾的目的。要準確地使用概念，科學地進行判斷，合乎邏輯地推理，字斟句酌地推敲詞句。

1.思想要明確。只有思想明確了，才能使語言準確。演講者如

果對客觀事物沒有看清、看透，自己的思想尚處於模糊狀態，用語自然就不能準確。

2.具備豐富的詞彙量。為了準確地概括事物，就需要在大量的詞彙裡，篩選出最能反映這一事物、概念的詞語來。詞彙貧乏往往會導致演講語言枯燥無味，甚至詞不達意。要想使演講語言準確、恰當，演講者必須占有和掌握豐富的詞彙。

3.注意詞語的感情色彩。詞的感情色彩是非常鮮明而細微的，只有仔細推敲、體味和比較，才能區別出詞語的褒貶色彩。例如，一個人死了，由於感情不同，用詞也不同，如可用「犧牲」、「去世」、「走了」、「死了」、「完蛋了」、「見上帝去了」等等。這些詞表現的雖然都是同一個意思，但其感情色彩卻是截然不同的。

二、演講的態勢語言技巧

演講的態勢語言包括演講時的一切表情達意的動作、表情。演講的態勢語言同有聲語言一樣具有表情達意的功效，成為演講者重要的輔助性語言。

（一）儀表

儀表包括頭飾、面飾和服飾等身體外表的裝飾打扮。儀表是演講者給聽眾的第一印象。頭飾要整潔、瀟灑、自然，做到雅而不俗。女性必要時可佩戴飾品。切忌披頭散髮，蓬頭垢面，倉促上陣。面飾以清秀、淡雅、自然、和諧為宜，切忌濃妝艷抹。服飾應整潔大方，寬鬆自然，切忌矯揉造作。演講者著裝和服飾顏色要考慮到演講的內容、環境和時空等因素。

（二）姿態

姿態就是人的姿勢、體態。演講者要把握和運用好站姿、坐姿、移動、側身、聳肩、扭腰、昂頭、低首等各種姿態來傳情達意，增強演講的感染力。演講時一般採用站姿：挺胸，收腹，精神飽滿，氣下沉；兩肩放鬆，後背挺直，胸略向前上方挺起；腿應繃直，穩定重心位置。站姿有稍息式、立正式、丁字式等。

（三）表情

表情就是演講者的面部變化，包括喜、怨、哀、樂、怒、憤、悲等表情。運用表情，可以進一步達到影響、感染聽眾的效果。歡笑，表示內心歡喜；瞪眼表示內心憤恨；瞇眼，表示內心猜測；癟嘴，表示內心很鄙視；蹙眉，表示內心焦慮；流淚，表示內心悲傷；等等。

（四）手勢

手勢是演講者用雙手或單手揮、指、搖、擺等動作。雙手上舉，表示「起來」；一隻手向前，表示前進；右手握拳下揮，表示「打擊」；伸手掌作橫擺，表示「不要」；手指向前指，表示「就是他」；雙手掌下按，表示「沒問題」；等等。

三、演講的開場白技巧

好的開頭是演講的關鍵。演講的開場白肩負著組織聽眾注意的特殊使命。不同類型的演講，需要有不同的開場白。在設計開場白時應該考慮的原則是：能引起聽眾注意；為聽眾提供背景知識；為聽眾闡述演講結構；為聽眾說明演講目的；激發聽眾興趣；取得聽眾信任。

演講的開場白，在形式上，要力求新穎別緻，能一下子就抓住

聽眾；在內容上，要有新意，出奇制勝，使人耳目一新；在意境上，要清幽深遠，回味無窮。

演講常見的開場白方式有：

（一）從演講的題目開場

這種開場白開宗明義，先用精練的語言交代演講的意圖或主題，然後在主體部分展開論證和闡述，使聽眾感覺自然流暢。如魯迅的《少讀中國書，當好事之徒》：

今天我的講題是：《少讀中國書，當好事之徒》。我來本校是做國學研究工作的，是擔任中國文學史課的，論理應當勸大家埋首古籍，多讀中國書。但人在北京，就看到有人在主張讀經，提倡復古。來這裡後，又看到有些人老抱著《古文觀止》不放，它使我看到：與其多讀中國書，不如少讀中國書好。

這個開場白不僅開門見山，而且還給人帶來疑問，吸引人非弄個明白不可。

又如《對「遲到」說不》：

「報告！老師，我遲到了。」「還不快進來聽課，放學後交份檢查給我。」這是兒時貪睡的結果，受到的懲罰是老師的白眼、同學的不齒。從那以後，我再沒遲到過，但卻由此注意到了更多的遲到：高考遲到，被擋在夢想門外；愛情遲到，錯過了一生的真愛；救護車遲到，延誤了鮮活的生命；正義遲到，讓良知接受拷問！假如今天遲到的不是我、不是考生、不是愛情、不是救護車，而是我們的政府，那會是怎樣的情形？

我認為，建設公共政府，應該堅決地對「遲到」說「不」！

這篇演講開頭由一次上學遲到談起，先後列舉了高考、愛情、救護車、正義遲到會產生的後果。然後透過設問，引出中心論點，

開頭十分精彩巧妙。用「遲到」這人人皆知的現象來說理，語言具體形象，很有說服力。

（二）從演講的緣由開場

這種開場白一開始就向聽眾說明演講的原因，然後順勢引出下文。如雨果的《巴爾扎克葬詞》：

各位先生：

方才入土的人是屬於那些有公眾悲痛送殯的人。在我們今天，一切虛構都消失了。從今以後，眾目仰望的不是統治人物，而是思維人物。一位思維人物不存在了，舉國為之震動。今天，人民哀悼的，是死了有才的人；國家哀悼的，是死了有天才的人。

（三）用講故事開場

這種開場白是以講述故事開始的。所講述的故事有的是演講內容的本身，有的與演講內容有直接關係。有一位演講者在《救救孩子》的演講中是這樣開始的：

一個四年級的小學生，每天要帶父母親剝光了殼的雞蛋到學校吃。有一次，父母忘了給雞蛋剝殼，差點憋壞了孩子，他對著雞蛋左瞧右看，不知如何下口，結果只好原蛋帶回。要問他怎麼不吃蛋，回答很簡單：「沒有縫，我怎麼吃？」

演講者透過小學生不會剝雞蛋這樣一則新聞報導開頭，引出他的演講主題：全社會都要重視培養孩子們獨立生活的能力和戰勝困難的勇氣。

（四）用幽默的語言開場

這種開場白是講幽默、詼諧的語言或事例。它能使聽眾在輕鬆愉快的氛圍中接受演講者宣講的內容。

1965年11月，美國友人安娜·路易斯·斯特朗女士慶祝她的80

壽辰，好友特意在展覽館大廳舉行了盛大的祝壽宴會。好友的開場白是：

今天，我們為我們的好朋友、美國女作家安娜·路易斯·斯特朗女士慶賀「40公歲」誕辰。（參加宴會的祝壽者為「40公歲」這個新名詞感到納悶不解）在度量衡，「公」字是緊跟它的量詞的兩倍。40公斤等於80斤，40公歲就等於80歲。

好友幽默巧妙的開場白在幾百位祝壽者中激起了一陣歡笑，斯特朗女士也高興地流下了眼淚。

（五）用名言警句開場

演講開場白可以直接引用別人的話，為展開自己的演講主題作必要的鋪墊和烘托。

一記得有這樣一句名言：「一個人的創傷只會痛苦一時，一個民族的恥辱卻足以銘記千年。」

一篇題為《讓生命在追求中閃光》的演講開場白是：

美國黑人教育家班傑明·梅斯有句耐人尋味的名言：「生活的悲劇不在於沒有達到目標，而在於沒有想要達到的目標。」這話是極有道理的。

引用名言警句的開場白要具備兩個基本條件：一是引用的材料要具有相當強的概括力、說服力和感染力；二是被引用的材料出自權威、名人或聽眾十分熟悉的人物，演講者利用權威效應或親友效應喚起聽眾的注意。有的時候，演講者不必交代引用材料的出處。

（六）透過設置懸念開場

當紅色的消防車一路呼嘯，火急地趕往學校時，當全副武裝的消防員以最快的速度衝下車尋找火源時，卻被告知，這又是一個現代版「狼來了」的故事……朋友，此時此刻，您的心是否也跟我一

樣，是那麼的沉重呢？可怕呀，這種緊急呼叫都到了真假難辨的地步，那麼真正危險之際，我們的財產、生命還靠什麼來保證呢？而欺騙者竟是些孩子，令人震撼！是的，誠信教育已刻不容緩。今天，誠信與發展的演講台擺在我們的菁菁校園，不也看出主辦者對誠信教育的殷殷期待嗎？

演講者先用一個特寫鏡頭為人們描述了消防隊員救火的緊張場面，隨後點出這又是一個「狼來了」的緊急呼叫，由此引出誠信的主題。用設置懸念開場能激發起聽眾的好奇心，集中聽眾的注意力。

（七）透過抒發情感開場

用詩歌、散文的形式，透過華麗的語言抒發情感，把聽眾帶入詩一般的境界之中。

如美國前國務卿愛德華·埃費雷特《在葛底斯堡國家烈士公墓落成儀式上的演講》：

站在明淨的長天之下，極目遠眺經過人們長年耕耘而已安靜憩息的廣闊田野，那雄偉的阿勒格尼山脈隱約聳立在我們前方，兄弟們的墳墓就在我們腳下，我真不敢用我這微不足道的聲音來打破上帝和大自然安排的這意味無窮的寂靜。但我必須履行你們交給我的任務，因此請求你們施予我寬容和同情。

這篇演講的開場白一下子就把聽眾帶到美麗、壯闊、莊嚴、肅穆的氣氛之中。

（八）使用道具開場

用道具開場的演講不多見，但這種形式很新穎。道具的選擇要精心研究，要貼切、新奇、別緻。一名演講者在《我心中的太陽》演講時，就是用道具開頭的：

他走上台時抱著一個布包，然後說：「大家好，今天站在這個講台上的不是我，而是他們。」接著，他開始一層一層地打開紅布包。聽眾全神貫注地注視著他。包打開了，展現在人們面前的是兩本書。他說：「這本書叫《風浪集》，記述著老一輩豐功偉績；這本書叫《無名集》，上面記載了這幾年倒在我身邊的朋友的名字，他們是『我心中的太陽』。這便是我演講的題目。」

這篇演講使用道具開場，用紅布包這個道具，展現在人們面前兩本書，從而開始了他的演講。

（九）直截了當的開場白

李卜克內西《在德國國會上反對軍事撥款的聲明》是這樣開場的：

我投票反對這項提案，理由如下……

林肯在《第二次就任總統的演講》中是這樣開場的：

同胞們：

在第二次就職宣誓儀式上，我不能像第一次那樣作長篇的講話，但簡明扼要聲明一下，我們今後將要執行的方針，看來是合適的。

這種直截了當的開場白，看起來平淡無奇，然而卻不失為最實用的、最有效的開場白。除了在確實必要的場合下不得不先說幾句禮節的話之外，這種直截了當的開場白幾乎適用於一切情況下的演講。一開場就直截了當進入正題，並不是一件容易的事。首先，演講者要有堅定的自信心，相信自己演講的內容好，不加任何雕飾便足以懾服聽眾。其次，演講要有高度的概括力，力求對自己演講內容「放之則彌六合，收之則斂方寸」。最後，直截了當的開頭，頗有風行水面、自然成紋、信手拈來、頭頭是道的風姿，給人以「清水出芙蓉，天然去雕飾」的感覺，這是一種樸素的美。

由此可見，演講詞的開場白在形式上要力求新穎、別緻，有趣味性；在內容上要有新意，出奇制勝，使人耳目一新；在容量上要意境深遠，內涵豐富；在氣勢上要排山倒海，聲高自遠。

四、演講的結束語技巧

演講的結束語十分重要，它是演講成功的最後一關。好的結束語應該既是演講的收尾，又應該是全篇的高潮。

演講的結束語形式很多，一般常見的有如下幾種：

（一）高潮式

用結束語將主題思想昇華，將情緒和氣氛推向極致。如在第二次世界大戰中，戴高樂在英國倫敦向法國人民發表了《反法西斯廣播演說》，最後，他說：

無論發生什麼情況，抵抗法西斯的火焰決不應該熄滅，也絕不會熄滅。

這樣的結尾富有鼓動性，能夠激發人們的情緒，達到良好的效果。

（二）總結式

用結束語對演講的內容做出提綱挈領的歸納和概括。如《對「遲到」說不》：

作為政府的職能部門，我們是權利的維護者，無聲的耕耘者，公正的裁決者；作為公共政府的建設者，我們要建責任政府、服務政府、誠信政府和法治政府。只要我們能以拳拳的赤子之心對待百姓，把人民的利益置於工作的首位，我們的政府就是人民的政府，就一定不會在人民需要的時候遲到。我堅信：「身無彩鳳雙飛翼，

心有人民萬事通！」

這篇演講的結尾概括主題內容，即我們的政府應該是責任政府、服務政府、誠信政府和法治政府，並在最後化用了李商隱的詩句，令人難忘。

（三）餘韻式

使用含蓄或留有餘地的語言來表達主題，給聽眾餘味無窮的感覺。如：

很榮幸，我是今天最後一個講話的人，我想大家可以輕鬆一下了。……我很奇怪，為什麼每次演講完畢，都聽到兩段式掌聲？後來我明白了，原來專心聽講的人的掌聲吵醒了打瞌睡的人，我們現在就用掌聲來告訴那些打瞌睡的夥計們，演講結束了。

這一段演講的結束語具有幽默性，對那些在演講中打瞌睡的人開了一個善意的玩笑。在結束講話的時候，不妨用有趣的口吻講一則故事，或是說兩句與主題有關的俏皮話、雙關語，或者是幽默的祝願詞，讓聽眾面帶微笑地離開會場。

（四）號召式

使用富有鼓動性的語言激勵、呼喚聽眾行動起來。如：美國獨立戰爭時期著名的政治家帕特里克·亨利演講的結束語：

我們的同胞們已經身在疆場了，我們為什麼還在這裡袖手旁觀呢？先生們希望的是什麼？想達到什麼目的？生命就那麼可貴？和平就那麼甜美？甚至不惜以戴鎖鏈、受奴役的代價來換取嗎？全能的上帝啊，阻止這一切吧！在這場鬥爭中，我不知道別人會如何行事，至於我，不自由，毋寧死！

亨利的演講被譽為「美國獨立戰爭的導火索」。他的「不自由，毋寧死」的戰鬥吶喊，成為美國獨立戰爭時期著名的戰鬥格

言。

（五）用詩歌、名言作結束語

在一篇《我期待著那一天》的演講中，作者以滿腔的激憤之情發出了和平的吶喊，表達了對愛與和平一定會到來的堅信。結束語是：

讓我們，地球上的所有人們，站立起來，聯合起來；一起愛，一起恨；一起奮鬥，一起抗爭，來建立一個新的世界！在那裡，所有的人，將不分種族和膚色，情同手足，手攜手，肩並肩，共創未來！

讓我們堅信，21世紀將會充滿愛與和平；讓我們期待著那一天的到來；讓我們傾聽雪萊那飄蕩在宇宙間的詩句：

呀，西風，冬天來了，春天還會遠嗎？

這種結束語語言華美，語句工整，運用排比的句式、比喻的修辭手法，特別是最後一句引用雪萊的詩句具有很強的感染力。

（六）飽含深情式

「感人心者莫先乎情」，飽含激情的演講往往會達到非常好的效果。

美國的麥克阿瑟不僅是一位叱吒風雲的軍事統帥，而且是一位富有激情的演說家。他的幾次著名的精彩演說，結尾都是飽含激情，令人回味無窮。麥克阿瑟在1951年告別軍事生涯之際，應邀在國會的聯席會議上發表《老兵不死》的著名演說中說道：

我就要結束我52年的戎馬生涯了，當在本世紀開始之前參加陸軍時，我孩童時期的全部希望和夢想便實現了。自從我在西點軍校進行虔誠的宣誓以來，世界已經幾度天翻地覆，希望和夢想從那時候就已經泯滅了。但我仍然記得那時軍營中最流行的一首歌謠中

的兩句，歌中極自豪地唱道：老兵們永遠不會死，他們只是慢慢地消逝。像那首歌中的老兵一樣，我現在結束了我的軍事生涯，開始消逝。我是一名在上帝聖明指引下盡心盡職的老兵，再見。

麥克阿瑟飽含深情的演講，博得了參議員和眾議員們經久不息的雷鳴般的掌聲，許多國會議員和在收音機、電視機前收聽的聽眾與觀眾都熱淚盈眶。

1962年，82歲高齡的麥克阿瑟回到他曾經學習和工作過的西點軍校，面對學員發表了他最動人，也是最後一次公開演講。結束時他深情地說道：

我的生命已近黃昏，暮色已經降臨，我昔日的風采和榮譽已經消失，它們隨著對昔日事業的憧憬，帶著那餘暉消失了。昔日的記憶奇妙而美好，浸透著眼淚，得到了昨日微笑的安慰和撫愛。我盡力但徒然地傾聽著，渴望聽到軍號吹奏起床號時那微弱而迷人的旋律，以及遠處戰鼓急促敲擊的動人節奏。我在夢幻中依稀又聽到了大砲在轟鳴，又聽到了滑腔槍在鳴放，又聽到了戰場上那陌生、哀愁的呻吟。然而，晚年的回憶經常將我帶回到西點軍校。我耳畔迴響著，反覆地迴響著：責任、榮譽、國家。今天是我同你們進行的最後一次點名。學員隊，還是學員隊。我向大家告別。

麥克阿瑟這一段感人肺腑的演講，使在場的學員們為之動容而久久不能自控。

美國著名的口才訓練大師卡內基認為：「最後的也是最重要的，緘口之前掛在嘴邊的詞，可能使人記得最久。」一篇之妙在於落句。整個演講猶如畫龍，而演講的最後則猶如點睛。

第三節　演講前的準備

一、演講稿的準備

通常情況下，演講者都是有備而來、有文稿可以參照的。演講稿是演講者在演講時所依據的文稿。中外許多成功的演講者都十分重視演講稿的寫作。寫好演講稿是演講成功的基礎，也是一個成功的演講者所應具備的基本功。

（一）演講稿的結構

演講稿一般由稱謂、開頭、正文和結尾四個部分構成。

稱謂。演講的對象不同、場合不同稱謂也就不同。常見的有「各位長官」、「各位來賓」、「女士們、先生們」、「朋友們」等，通常在稱謂前加上「親愛的」、「敬愛的」等詞，以示尊重和友好。

開頭。這部分是演講稿的導入部分。寫作時要簡短、精彩，很快與聽眾溝通，引人入勝，調動聽眾的情緒，為後邊內容的展開打下基礎。

正文。這是演講稿的中心部分。要根據演講對象、主題選擇好材料，或論述，或說明，或記敘。在語言運用上既要把握好節奏，時時抓住聽眾的情緒，又要做到有張有弛。

結尾。演講稿的結尾要力求做到簡潔明快。要善於運用感情色彩濃郁的詞語或修辭手法，要富於鼓動性，給人留下深刻的印象。

（二）演講稿題目的選擇

題目的選擇應注意以下幾個方面：

1.要揭示主題，即讓觀眾聽到題目，就能大致地知道演說的內容。

2.要有積極性，要給聽眾以希望。

3.要有適合性，演說的題目要適合聽眾的文化水準、思想水準、職業特點和閱歷。

4.要力求新穎。

5.要有情感。

6.要善於發問。

7.要形象地概括主題。

8.交代場合背景。

（三）設計演講稿開場白的七條原則

1.能吸引聽眾的注意。

2.為聽眾解釋關鍵術語。

3.為聽眾提供背景知識。

4.為聽眾闡述演說結構。

5.為聽眾說明演說目的。

6.能激發聽眾的興趣。

7.能取得聽眾的信任。

（四）寫作演講稿的技巧

1.心中裝著聽眾，傾注真情實感。

演講要善於掌握聽眾的精神狀態，及時調整自己的演講詞。演講是給聽眾聽的，寫作演講稿首先要注意講話的對象，對聽眾的心

態、精神面貌等諸多因素要有深刻的研究和瞭解。演講者與聽眾是朋友，要十分尊重、信任他們，瞭解他們的所思所想、喜怒哀樂，做到有的放矢。寫作演講稿，最忌諱居高臨下，目中無人，以教訓人的口吻來指手畫腳。

寫作演講稿時要多作換位思考。只有站在聽眾的角度上，與聽眾平等相待，瞭解聽眾的心理，才有可能寫出好的演講稿。對演講者來說，聽眾是上帝，聽眾的反應是演講成功與否的試金石。「己所不欲，勿施於人。」不要講假話、空話、套話、大話，弄虛作假，聽眾不買帳，演講也就成了空對空。

2.精心安排結構，開頭精巧，結尾有力。

元代喬夢符說：「作樂府亦有法，曰鳳頭、豬肚、豹尾是也。」演講稿的寫作也是如此。「鳳頭」比喻開頭新穎精巧，出語不凡，引出正題。「豬肚」比喻正文內容充實，材料豐富，血肉豐滿。「豹尾」比喻結尾簡短有力，深化主題，引人深思。

3.理、事、情、景並舉，深刻表現主題。

4.短小精悍，妙語連珠。

5.語言幽默，風趣智慧。

（五）演講稿的使用

一般來說，一次正式的演說，在演說前的諸項準備中，最主要的一項就是演說稿的整理。

林肯認為：「如果在演說時看草稿會使聽眾感到厭倦的。」在準備演說時，應該準備精細而豐富的綱要式演說稿。在練習演講的時候，可以隨時拿來參考。但是，當走上講台，面對聽眾的時候，便不能隨時拿來參看了。不過衣兜裡如果有講稿，也許心情會顯得平靜一些。

如果必須使用演講稿的話，那麼寫得越簡單越好，可以用大字抄在紙片上，演講時，設法把這些紙片放在桌上，到必須看時，可以望一眼。注意要掩飾你的弱點，使聽眾毫無察覺才好。

在必要的時候，不妨帶上一頁演講稿。有的人在剛開始演講時，常常感到緊張，把精心準備的詞句忘得一干二淨，一下子不知道從什麼地方說起。因此還是帶著一份演講稿為好，不過要記住，學步的小孩子要扶桌椅，學會之後，便不應當再有所依賴了。

二、演講前的演練

演講是一種大眾傳播活動，構成這一傳播系統的主要要素和環節有：演講者、演講詞、聽眾。其中有幾個重要環節，如演講者與現實生活之間的認識環節、演講者與演講詞之間的表述環節、聽眾與演講詞之間的再認識環節。演講前的演練是一個成功的演講者不容忽略的關鍵環節。

美國總統林肯是個著名的演說家，他在就任第十六屆總統時，把自己鎖在小屋裡，摒棄一切干擾，寫成了美國具有歷史意義的就職演講稿。邱吉爾被譽為「世界的演說家」，而他先前卻有許多先天不足：身高不足1.65米，沒有堂堂的儀表、翩翩的風度，說話結結巴巴，口齒不清，且又沒有受過大學教育。他依靠自己堅忍不拔的毅力和勤奮好學、刻苦鑽研的精神，最終成為舉世聞名的雄辯的演說家，成功地登上了首相寶座。面對他的成功，他的兒子一語中的：「我的父親他把一生中最寶貴的年華，都花在寫演講稿和背誦演講稿上了。」

演講者演講前要嫻熟地掌握演講內容，演講者既要背好演講稿，又要熟悉瞭解聽眾，這是積極控場的重要方面。演講要求內容豐富、生動、全面、準確，在表達過程中要顯得波瀾起伏，跌宕多

姿，逐漸形成全場激動的場面，使聽眾心馳神往，驚嘆不已。要達到這種境地，顯然不是照本宣科式的念演講稿所能奏效的。照稿念，演講者往往顧此失彼。顧了講稿，顧不了聽眾，更談不上用豐富的表情和形象的動作與演講內容協調配合，演講當然無法生動形象。這樣，聽眾會無形中降低對演講者的信任感，減少對演講的注意力和重視度，形成冷場現象，甚至騷動轟場。演講者要儘量熟悉講稿，而又不拘泥於講稿，真正「入戲」。要能在演講中自然地組織幾次高潮，像磁石般地牢牢地吸引住聽眾。

演講前要做好必要的準備。要樹立演講自信心，自信是演講者必備的心理素質。人們把當眾說話產生的恐懼心理稱之為「怯場」。戴爾·卡內基在總結他畢生從事於演講教學生涯的體會時說：「我一生幾乎都在致力於協助人們去除恐懼、培養勇氣和信心。」怯場是一種正常的心理反應，幾乎每一位演講者都必須踰越這一道演講障礙。社會學家的調查表明，即使是文化層次較高、被稱之為「天之驕子」的大學生，也有80%至90%的人在學習演講時，存在著不同程度的怯場反應。有關的研究還表明，輕度的怯場對演講反而有幫助。因為輕度的怯場使演講者對外來的刺激保持了某種警覺性，臨場反應能力會因此而更加敏捷，說話會更加流暢。

充分的準備和大量的演講實踐是消除怯場心理的唯一途徑。在演講準備過程中，還可以運用以下具體方法減輕怯場心理。

（一）自信暗示法

卡內基曾說：「抬起頭，注意四周，向人們微笑，你已面向成功了。」自信心很關鍵，演講者要對自己的演講題材和演講效果充滿自信，要在精神上鼓勵自己去爭取成功。演講者可以用下面的語言反覆暗示、刺激自己：台上目中無人，台下虛懷若谷；我的演講題材對聽眾具有極大的價值，聽眾一定會喜歡；我非常熟悉這類演講題材，我一定會成功；我準備得非常充分了。

（二）提綱記憶法

初學演講者常常把能夠背誦演講稿作為準備充分的標誌。背誦對於初學演講者可能是一種必要的準備方式，但是，背誦依賴的是機械記憶，逐字逐句的記憶不僅耗費演講者大量的時間，而且容易導致演講者心理麻痺。實際的演講過程中，一旦因怯場、聽眾騷動、設備故障等突然出事而打斷了演講者的思路，機械記憶的鏈條就往往被截斷，演講者腦海中會形成一片空白，導致演講停頓。此外，單純的背誦記憶，還極易形成機械單調的「背書」節奏，喪失了演講應該具備的戰鬥性和人情味。

著名政治家、演講家邱吉爾，年輕時也常常依靠背誦演講稿而後發表演講。在一次國會會議的演講中，邱吉爾突然忘記了下面的一句話，他不斷重複最後一句話仍然無濟於事，最後只得面紅耳赤地回到座位。從此，邱吉爾放棄了機械地背誦演講稿的準備方式。

在大多數的演講中，應當採用提綱要點記憶法。提綱要點記憶的一般程序是：首先，就有關演講的主題、論點、事例和數據等做好演講筆記，整理成翻閱方便的卡片。然後，對筆記或卡片上的材料進行深思、比較和補充，整理出一份粗略的演講提綱，提綱註明各段的小標題。最後，在各段小標題下面按序補充那些重要的概念、定義、數據、人名、地名和關鍵性詞句。至此，一份演講提綱基本完成。在整理演講材料和編排綱目的過程中，演講者反覆思考和熟悉瞭解自己的演講內容，演講時僅僅將演講提綱作為揭示記憶的依據。

（三）預講練習法

充分的預講練習可以幫助演講者建立自信，避免因準備不充分或不適應演講環境而引起的驚慌失措。預講練習有兩種方式：

第一種，為了糾正語音、鍛鍊遣詞造句能力、訓練形體語言，

演講者可以自撰一個演講題，或模仿名家的演講，在僻靜處獨自演練。美國總統林肯年青時代就經常模仿律師、傳教士的演講，獨自一個人對著森林和玉米地反覆練習。

第二種，為了參加正式的演講比賽或在規格較高的會議上發表演講，有必要進行試講。這種試講最好邀請一些親朋好友充當聽眾，一則可以模擬現場氣氛，二則可以聽取親朋好友的意見和建議。

（四）呼吸調節法

適度的深呼吸有助於緩解緊張、焦躁、煩悶的情緒。演講者在臨場發生怯場反應時，可以運用深呼吸法進行心理和生理調節：演講者全身呈放鬆狀態，目光轉移到遠方景物，做緩慢的胸腹式深呼吸，同時，隨呼吸節奏心中默數「1，2，3……」

（五）目光迴避法

初學演講者往往害怕與聽眾進行眼神交流，於是出現了低頭、抬頭、側身等影響演講效果的不正確的態勢。演講要求演講者正視聽眾，這不僅出於禮貌，更重要的是演講者與聽眾全方位交流的需要。初學演講者不妨按以下方法處理自己的目光：將視線移至演講會場後排稍前的地帶，以迴避前排聽眾的目光；採用虛視方式，目光在會場內緩緩流動。此方法既避免了演講者直接與聽眾目光對視所產生的窘迫和侷促，又能使演講者在聽眾心目中留下落落大方的印象。

第四節 即興演講

一、即興演講的概念和種類

即興演講，就是演講者對現場的人物、事件、情境有感而發，在無準備的情況下發表的臨時性演講，又叫即席演講、即時演講。即興演講具有即興、靈活、精悍等特徵。

即興演講分為兩種，一種是真正意義上的即興演講，即演講者被眼前的事物、場面和情景所觸發，興之所至，當場發表演講。第二種是演講比賽中，演講者完全不知演講題目，根本不能對演講內容作充分準備的情況下，根據演講比賽的規則，當場抽取演講題籤，根據題籤上的演講題目而進行的「命題演講」。

二、即興演講的特點、原則及要求

（一）即興演講的特點

即興演講的特點是事前毫無準備，演講者必須快速展開思維，並以最快的速度找出恰當的語言來表達自己的思想，需要演講者具備敏捷的思維能力和敏銳的語言感應能力。

即興演講區別於其他類型演講的鮮明的特色是短小精悍，時境感強烈，就事論事，有感而發，形式自然，靈活多變。

（二）即興演講的原則及要求

1.即興演講的原則

即興演講要遵循五條原則：（1）內容具體；（2）限制題

材；（3）迅速決定；（4）富含例證；（5）語言通俗。

2.即興演講的要求

（1）學會快速組合。在沒有內容準備，甚至沒有心理準備的情況下，只能進行快速組合。要盡快地選定主題，然後將平日累積的相關材料圍繞主題組織起來，再選擇合適的語言將它們表述出來。

下面這個案例是在畢業二十年同學聚會上的即興演講：

同學們好！

二十年前，我們唱著《年輕的朋友來相會》這首歌告別母校。那時候我們就已經約定：「再過二十年，我們來相會。」二十年後的今天，我們終於來赴約了！

二十年，這個約好漫長！我們從風華正茂的小姑娘、小伙子，一天天步入了中年，甚至走近了老年的門檻。當我們兩鬢微霜、執手相看，我們真想問一聲：「老同學，你過得還好嗎？」

二十年，這個約來得好快！光陰似箭，彈指一揮間！當我們彼此相聚，你我又似乎沒有太大的改變，那同窗共讀的情景，彷彿就在昨天。

二十年，這個早已約定的聚會是如此的令人神往！二十年，我們終於團聚了！此情此景怎能不叫人心潮起伏，怎能不叫人熱淚沾襟呢！

同學們，相聚是歡樂的，但也是短暫的。就讓我們盡情地享受這短暫的相聚吧，讓我們盡情地沉醉，盡情地回味。同時，也讓我們再一次相約：再過二十年，我們再相會！

在這篇即興演講中，演講者面對二十年前的老同學不禁有感而發，經過快速組合，確定主題，即二十年的同學深情。首先，由一

首歌引出二十年後的同學相會。接著，闡述自己對二十年同學相會的感受，概括出這二十年是漫長的、飛快的、沉重的，又是瀟灑的、令人神往的。感情真摯，發自肺腑。

（2）學會抓觸點。所謂觸點，是指可以由此生發開去的事或物。即興演講需要因事起興，找到了觸點，就找到了起興的根基，有了談話的由頭。

魯迅在廈門大學研究院任教時，校長林文慶常剋扣辦學經費，刁難師生。一次，他提出要將經費再減掉一半，大家紛紛反對，他卻怪聲怪調地說：「關於這件事不能聽你們的，學校的經費是有錢人拿出來的，只有有錢人，才有發言權！」在場的人都愣住了，面面相覷，無話反駁。突然，魯迅「唰」地站起來，從口袋裡摸出兩個銀幣，「啪」地一聲放在桌上，鏗鏘有力地說：「我有錢，我也有發言權！」魯迅借林的話隨機應變，冷不防地反駁使林措手不及。接著魯迅慷慨陳詞，大談經費只能增不能減的道理，一款一項，有理有據，林文慶被駁得啞口無言。

魯迅先生「拍錢而起」這個觸點抓得非常好。

（3）做到言簡意賅。由於即興演講受場合、事件、內容、時間的限制，不允許做長篇大論的演講，必須言簡意賅。要緊緊抓住主題，圍繞主題選材，語言精練，要言不煩，力爭做到言有盡而意無窮。

那些言簡意賅、深邃雋永的精彩演講，有時僅僅一句話，卻給人留下深刻的印象，令人回味無窮。

美國的萊特兄弟於1903年12月17日成功地駕駛有動力的飛機飛上了藍天。不久，他們在法國的一次歡迎酒會上應邀演講，大哥盛情難卻，即興發言：「據我們所知，鳥類中會說話的只有鸚鵡，而鸚鵡是飛不高的。」雖然是只有一句話的演講，卻博得了與會者

長時間的掌聲。

美國演員珍惠曼在《心聲淚影》中扮演一個聾啞人而獲奧斯卡獎，在受獎時她說了一句話：「我因為一句話沒說而得獎，我想我應該再一次閉嘴。」

萊特兄弟、珍惠曼的即興演講有異曲同工之妙，既富有個性和哲理，又樸質而精彩。

三、即興演講者應具備的素質

1.一定的知識廣度

只有學識豐富，才能在短暫的時間內從腦海中找到生動的例證和恰當的詞彙，使即興演講增添魅力。這就要求演講者具備一定的專業知識，並能瞭解日常生活知識，如風土人情、地理環境等。

2.一定的思想深度

這是指即興演講者對事物縱向的分析認識能力。演講者對內容能宏觀地把握，透過表層迅速深入到事物本質，形成一條有深度的主線，圍繞著它豐富資料，連貫成文，以免事例繁雜，游離主題。

3.較強的綜合材料的能力

即興演講要求演講者在很短的時間裡把符合主題的材料組合、凝練在一起，這就要求演講者應具備較強的綜合能力，有效地發揮出其知識的廣度和思想的深度。

4.較高的現場表達技巧

即興演講沒有事先精心寫就的演講詞，臨場發揮是特別重要的。演講者在構思粗具輪廓後，應注意觀察場所和聽眾，攝取那些與演講主題有關的人物或景物，因地設喻；即景生情。

5.較強的應變能力

即興演講由於演講前無充分準備，在臨場時就容易出現意外，如怯場、忘詞等現象。遇到這種情況，只有沉著冷靜，巧妙應變。

四、即興演講的準備方法

（一）模糊性準備方法

演講者在一個較大的範圍裡得知了演講內容，但並不瞭解具體題目。在這個基點上進行準備，首先要多做一些深度上、也就是哲學上的思考。其次是縱向與橫向上的比較與結合。從哲學上思考問題，就是要求演講者具備比較宏觀的把握事物的能力，能居高臨下地看待問題，全面深刻地思考。這時，雖然具體目標比較虛，但先有了準備，一旦拿到具體題目，模糊的目標就會迅速變得清晰起來。在這一準備方法中還要求演講者圍繞縱向與橫向的比較與結合去豐富資料，充實內容。考慮的範圍要大，挖掘要深。觀點需要用人物事例來具體說明；人物事例豐富了，也容易歸納、總結出新的觀點。

（二）臨場性準備方法

即興演講者不知道演講內容的範圍，只是在比賽時才拿到題目，這種準備難度較大。為了在演講前的幾分鐘內，把演講的腹稿組織得較完善，通常的準備方法是「點的分布法」。當演講者拿到題目後，在短暫的準備時間裡，應該圍繞著題目進行「點」的分布。「點」可以是一個很有感情色彩的事例、一句幽默風趣的話、一位偉人或者哲人的警句、所要闡述觀點的核心詞語等等。然後，馬上考慮這些「點」之間的聯繫，圍繞著主題，將其分布在恰當的位置上，最後連貫成文。

五、即興演講的方法及技巧

（一）即興演講的方法

即興演講可以從「興」字上下功夫，演講者有感於時間、地點、人物、事件、景物、言行、聽眾、媒介、會議的氛圍及講話者的情況進行演講。

1.散點連綴法

此法是將幾個表面上看似沒有關聯，有些甚至是風馬牛不相及的景物、詞或詞語，透過一定的語言表達方式，巧妙地連綴起來，組合成一段話，表達一個完整的意思。

一人曾用「校友會、咖啡、遭遇」這三個詞組成了一段話。「一次校友會後，幾個老同學在某同學家裡碰面，主人問我喝什麼飲料，我說，來杯咖啡吧。咖啡加點方糖，甜中有苦，苦中有甜，二者混雜在一起，有一股令人難忘的味道。我想，它正好與我們這一代人的遭遇相似，與我們對人生的回味相同。」

演講者透過「校友會、咖啡、遭遇」這三個詞的巧妙連綴，運用比喻，不僅形象地說明了作者想要表達的內容，同時也表達了令人回味無窮的意思。透過認真研究幾個散點之間的關係，注入一定的思想，再用恰當的方式來表達，就會收到意想不到的效果。

2.借題發揮法

此法是借談論另一題目來表達真正的意思。

戰國時楚國大舉進攻齊國，齊威王派淳于髡求趙國援助，給黃金百斤，車馬十輛。淳于髡仰天大笑，以至於把帽子帶子都弄斷了。他說：「今天我從東邊來，看見路旁有一個向田神祈禱的人，拿著一隻豬蹄，端著一杯酒，祈禱說：『高坡貧瘠土地的穀物盛滿

筐，低窪易澇土地的穀物裝滿車輛，五穀生長繁茂，米糧滿倉。』我見他拿的祭品少而想要的卻太多，因此笑他。」於是，齊國把禮品增加到黃金一千斤，白璧十對，車馬百輛。趙王於是撥精兵十萬、戰車千輛支援齊國，楚國聽說後連夜退兵。

借題發揮法是不錯的方法，但是要注意兩者之間要有一定的聯繫，不要將毫無關係的兩者硬拉到一起，要巧妙自然而有新意。

3.利用媒介法

此法是演講者恰當地利用當時當地的某些媒介來闡發題意。這些媒介應該是易於被聽眾理解和接受的。

4.金字塔形結構法

此法是指演講者在演講時，先確定一個演講範圍，在這個演講範圍內，再確定一個演講的主題，用一個簡單的句子表達。然後，從這個主題中找出一個關鍵詞，圍繞關鍵詞對主題作較詳細的論證和說明。

（二）即興演講的技巧

1.選準話題

無論參加什麼會議，都要始終保持全神貫注。要掌握會議的主題、討論的具體題目、爭論的焦點等。一旦即興演講，也決不會心慌意亂。有了思想準備，還必須尋找一個好的話題，而準確的話題，來源於對會議有關情況的熟悉與掌握。要注意時間、場合和聽眾的身份。

1924年5月8日，印度詩人泰戈爾在北京過了他64歲壽辰，北京學術界舉行了祝壽儀式。梁啟超登台即興演講。因泰戈爾想讓梁啟超為他起一個中國名字，所以，梁啟超便從印度稱中國為「震旦」，講到從天竺（印度）來的都姓竺，並將兩個國名聯起來，贈

給泰戈爾一個新名叫「竺震旦」。由於話題選擇得好，故整篇演講生動活潑，情趣盎然，寓意深刻。

2.扣緊中心

即興演講要圍繞中心，精心組織材料。即興演講全靠即興抓取材料，材料的來源，一是平時的知識積累，二是眼前的人和事，又以後者為主。不要過多地引用間接材料，那會失去即興演講的現實感和針對性，要多聯繫現場的人和事，緊緊抓住聽眾的注意力。

1848年，法國著名文學家維克多·雨果參加了巴黎市栽種「自由之樹」的儀式並應邀發表了演講：

這棵樹作為自由的象徵是多麼恰如其分和美好呀！正像樹木紮根於大地之中，自由之樹是紮在人民心中的；像樹木一樣的自由常青不枯，讓人們世世代代享受它的蔭蔽......

雨果的演講緊緊扣住「自由、和平」的主題，將「自由之樹」的形象比喻和他篤信的政治信念、富有激情的語言有機地結合在一起，在渴望自由、和平的公眾中激起了強烈的感情波瀾。

3.情真意切

要使聽眾激動，演講者自己首先要有激情。演講者喜怒哀樂分明，語言繪聲繪色，聽眾才能受到感染，達到交流情感的目的。

某校以演講方式競選班長。前面發表競選演講的十幾位學員，都是以冷靜的風格說明「我當班長要做好哪幾項工作」或者「我具備了哪些當班長的條件」。台下學員對千篇一律的演講開始厭煩，會場秩序呈現混亂狀態。這時，一位男學員大踏步地走上了講台說：「我——競選班長！如果我當班長，我將是各位忠實的代表！（掌聲）你們的願望就是我的願望！（掌聲）你們的要求就是我的要求！（掌聲）請大家記住——選我，就是選你們自己！（熱烈鼓掌）」這位學員及時調整演講角度和風格，運用了極富號

召力的語句和語調，再輔之以大幅度的體態語言，造成了強烈的現場情緒渲染效果。

4.語言生動活潑

根據聽眾的知識結構和文化修養，選用不同風格的語言。對一般群眾要求樸素、平實，而對文化素養較高的聽眾要文雅、深刻。要多使用群眾中生動活潑的語言。

有一次鋼琴家波奇在美國密西根州的福林特城演奏，發現全場座位坐滿不到一半，他當然很失望。但是，他走向舞台還是對聽眾說：「福林特這個城市一定很有錢，我看到你們每個人都買了兩三個座位的票。」於是這不到一半人的劇場裡，充滿了笑聲，演奏者和聽眾的情緒頓時高漲起來。

5.短小精悍

沒有人樂意聽長篇講話，即興演講必須短小精悍。要結構合理，詳略得當，有快節奏風格和一氣呵成的氣勢，切忌顛三倒四，離題萬里，拖泥帶水，重複冗雜。

某大學中文系一次畢業茶話會上，首先是系主任講話。3分鐘的即興講話主要是向畢業生表示祝賀。然後是某教授講話，他講話的主題是希望同學們繼續努力學習。第四個講話的系副主任希望同學們永遠記住母校和老師們。緊接著，畢業生們歡迎王教授講話，在毫無準備而又難以推辭的情況下，王教授站起來，一字一頓地說：「我最喜歡別人說過的話。（笑聲）第一，我要祝同學們順利畢業！（笑聲）第二，我希望同學們『學習，學習，再學習！』（笑聲）第三，我希望同學們像海燕一樣勇敢地搏擊生活的風浪！（笑聲、掌聲）第四，我希望同學們不要忘記母校，不要忘記辛勤培育你們的老師們！」（大笑、熱烈掌聲）王教授透過對前面四個人演講主題的簡練概括，完成了一次機智、風趣且具有個性特點的即興演講。

第五節 演講詞欣賞

一、答辯詞

北大自主招生滿分答辯詞

2003年全國各地報名參加北大自主招生考試的共有6000多名學生，來自江蘇鹽城農村的陳偉也將自己的材料投向北大。經過篩選有340多人獲得赴北大考試的資格，陳偉成為其中一名幸運兒。1月15日陳偉在父親陪同下，參加了北大的自主招生選拔考試，在通過上午的筆試後，陳偉懷著緊張的心情接受了由5位北大教授組成的面試團的最後面試，這是通向北大的最後一關，也是關鍵的一關。陳偉的表現非常出色，在答辯中，5位主考教授有4位給他打了滿分，這在北大自主招生中是罕見的。2月20日陳偉如願以償收到了北大確認其通過自主招生考試的通知書。陳偉的答辯詞後來被很多朋友、學生及家長借閱。這位相貌平平的高三男生究竟有什麼樣的特殊才華，讓北大教授們如此垂青呢？

答辯詞：

主考官（以下簡稱主）：你對大學生活的憧憬是什麼？為何選擇北大？

陳偉（以下簡稱陳）：雄鷹需要有廣袤的天空才能展翅翱翔。大學生活應陶冶情操，形成完善獨立的人格，應不斷學習知識，厚積而薄發；應積極參加各項活動，鍛鍊才幹，展示本領。北大有濃厚的學術氛圍和呈「百家爭鳴」之態的各種學術社團。我十分欣賞北大老校長說過的一句話：「北大主義即犧牲主義。」「犧牲」兩字遠非口頭上說得那麼簡單，需要有博大的胸懷，需要有「兼治天

下」的仁者之心。

主：給出一個最能讓我們選擇你的理由。

陳：嚴謹的學風和思考的深度。譬如解一道題，我力求從三個層次去考慮它：第一，該題的解法以及該類題的解法；第二，該題的解法體現了怎樣的思想方法。例如「化歸」、「等效」等等；第三，該題的考慮方法如何體現一般的認識規律？與人的生活經驗有怎樣的聯繫？包含了哪些美學原理？看一幅油畫，盯著一局部，看到的只是一塊粗糙不平的東西，離得遠一點，把握整體，才能欣賞出它的神韻。上升到哲學的高度來解題，才是真正意義上的解題。

主：你認為自己最有特色的表情是什麼？請向素不相識的我們介紹你自己。

陳：微笑。微笑是對生活的珍重，是對他人的寬容，更是對自己的勉勵。成功了，我微笑著回應別人的祝賀，同時對自己說：「不要太自負，地球少了誰都照轉。」失敗了，我微笑，我努力了，我坦然。「路漫漫其修遠兮，吾將上下而求索。」微笑使我保持著樂觀向上的生活態度和充滿活力的心態。

主：未來到底可不可以預測？人類是否需要預測未來？

陳：在一定的時間空間範圍內，人們可以而且應當對未來做出大膽而科學的預測，人類對未來永無休止的追求引導著社會的發展和時代的進步。

但是對於未來的預測要扎根於勤懇的努力和科學的態度之中。生命不是一次簡單的奔赴死亡之約，花開不是為了花落。生命的意義在於經歷。候鳥從南飛到北，又從北飛到南，為的是經歷四季的交替；溪流蜿蜒前行，為的是經歷曲折。如若沒有實實在在的經歷，那麼既定的未來只是一紙空文。

愛因斯坦的廣義相對論表明，物質的存在決定了時間的彎曲，

時間的彎曲引導著物質的運動。不妨把它化用到這個問題上來，未來是一種憧憬，一種動力，未來在腦中，更在手中。腳踏現實的沃土，心向理想的藍天，這是古往今來成大事業者應有的思想風貌。

二、事跡演講詞

親愛的各位長官、各位評審，在座的各位來賓：

你們好！

我叫×××，現年33歲，現擔任××市××分局××派出所所長。今天我演講的題目是《做一名優秀警察》。

少年時候的夢總是那麼美好，記得那時候，我腦中縈繞不斷的夢就是穿一身神氣的警服去追捕罪犯。1993年，我從警察學校畢業，當上了一名警察，終於如願以償，圓了自己少年的夢想。這一幹就是12年，而且是在艱苦、繁忙、危險的基層單位——派出所。其實工作以後，我才知道，當警察，遠不像我想像的那麼簡單。剛開始工作，我被分配到××派出所，這裡屬於城鄉結合的地方，問題又雜又多，處理起問題我感覺到知識的不足，於是我考取大學法律系，獲得法學學士學位。我認為，從事警察行業，就要永遠學習，不斷給自己充電。如果不學習，就跟不上形勢，工作效率就會降低。這些年來，我從不間斷地學習，利用學到的知識，不斷提升自己的業務水準。

12年來，我從管區警員、派出所警佐到派出所所長，無論做什麼工作，都幹一行，愛一行，專一行。擔任基層長官以後，我提出在新時期派出所工作由管理型向服務型轉變的工作理念，要執法為民，以民為本，全所民警一心想民、愛民、為民。把人民的安危

時刻掛在心上，只有這樣才配當警察。近幾年率領員警破獲刑事案件300多起，其中重大殺人案件5起，查處違法犯罪人員600多名。我們××派出所轄區內實現了發案少、秩序好、社會穩定、人民滿意的目標。2014年我們所在分局14個派出所中，各項考核指標名列前茅。僅2014年，我帶領偵破刑事案件12起，打掉各類違法犯罪組織10個，抓獲網上重大逃犯5名，居全分局派出所之首。警察，是我的天職，作為一名警察就意味著犧牲。12年來，我幾乎犧牲了所有的節假日。談戀愛時，很少與女朋友花前月下；結婚生子後，很少與孩子在一起享受天倫之樂；由於工作繁忙，不能經常在父母身邊盡責盡孝，有時我真感到對不起他們。但是，從我選擇了從事警察這個職業的第一天，我就發誓：為任一方就要保一方的平安。人民群眾平安，我才心安。為了社會大眾的安危，我無怨無悔。

三、法庭辯論演講詞

對弗里斯的控告

（古羅馬）西塞羅

各位元老，長期以來，大家有這樣的見解：有錢人犯了罪，不管證據怎樣確鑿，但在公開的審判中總會安然無事。這種見解對你們的社會秩序十分有害，對國家十分不利。現在，駁斥這種見解的力量正掌握在你們手裡。在你們面前受審的是個有錢人，他指望以財富來開脫罪名；可是在一切公正無私的人心中，他本身的生活和行為就足以給他定罪了。我說的這個人就是凱厄斯·弗里斯。假如他今天不能受到罪有應得的懲處，那不是因為缺乏罪證，也不是因為沒有檢察官，而是因為司法官失職。弗里斯青年時期行為放縱，

後來任財務官時，除了作惡，幾乎沒有幹過別的。他消耗國庫，欺騙並出賣了一位執政官，棄職逃離戰場，使軍隊得不到給養。掠奪某省，踐踏羅馬民族的公民權和宗教信仰的權利！他在西西里任總督時，惡貫滿盈，臭名昭著。他在這期間的種種決策違反了一切法律、一切判決先例和所有的公理。他對勞苦人民橫徵暴斂無法統計。他把我們最忠誠的盟邦當做仇敵對待。他對羅馬公民像奴隸一樣施以酷刑處死。許多傑出的人物不經審訊就被宣布有罪而遭流放，兇殘的罪犯以錢行賄得以赦免。

弗里斯，我現在問你，對這些指控還有什麼可辯解的？不正是你這暴君，敢於在義大利海岸目力所及的西西里島上，將無辜不幸的公民帕畢列阿斯·加弗斯·柯申納斯釘在十字架上，使他受辱而死嗎？他犯了什麼罪？他曾表示要向國家法官上訴，控告你的罪行，他正要為此乘船歸來時，就被控以密探罪捉拿到你面前，受到嚴刑拷打。他仍然宣稱：「我是羅馬公民，曾在羅克斯手下工作，他就在班諾馬斯，他將證明我無罪！」你對這些抗辯充耳不聞，你殘忍至極、嗜血成性，竟下令施以酷刑！「我是一個羅馬公民！」這句神聖的話，即使是在最僻遠之地也還是安全的護身憑證。但他的語音未絕，你就將他處死，釘在十字架上！

啊，自由！這曾是每個羅馬人的悅耳之音！啊，神聖的羅馬公民權，一度是神聖不容侵犯的，而今卻橫遭踐踏！難道事情真已到此地步？難道一個低級的地方總督，他的全部權利來自羅馬人民，竟可以在義大利所見的一個羅馬省份裡，任意捆綁、鞭打、刑訊並處死一位羅馬公民嗎？難道無辜受害者痛苦叫喊，旁觀者同情的熱淚，羅馬共和國的威嚴，以及畏懼國家法制的心理都不能制止那殘忍的惡棍嗎？那人仗著自己的財富，打擊自由的根基，公然蔑視人類！難道這惡人可以逃脫懲罰嗎？諸位元老，這絕對不可以！如果這樣做，你們就會挖去社會安全的基石，扼殺正義，給共和國招來混亂、殺戮和毀滅！

四、公眾集會演講詞

在葛底斯堡的演說

（美國）林肯

（1863年11月19日）

87年以前，我們的先輩在這個大陸上創立了一個新國家，它孕育於自由之中，奉行一切人生來平等的原則。

現在我們正從事一場偉大的內戰，以考驗這個國家，或者說以考驗任何一個孕育於自由而奉行上述原則的國家是否能夠長久存在下去。

我們在這場戰爭中的一個偉大戰場上集會。烈士們為使這個國家能夠生存下去而獻出了自己的生命，我們在此集會是為了把這個戰場的一部分奉獻給他們作為最後安息之所。我們這樣做是完全應該而且非常恰當的。

但是，從更廣泛的意義上來說，這塊土地我們不能夠奉獻，我們不能夠聖化，我們不能夠神化。曾在這裡戰鬥過的勇士們，活著的和去世的，已經把這塊土地神聖化了，這遠不是我們微薄的力量所能增減的。全世界將很少注意到，也不會長期地記起我們今天在這裡所說的話，但全世界永遠不會忘記勇士們在這裡所做的事。毋寧說，倒是我們這些還活著的人，應該在這裡把自己奉獻於勇士們已經如此崇高地向前推進但未完成的事業。倒是我們應該在這裡把自己奉獻於仍然留在我們面前的偉大任務，以便使我們從這些光榮的死者身上汲取更多的獻身精神，來完成他們已經完全徹底為之獻身的事業；以便使我們在這裡下定最大的決心，不讓這些死者白白

犧牲；以便使國家在上帝福佑下得到自由的新生，並且使這個民有、民治、民享的政府永世長存。

五、命題演講詞

對「遲到」說不

「報告！老師，我遲到了。」「還不快進來聽課，放學後交份報告給我。」這是兒時貪睡的結果，受到的懲罰是老師的白眼，同學的不齒。從那以後，我再沒遲到過，但卻由此注意到了更多的遲到：高考遲到，被擋在夢想門外；愛情遲到，錯過了一生的真愛；救護車遲到，延誤了鮮活的生命；正義遲到，讓良知接受拷問！假如今天遲到的不是我、不是考生、不是愛情、不是救護車，而是我們的政府，那會是怎樣的情形？

我認為，建設公共政府，應該堅決地對「遲到」說不！

首先，責任不能遲到。因為政府的權威並不在於權力的張揚和炫耀，而在於責任的承擔和落實。

敢問，假如法治遲到，那將是何等局面？或許胡攪蠻纏的員工將會得逞，清白無辜的公司反被冤枉，徐匯的投資環境也將因此打上問號。如果真是這樣，正氣、正義的法治環境誰來創造？公平、公正的法治精神誰來維護？

作為政府的職能部門，我們是權利的維護者，無聲的耕耘者，公正的裁決者；作為公共政府的建設者，我們要建責任政府、服務政府、誠信政府和法治政府。只要我們能以拳拳的赤子之心對待百姓，把全民的利益置於工作的首位，我們的政府就是人民的政府，就一定不會在人民需要的時候遲到。我堅信：「身無彩鳳雙飛翼，

心有人民萬事通！」

技能訓練

1.談談你對以下幾種開場白的看法。

「大家讓我來講幾句，本來我不想講，一定要講就講吧。」

「同志們，我沒什麼準備，實在說不出什麼。既然讓我講，只好隨便講點，說錯了請大家原諒。」

「同志們，這幾天實在太忙，始終抽不出時間，加上身體欠安，恐怕講不好，請大家原諒。」

2.每節課由一至二名同學到講台上演講，不限題材，時間3分鐘。

3.以環境保護、地球資源、勤工儉學等為題進行即興演講練習。

4.舉辦一次演講比賽，賽前寫一篇演講詞，並反覆演練。

第8章 主持人的口才藝術

　　主持是一門綜合藝術。主持人需要把口語表達的各項基本功緊密聯繫起來，形成一體，從而準確生動地傳情達意。這是主持人必須具備的素質和基本功。

第一節 主持人概述

「節目主持人」出現於第二次世界大戰末期。美國人愛德華·伯爾勒和艾德·蘇利文在綜藝節目《明星劇場》、《城中大受歡迎的人》中，第一次使用節目主持人。1952年美國哥倫比亞廣播公司製片人唐·休伊特提出了以「主持人」取代播音員的設想，並開始由華特·克朗凱首席主持CBS的《晚間新聞》。這種奇妙的形式、新穎的編排、靈活的表達、親切的語音和有序的節奏，使沃爾特大獲成功，贏得了廣大聽眾的歡迎和好評。由此，節目主持人很快知名遍及全球，並且很快被電視、電台、演出、集會、競賽等傳播媒介和交際場合所採用。節目主持人改變了傳統的播音、報幕形式，主持人靈活機智、風趣幽默、生動立體，調動各方面積極參與，使各種活動熠熠生輝，給觀眾或聽眾無窮樂趣，並給人溫馨、啟迪、回味和美的享受。

隨著社交活動的增多，節目主持人的範圍也逐漸外延，成為十分走俏的熱門職業。如今，一些部門、單位和企業，在舉行會議、競賽或促銷活動時，大多採用節目主持人的形式。

節目主持人在各種活動中既是組織者、主持者，又是指揮者，是統領、引導、推進活動進程的人。特別是在現場，節目主持人不是照本宣科，一般只是有一個整體提綱作為參考，要根據現場情況，隨機應變，臨場發揮。節目主持人要靈活機智地應變臨場出現的未曾預料到的情況。

一、主持、主持人

「主持」一詞在《現代漢語詞典》的解釋是「負責掌握或處

理」，在英語裡，「主持」是「host」，即「主人」的意思。

　　就一個公司來說，誰是這個公司的名副其實的主持工作的人，誰就是公司的主持人。如這個公司沒有總經理，某副總經理被任命為主持工作的「副總經理」。這實際上就說明了「主持」工作和工作主持人的概念。

　　主持一個會議能比較直接地體現出主要負責人的主持功能。對會議不同觀點的歸納、提煉、分析和綜合，會議的討論進程，會議的效率，都集中在會議主持人身上。

　　一項大工程的指揮者要隨時掌握情況，對實施過程中出現的問題要做出判斷，提出解決的辦法，並且發出指示。這個實施指揮的人就是工程項目的主持人。

二、節目主持人

　　節目主持人是指負責節目的現場編排、組織、解說以及對節目實施過程進行協調、調度，並使節目有效推進的人。在這裡，主持有兩個方面的意思：一方面從節目的選題、採訪、編制、主持到播出，節目主持人有較大的發言權；另一方面，節目主持人具有處理節目的權力，包括從採訪、編制到播出或主持。

三、節目主持的形式

　　（一）從內容上分，有社會活動、商業活動、文藝活動和廣播電視節目等幾類。社會活動，如：競賽、演講、論辯、典禮、會議、宴會、婚禮等；商業活動，如產品促銷、產品廣告宣傳活動等；文藝活動，如：演出、舞會、聯歡、遊戲等；廣播電視節目，如：新聞類、經濟類、文藝類、文化類、體育類、服務類、少兒類

和學術類節目等。

（二）從主持形式上分，有報幕式的主持人、串場式的主持人、播報式的主持人、解說式的主持人、組織式的主持人、訪問式的主持人等。

（三）從主持人數量上分，有一人、雙人和多人。雙人和多人主持一般是由男、女主持人共同擔任。

第二節 節目主持人口語表達技巧

節目主持人應具備駕馭整個節目的能力。如何讓串詞流暢、自然，如何不露痕跡地把握時間，如何調節現場氣氛等，這些對主持人來說都是最難做到和做好的。一般來說，主持一個節目都要經過準備、開場、推進、終結四個步驟。

一、準備

（一）提前介入

節目主持人在主持節目之前要認真做好準備。如何說開場白，如何做好上下、前後串聯，如何形成高潮，如何過渡，如何結束，這些都是要提前準備、潛心研究、精心創作的重要內容。節目主持人對將要主持的節目，必須提前瞭解，儘早介入，把會議或活動的整體情況、具體步驟、細節都完全掌握。如會議或活動的主題、目的，活動的風格等，要把握好基調。對到會的長官、參加的人員、發言的順序等要瞭解清楚，做到胸有成竹。

（二）精心策劃

節目的主持沒有固定的形式，最大的特點就是富有個性。要勇於創新，不拘一格。不同內容的活動，不同內容的節目，所採用的主持形式和風格也不盡相同。莊重、嚴肅的內容和活動，如重要會議、重大新聞、法制等方面的內容，要選擇平穩、厚重的形式；慶典活動、文藝活動、少兒節目要選擇歡快、親切、生動、活潑的形式；大型聯歡活動要選擇親切感人、激越明快、富有鼓動性的形式。除了會議的主持需要一定的程式，其他活動和節目應力求形式

新穎，語言鮮活，以利於反映新的生活內容，表現新的時代主題。在策劃的時候，主持人要把自己當做觀眾的朋友，用心去體會、感應，要使聽眾或觀眾感到親切自然，引起感情共鳴。

二、開場

節目的開場千姿百態，但關鍵是要引人入勝。一開始就要像一塊巨大磁石，牢牢地吸引住觀眾。

女：親愛的各位長官、各位來賓：

男：親愛的老師、同學們：

合：你們好！

女：踏著「蒹葭」的節拍，

我們從詩經中徐徐走來。

男：一路經歷了唐詩、宋詞和元曲，

我們徜徉在詩的國度，

享受著詩歌的激情和浪漫。

女：詩歌是明眸中的亮點，

詩歌是心靈天空的繁星，

男：詩歌是跳動的音符，

詩歌是理想世界的陽光。

女：今天，正值7月盛暑，就讓我們正是詩意年齡的大學生，

合：揮灑青春激情，放飛人生理想。

男：衷心希望我們這次詩歌朗誦會，

能夠給各位帶來絲絲涼風，

能夠給各位送來款款深情。

女：讓我們在欣賞美、品味美的同時給大家留下美好的夏日回憶！

這是一次校園大學生詩歌朗誦會的開場白。主持人突出了詩歌朗誦主題，以《詩經》中「蒹葭」的詩意為引導，踏著「蒹葭」的節拍，一路吟著唐詩、宋詞和元曲，激發與會大學生自然地融入詩境，徜徉在詩的國度之中，唱出今天新時代的豪情。

活動中的開場白方式很多，常見的有：

（一）開門見山，直接入題

下面是主持人在一次模擬求職應聘活動中的開場白：

女：親愛的各位長官、各位嘉賓：

男：親愛的老師、同學們：

合：大家下午好！

女：歡迎來到××學院「挑戰職場」模擬求職應聘活動現場。

男：我是主持人×××。

女：我是主持人×××。

男：為了貫徹落實技職教育以就業為導向、以專業教學為主導、以職業能力培養為主體的辦學方針，我院、招生就業處聯合舉辦了本次「挑戰職場」模擬求職應聘活動。

女：首先請允許我來介紹光臨我們現場擔任招聘方代表的嘉賓。他們是（略）。讓我們以熱烈的掌聲對各位嘉賓的光臨表示歡迎！

男：下面由我來介紹出席本次活動的學院長官。他們是（略）。

讓我們以熱烈的掌聲歡迎各位長官的到來！

女：下面讓我們以熱烈的掌聲歡迎參加今天模擬應聘活動的12名學生代表閃亮登場，他們是（略）。讓我們再次以熱烈的掌聲預祝他們應聘成功！

男：有人說，商場如戰場。我們今天的職場競爭也如同戰場，是相當激烈的。

女：對呀，職場競爭，就是人才質量的競爭⋯⋯

男：今天的「挑戰職場」誰能勝出還是一個未知數，看同學們各個摩拳擦掌、信心十足，他們的表現一定會非常精彩。

女：構建實踐演練的平台，體驗競爭激烈的場面。

男：聆聽資深專家的點評，積累職場成功的經驗。

女：××學院「挑戰職場」模擬求職應聘活動現在開始！

這個開場白開門見山，直接點明了活動的名稱和主旨，闡明了活動的意義和目的。介紹了參加活動的人員，引導了活動的開展。語言充滿活力，營造出積極向上，積極進取、勇於競爭的氛圍。

（二）情景交融，以情入題

女：彷彿是在夢中，彷彿是在昨天。

當年沒說再見，我們匆匆走散。

20年，20年的別離，我們相聚在今天。

男：看一看陌生而又成熟的臉，這是歲月年輪的點染。

曾是單純而幼稚的面龐，

變得成熟而又幹練。

女：20年同學相見，

心裡是不是有些慌亂？

過去的歲月，留下多少遺憾？

終於握住的手，再不願鬆開。

男：同學們：這裡的酒已斟滿，

杯中灑滿幸福的歡顏。

讓我們舉起酒杯相互祝願，

願同學們幸福平安！

女：物轉星移，日月如梭，

青春的時光就要度過。

讓藍天白雲為我們起舞，

讓青山綠水為我們作賦。

男：同學們，昨天已經過去，

把握住今天，

我們的明天會更加燦爛。

女：同學萬歲！

願我們的友誼天長地久！

合：願我們的友誼地久天長！

　　這是主持人在一次同學畢業20年聚會時的開場白。它以情入境，把人們蘊涵很深厚的情感一下子激發出來，產生了強烈的共鳴效應。再加上使用了詩一樣的語言，將同學久別重逢的激動心情恰

到好處地表達出來。

（三）委婉曲折，含蓄入題

這種開場白先不點明主旨，而採用委婉的方式，曲徑通幽，逐漸引起人們的注意，最後逐漸顯露真諦，一語道破，真相大白。

1.中國古代禪師青原惟信說，人生旅途有三個拐彎：首先是見山是山，見水是水；而後是見山不是山，見水不是水；最後是見山依舊是山，見水依舊是水。下面有請徐貞教授為我們作報告，報告的題目是《寫作的真諦》。

2.傳說佛祖臨終之際，留給弟子的遺言是：「自以為燈，自以為靠。」如果你內心正經歷著濃重的黑暗，那麼就點亮自己的心燈，用自己的信念和智慧之光，驅散眼前的黑暗，照亮自己腳下的路。讓我們以熱烈的掌聲歡迎王教授為我們作講座，題目是《完成一次獨立的行走》。

例1中，主持人先引用禪師關於人生的富含哲理的闡述，然後再引出報告的題目。例2中主持人由佛祖對弟子的臨終遺言講起，指出要點亮自己的心燈，然後引出關於青年人要不等不靠、自強自立的話題。

（四）幽默風趣，以笑入題

幽默被喻為「語言中的鹽」。幽默的語言表現出智慧和高雅，它使人發笑，引人深思，令人回味，給人以智慧的啟迪。主持人的幽默既表現了他語言的運用能力，也體現了他的智慧、敏銳和胸懷，使節目從起始就具有氣氛融洽、輕鬆有趣、感悟哲理的效果。

三、終結

俗話說：「編筐編簍，最難收口。」要巧於結尾，留下餘韻，切忌粗疏草率。結尾要調動各種技巧和手段，或掀起高潮，給人以鼓舞和歡笑；或波瀾不驚，給人留下回味和思考。

女：此時此刻，一切語言都難以表達我們的愉悅；

男：此時此刻，這份愉悅，我們只能在心底默默地感受；

女：此時此刻，我們的詩情、我們的快樂將會永駐；

男：此時此刻，青春的樹，枝繁葉茂，我們的詩心也會永駐。

女：讓我們用熱烈的掌聲為我們的青春喝彩！

合：為本次青春詩會的圓滿成功歡呼！

這是一次大學生「青春詩會」主持人的結束語，情緒激昂，感情奔放的話語，令人振奮，令人回味無窮。

一位主持人在一次慶功表彰會上的結束語是這樣的：

慶功結束時我想到了一件事：有人問球王比利哪個球踢得最好？回答是：下一個！有人問著名導演李安哪部影片導得最好？回答是：下一部！有人問一位著名演員哪個角色演得最好？回答是：下一個。看來我們在慶功表彰中也應當牢記：下一個，下一部！散會。

這位主持人以球王比利、著名導演李安和著名演員的回答，巧妙地作為回應，這種表達有深刻的寓意，富有鼓動性，意思是希望繼續努力，再創佳績。結束話語戛然而止，卻產生了餘音繞樑、回味無窮的作用。

第三節 主持人的語言素質要求

一名優秀的節目主持人，既要有廣博的知識、健全的人格，還要具有良好的語言素質。

一、基本能力要求

（一）敏銳的觀察力

大千世界，千姿百態。節目主持人要有一雙善於觀察、明察秋毫的慧眼，及時準確地捕捉訊息和熱點，迅速正確地做出判斷，適時調整節目主持的內容、情感、速度、節奏等。

（二）靈巧的應變力

一名優秀的節目主持人要做到遇事不驚，巧於應變，靈活機智，左右逢源。

一位婚禮主持人主持一場婚禮剛過半，禮堂突然斷了電，麥克風不響了，會場立刻出現了尷尬的局面。這時，主持人靈機一動，大聲說：「請大家休息一下，廣告之後馬上回來。」台下響起了一陣笑聲，氣氛緩和了，兩位新人的臉上也多雲轉晴了。不一會兒，開關修好了，可不知怎麼的，開關又鬧起了脾氣，禮堂裡又停電了。看著來賓都有些厭煩的情緒，主持人機智地說：「今天真是個好日子，連開關也高興地跳個不停。」一句話，全場都笑了，有的人還鼓起掌來。

主持人冷靜處理，靈活巧妙地變通主持詞，機智地化解了尷尬。笑和掌聲表現了來賓對主持人的讚賞和謝意，同時也保持了婚禮的喜慶氣氛。

（三）強烈的親和力

節目主持人是觀眾的朋友，是鋪展節目的橋樑和連結。主持節目時，一方面要演繹節目的創意，另一方面又要調動觀眾的興趣。當一名主持人站在台前時，他就不再是自己，而是一種精神、一種思想、一種大氣和風度，要讓觀眾接受、信服。節目主持人要心中裝著觀眾，用真心去體會觀眾的情感，言其所思，道其所想。主持人的語言要體現出鮮明的個性，節目主持人的形像要優美自然，力求做到節目的風格與個人主持風格的統一。節目主持人是節目的最終體現者，他要透過自身的活動，表現節目的內涵和特點。因此，主持人身上既有其個性特徵又有節目的共性特徵。一方面，主持人要服從於節目的需要，處處從節目出發；另一方面，主持人也要發揮主觀能動性，靠個人的主持藝術征服受眾。

（四）深刻的表現力

節目主持人的形象定位要與節目定位相吻合。重大、嚴肅的題材，要求節目主持人冷靜、莊重，有頭腦、有見解、有理性；綜藝、體育類節目，要求主持人奔放、熱情、開朗，有一定的表演能力，因而顯得更活潑、更感性一些；少兒活動類節目，要求主持人親切，懷有一顆童心，這樣才能吸引小朋友。

節目主持人是透過深刻的表現力實現其自身價值的。主持人的深刻表現力就是個性與共性的完美結合。主持人深刻的表現力來自於豐富的文化知識的積累，這是主持人文化素質表現的一個方面。對節目主持人來說，口語表現能力，不僅僅是能說會道，而是在講求語言邏輯性、嚴謹性、節奏性的基礎上有出色的表現。

二、口才藝術要求

（一）口語

節目主持人的語言並不能簡單地與生活中的談話畫等號，也不是書面語的翻版。節目主持人的語言應該摒棄日常口語的隨意性、冗長性等缺陷，保留口語的通俗性、簡潔性、生動性和靈活性，兼有書面語的規範性、集中性、有序性。節目主持人的語言，應當是強調規範性的大眾口語，汲取書面語的精粹口語，講究藝術、富於個性、應對得體的機智口語。

　　（二）簡潔

　　節目主持人語言簡潔的關鍵是要對所表述的問題有深入的研究，深刻的理解，把話說到點子上。有些節目主持人在事實已經充分地顯示出了某種含義時，自己卻在那裡畫蛇添足；某一事理早已眾所周知了，自己卻仍在沒完沒了地說個不停。這樣的節目主持人忘記自己是主持人，而是把自己當成了家長。

　　（三）準確

　　準確與真實一樣具有生命力。主持人隨意的、不確定的事實表述同決策者犯錯誤一樣損失重大。而準確、深刻的闡述，影響力也是不可估價的。

　　美國的新聞主持人克朗凱特對越戰曾做過比較樂觀的報導，當這場戰爭看不到結束的希望時，克朗凱特再次到越南實地採訪。他在節目中向美國公眾說：「……看來，唯一切合實際的、然而令人不快的結論是：我們已經陷入僵局，唯一的合理出路是在於前去談判而不是以勝利者自居。」克朗凱特長期主持新聞節目，在美國公民中形成了公正、客觀、全面的形象，美國總統約翰遜聽了克朗凱特的報導後說：「這是一個轉折點，如果我失去克朗凱特，就等於失去美國。」

　　克朗凱的力量在於最終報導的準確，因為他一針見血地說明了事實。

（四）鮮明

著名電視節目製作人說：「主持人的語言越鮮明，越可能有較高的收視率。」但是現在有許多專業主持人也缺乏思想、觀點和個性。節目主持人不能只說別人寫好的主持詞，充當編導的工具和麥克風。

真摯的情感、敬佩的心情往往能轉化為鮮明的語言。

（五）平實

把握語言平實，節目主持人就能比較容易地把握自己。語言運用得比較樸實，語言的感染力、親和力就能夠深入人心。黃健翔在總結自己足球解說的得失時認為：

我是不主張煽情的，不要為感動而感動，要真實真誠。這種情緒應該適當，不要太肉麻地反映出來，不要擠眼淚，也不要自己感動自己。對我來說實實在在傳達自己的感覺，語言到位，就成了。

談論日常幸福的話題時，脫口說出自己對幸福的理解和感受：

幸福其實就是像水一樣的東西，就在我們身邊流過。幸福就像冬天裡溫馨的陽光，就像一杯好茶，親人的一張笑臉，夜半時分下班回家，萬家燈火中那盞為你點亮的燈。

幸福用人們日常生活中的事物來比喻，看得見摸得著，既樸實，又真誠。

三、主持人語言常見的問題

（一）語言態度

有的節目主持人表現出高人一等、頤指氣使的架勢，不耐煩的感情，懶怠油滑的狀態，甚至斥責嫌棄的意思溢於言表，不禮貌不

友好的言辭不時冒出來。還有的節目主持人對受眾親昵的逢迎，忸怩作態。這些語言狀態都有意無意的丟開了與受眾平等的關係，失去了為受眾服務的真誠態度。

（二）語言內容

有的節目主持人政策水準差，有的格調低下，有的不懂裝懂。結果錯誤百出者有之，捉襟見肘者有之，廢話連篇浪費受眾時間者有之，有的甚至言辭失誤，引起受眾反感，甚至造成惡劣影響。

（三）語言組織

有的節目主持人語言粗糙，語病迭出，不合語法，不合邏輯，詞彙貧乏的問題尤為突出。有的節目主持人把「啊」、「吧」、「呢」、「嗎」這些語氣助詞視為體現交談風格的法寶，不管是不是需要，隨處加入一個「呢」、「但呢」、「可呢」、「就呢」成為一種語病。再者，對不好連接的話全以「那麼」一詞領起，「那麼好」、「那麼接下來」這已經成了通病。

（四）語言表達

語音不規範，吐字不清晰，用聲不自然的節目主持人並不少見，而表意不準確，傳情南轅北轍的也不乏其人。有的主持人已經形成了一種小聲絮叨，喃喃自語，或低、平、空的固定腔調，形成了缺乏起落變化的語勢，絮絮叨叨一個點的單調節奏和沒有交流願望的聲音流。

四、主持風格與臨場應對技巧

（一）臨場發揮

臨場發揮對於節目主持人來說，是一項很高的技巧。節目主持人的主持風格和節目的最終效果必須實現合理的契合。一般來說，

當節目主持人在與觀眾進行交流時，容易造成訊息傳播的阻斷，如節目主持人事先準備不足，對節目主題不夠瞭解，整體風格把握不準，機械地按事先設定的計划來交流，不做臨時處理，這樣就達不到理想的效果。節目主持人若想在節目中盡善盡美，既需要注重自己主持風格的完善，更需要注重提高自身的綜合素質與修養。

（二）營造氣氛

1.節目主持人要注意如何實現一種非常和諧自然的交流氣氛。節目主持人要根據節目的基本內容進行明確的風格定位，做到心中有數；對節目的基本氛圍要進行精心的設計，多設想幾種方式；在主持節目中，對現場氣氛的變化應保持一種敏感，以便用適當的方法進行調整，並在主持過程中時刻把握分寸，從而保證節目的最終成功。

2.節目主持人在主持過程中，要時刻對節目的最佳效果有一種想像，以便做適時的調整。節目主持人在現場主持過程中不要追求特定的節目效果，如現在流行的綜藝節目的熱烈氣氛等，也不一定非要透過節目主持人的誇張表演來實現；一些主題嚴肅的節目，也並不一定要透過節目主持人低沉的語調或呆板的表情來體現。

（三）把握節奏

節目主持人在臨場時，經常會出現因受到各種因素的干擾而被打斷的現象。這種現象的產生，很容易使節目主持人失去對節目節奏的基本把握。在這方面，應做到事先對整個節目的段落有明確的把握。在主持過程中，主持人意識到已經失去對整個節目的節奏感的把握時，要及時停止，調整自己的表達方式，以語言、表情或其他姿勢來強化自己的節奏感，做到自然得體。

（四）隨機應變

節目主持人在主持節目中經常會遇到未預想到的情況，在完全

沒有準備的情況下，只有思想清醒、判斷準確、思維敏捷、反映靈活才可能做到隨機應變，應對得體，出口成章。在情急的應對中，有的節目主持人思維比較混亂，饑不擇食，有的時候信口開河，講出一些不得體的話。節目主持人有時候甚至還需要一種自嘲的精神，因為自嘲本身就是機智大度的表現。

獲得1952年度奧斯卡最佳女主角獎的雪利·布絲萊上台領獎時，由於跑得太急，腳下絆了一下，差點摔倒。她在致詞時說道：「我經歷了漫長的艱苦的跋涉，才到達這事業的高峰。」

這句應變的開場白簡直妙不可言。她將上台領獎遇到的挫折與拍電影歷經的艱辛巧妙地結合在一起，既揭示了達到事業頂峰的真諦，同時又化解了摔跤的尷尬，可謂一舉兩得。

一位主持人上台時不慎被麥克風線絆倒了，當時台下觀眾發出了一片唏噓聲和倒掌聲，氣氛降到了零點。這位主持人爬起來，不慌不忙地拿起麥克風，微笑著對觀眾說：「朋友們，我確實為大家的熱情傾倒了。謝謝！」頓時，全場響起了熱烈的掌聲，大家都為主持人這絕妙的應變和開場白喝彩。

技能訓練

1.分析下面這段主持詞有什麼特點。

在一次詩文朗誦會上，主持人緩緩走上主席台，她沒有立刻報節目，而是充滿深情地朗誦了一首詩：「母親將院子掃乾淨/雨就來了/母親將鍋揭開/飯就熟了/母親將衣服補好/夜就深了……母親剛來得及攏一攏頭髮/兩鬢就白了/母親剛來得及照一照鏡子/皺紋就深了/母親剛剛入夢/天就亮了……」接下來她開始報幕：「請欣賞配樂散文朗誦《媽媽別走》。」

第9章　求職的口才藝術

在現代社會生活中，求職是很普遍很平常的事情，同時也是人生的大事和難事。隨著人口的膨脹，勞動力數量不斷增加，科技的發展又必然帶來勞動職位的減少。因此，一個人要在市場上尋找到自己理想的公司和職位，就必須具備較強的競爭實力，其中口才在求職中的重要作用是不可忽視的。據調查，有80%的求職應聘者在面試中因表情呆板、言語不清、表達混亂、舉止失措而在第一輪的競爭中敗下陣來，從而使他們的真實能力無法得到完全的體現。

求職語言是求職者在求職面試中與招聘人員溝通和交流的工具，更是求職者敞開心扉，展示自己知識、智慧、能力和才氣的一個主要管道。恰當得體的求職語言無疑會增強求職者的競爭力。反之，不得體的求職語言，會損害求職者的形象，削弱求職者的競爭力，甚至會導致求職失敗。

「是人才者未必有口才，而有口才者必定是人才。」口才決定命運，人才決定成功。招聘方透過語言交流既能瞭解求職者的基本條件和潛力，又能考察其口才本領。求職者必須把自己的資格和能力，濃縮在一個很短的時間和範圍內並很好地表達出來，這無疑是透過表達能力考察求職者的適應能力、創造能力和學習能力等方面的最好方法。而那些羞於啟齒、難於表達、不善於用語言包裝自己的人，只能將機會拱手讓給別人。

求職時羞羞答答、唯唯諾諾是缺乏口才、見識短淺的表現；口若懸河、滔滔不絕可能會被認為是言過其實；而木訥寡言、實話實說又可能被認為是愚昧無知。物競天擇，適者生存。求職不僅需要具備較強的個人競爭實力，也需要具有特殊的口才應對技巧。

第一節 求職的準備

今天，推銷自我是市場經濟條件下擇業與實現自我價值的重要途徑。如何推銷自我，找到自己的人生舞台？怎樣才能抓住稍縱即逝、擦肩而過的機會？關鍵在於自己是否擁有充分的心理準備、隨機應變的能力和冷靜而適時的選擇。

個體之間的綜合素質差異是現實存在的，但也不能忽視求職前的精心準備。機會總是偏向那些有準備的人。只有充分準備的人，才能在求職中施展口才，努力推銷自己，展示自己，才能爭取到理想的職位。

一、知己知彼，揚長避短

「知己知彼，百戰不殆。」所謂「知己」，一是客觀地、實事求是地認識自己、分析自己，明確自己的學業專長、身體狀況、興趣愛好、發展方向；二是認清自己在人才市場中所處的地位，在比較中認識自己的優勢和劣勢，從而揚己之長，避己之短。

所謂「知彼」，一是要瞭解人才市場的客觀需求狀況，瞭解自己求職職位的需求情況；二是瞭解與自己同時求職應聘者的一般情況；三是瞭解自己選擇的求職單位的有關情況。

（一）對求職單位的瞭解

對求職的單位要有一個總體的瞭解和把握。比如：單位的性質、特點、經濟實力、效益、單位長官的有關情況、招聘負責人的有關情況等。

（二）對求職職位的具體瞭解

對求職的職位所需要的理論知識、專業技能、工作強度、紀律約束、質量要求等要有全面的瞭解，特別是要知道用人單位對求職者的規格需要、人才的層次、主要承擔什麼工作。這對於下一步應對面試是十分重要的。

二、精心準備，沉著應對

（一）心理準備

所謂心理準備就是調整好自己的心態。

1.要有自信心。自信心源於對自己的瞭解，對職業訊息的分析，以及不達目的不罷休的決心。「天生我材必有用」，要敢於對自己說「我能行」。有自信心能給人耳目一新的感覺。

2.要有承受能力。要樹立正確的擇業觀。人才市場的競爭是激烈的、殘酷的，但「勝負乃兵家常事」。在困難、挫折和失敗面前，要能夠面對現實，分析原因，查找不足，總結經驗、教訓，以利再戰。

（二）材料準備

材料準備包括文字材料和問答材料。

1.文字材料準備。包括求職信、求職自薦材料、個人情況簡介、畢業生推薦表等。

2.問答材料準備。求職面試時，回答問題是必經的環節。對此應事先做好充分準備。面試一般有較為固定的程序和模式，但招聘方都會精心地策劃一些難題來考問求職者。求職人員很難準確地推斷求職面試時會遇到哪些具體問題。一般來說，多數問題總是與行業或專業職位密切相關的，而且有一些共性的問題是必須要做好準備的。

（1）個人情況。關於自己。比如：你是一個怎樣的人？你怎樣評價自己？關於家庭。比如：父母對你影響最大的是什麼？你對父母怎樣評價？關於愛好。比如：你喜歡讀書還是看電視？你對競技體育怎麼看？講講你最開心的一件事。

（2）學校情況。比如：經過幾年在校學習和生活，你怎樣評價自己的學校？你對學校安排的實習怎麼看？你喜歡學習哪些課程？你喜歡參加學校組織的活動嗎？

（3）社會經歷。你曾在哪些單位工作過，能談談體會嗎？你對從前單位的長官有何看法？如何評價你工作過的單位？你工作中最突出的成績是什麼？

（4）對所謀求的職位的看法。你認為自己很適合這個職位嗎？你對「跳槽」現象怎麼看？你要求的薪金是多少？

（5）人際關係。你喜歡與什麼樣的人交往？你認為與同事一起工作應該注意什麼？你認為與最好的朋友可以無話不談嗎？你喜歡哪一類的長官？

重點問題回答提示：

1.你是一個怎樣的人

（1）言簡意賅、重點突出地介紹自己的簡歷、受過的教育、工作能力和技能、特長。（2）用以往的業績證明自己精明能幹、事業心強、積極進取。（3）用兩分鐘完成以上介紹，給人留下練達而誠懇的第一印象。注意：用事實說話，不能弄虛作假。

2.你認為自己很適合這個職位嗎

這個問題主要是考察求職者的判斷能力和坦率程度，判斷求職者的求職動機。對此，要當機立斷，明白地作出回答：（1）自己從事這份工作對招聘單位的好處；（2）自己能夠承擔這份工作的

有利條件和做好工作的決心、信心。注意不能矯情掩飾，拖泥帶水。

3.你喜歡哪一類型的長官

回答這個問題千萬不能踏入批評某一類型長官的禁區。因為大家不喜歡的長官幾乎任何單位都有，也許他就坐在對面，面對回答有些冒失。這樣回答比較恰當（：1）選擇一位公認的長官作為崇拜的偶像；（2）直接回答自己喜歡的長官，如：「我喜歡能力強、有魄力、敢做敢為的長官。」

4.如何評價你過去工作過的單位

這道題意在考察求職者是否是背後搬弄是非的人。要明白，沒有人歡迎這樣的人。應該從正面去介紹以往單位的性質、經營範圍、發展方向等，不要去涉及經營思路是否正確或企業長官用人方面的問題。

（三）形象、儀表、舉止

1.形象、儀表

（1）注重外在形象、儀表，給人良好的印象

良好的第一印像是求職成功的第一步。求職面試是一種正式場合，求職人的著裝應該比較莊重一些。穿著要與謀求的職位相稱，顏色應該與社會時尚相協調，注意不可穿奇裝異服。容貌可略作修飾。容貌清秀、服裝整潔可以給人留下積極向上的印象；而蓬頭垢面、不修邊幅就會顯得拖沓、散漫。

（2）注重外在形象、儀表可以顯示良好的修養

對於初次接觸的人，人們一般都是先從觀察外在的形象、儀表來看他的基本素質。而第一印象可能會影響求職的成功。

2.舉止

（1）進門。進入辦公室要先輕敲房門，經允許後再進入。進入後要主動打招呼，經允許後再入座。坐姿要文雅端莊，要面對評委或考官，身體略向前傾。

（2）微笑。表情平和，面帶微笑。並在回答問題時點頭回應。

（四）準時

準時代表一個人的修養，遲到和失約是求職的大忌。不遵守時間的人，還會讓人感覺沒有責任感或對所求工作沒有熱忱，並且很難取得別人的信任。面試應提前到達，如果在路上確實堵車了，應該立即與所求職單位取得聯繫，講明情況，並估計大約到達的時間。如果找不到地方，可以詢問路怎麼走。注意要一次問清楚，避免多次詢問。

第二節 求職的語言技巧

一、面試

（一）自我介紹

用有聲語言進行自我介紹，比證件、名片之類的東西更重要。它可以「先聲奪人」，很快給主考官留下良好的印象。自我介紹就是大膽地推銷自己，讓別人接受你、肯定你。

1.稱呼對方要用尊稱。這能表現出求職者的謙虛、文明和禮貌。如知道對方的職務，可以多重複一二次稱呼對方「某經理」、「某主任」，以表示自己對對方的尊重和結識對方的榮幸。

2.自我介紹要詳略得當。如果招聘方已經有了自己的求職材料，就應該儘量簡潔一些，要做到口齒清晰，表述流利。成功的自我介紹，不僅依靠聲調、態度、言行舉止的魅力，而且還要考慮適當的時間和地點以及當時的氣氛。當然，自我介紹並不一定要很全面，有時候可以靈活處理，留有餘地。有時候需要借助旁人來介紹自己，有時候需要採取間接的方式。

介紹自己特長、成就、技能時，要用事例說明，因為事實勝於雄辯。否則主考官一旦反問：「能舉一兩個例子嗎？」求職者沒有準備就可能會無言應對。

3.把握好時機。一方面不破壞或打斷考官的興趣，另一方面又能夠很快抓住對方的注意力。在需要等待的時候，一定要等待，而且努力使自己當好考官談話的聽眾。如果先前瞭解考官和與其相關的人，話題涉及他們時，儘可能以自然流暢的語調來讚美對方，讓人感覺是從心裡發出的，而不是過分的奉承和吹捧。儘量表示友

善、誠實和坦率，這不僅要從話語中自然流露出來，更應該從態度和眼神中體現出來。清晰地報出自己的名字。儘可能用詼諧的方式加深考官對自己的印象和好感。特別表示渴望認識對方，使對方覺得他自己很重要。

4.適當的自我介紹。不能急於表現自己，不要在不適當的時候打斷考官的談話；不能誇大表現自己，不要誇誇其談，說得太多；也不能不敢表現自己，不要遮遮掩掩，唯唯諾諾，吞吞吐吐，含混不清，似乎生怕考官摸了自己的底細而看輕自己。

（二）介紹的內容

1.突出介紹自己與求職單位要求有關的經歷

自我介紹要增強針對性。要著重敘述與求職職位有關的經歷，這樣做更容易打動對方。在面試中，求職者是完整地表達「真實的自己」，還是只表達適合自己所求職位的自己？有經驗的人士認為，初入職場者應選擇後者；而那些職場老將，特別是那些謀求管理層職位的人，最好選擇前者。

2.突出自己能力的強項

（1）表現專業。在介紹專業時，適當地使用一些專業性術語表現自己對這一領域的熟悉。

（2）體現個性。個性就是特色。有時個性品質可以彌補其他技能方面的欠缺，比如勤奮好學、戰勝困難的勇氣等。

3.面試時應強調表達的內容

（1）能在最短時間內認同企業文化。

（2）對企業忠誠，有團隊歸屬感。

（3）不苛求名校出身，只要綜合素質好。

（4）有敬業精神和職業素質。

（5）有專業技術能力。

（6）溝通能力強，有親和力。

（7）有團隊精神和協作能力。

（8）能夠帶著激情工作。

二、面試語言

面試也是一種行銷術，只不過行銷的不是商品，而是自己。在整個求職過程中，面試無疑是最具有決定性意義的一環。同時，面試也是求職者全面展示自身素質、能力和品質的最好時機，面試發揮出色，可以彌補先前筆試或是其他條件如學歷、專業上的一些不足。在求職的幾個環節中，面試是難度最大的一環。

（一）保持樂觀，充滿自信

1.穿著、儀態、語調。見面的前3分鐘，求職者的穿著、儀態、語調會給主考官第一印象。適宜的服裝儀容，有朝氣與自信的語調，會增加求職成功的希望。

2.微笑、目光、眼神。微笑是面試絕對不可缺少的，有經驗的人士提醒，「不能看到主考官才笑，最好是在敲門前，笑容就已經在臉上準備好了」。從踏入招聘單位的那一刻起，就要保持良好的心情，時時保持嘴角上揚的微笑曲線。在面試過程時，目光、眼神的接觸也是最講究的。當只有一位面試官時，目光應與對方眼神正面接觸，游移不定會給人不誠實的感覺；若主考官不止一人，則應將主要目光停留於發問者，但在這個過程中也應與其他主考官有適時的目光接觸，以示尊重。

3.飽滿、圓潤的聲音語調。說話時千萬不要少氣無力、含混不清。應聘者開口講話如果很有精神，容易給人自信、上進心強的感覺，尤其是業務、客戶服務方面的職務，對言談清晰度會有特別要求。要將自己的專長、生涯規劃做扼要說明，有條理、有系統地介紹，避免話語不斷重複，以及出現一些習慣性的口頭禪，如「嗯——啊——」「那個」、「就是吧」、「怎麼說呢」、「然後」、「就是這樣」、「You know」等。

（1）保持樂觀的心態是克服緊張心理的辦法之一。樂觀的心態來自於自信心。可以做換位思考，自己是考官，是這一行業的專家，面前是一個最糟糕的學生。讓自己的聲音充滿自信，響亮、清晰、有條理地回答問題。這樣在抑制住自身不安的同時，也使考官喪失警惕，使他可能不想再提額外的問題。

（2）把握自己的能力和特長，樹立信心。有的人總覺得自己這也不行那也不行，其實大可不必。要增強勇氣，大膽嘗試，失敗了可以重來。放棄實踐，不敢試驗，自信就找不到基石與支點；抓住機會，投入實踐，找到的不只是自信，還有人生的起跑線。

（二）緊扣主題，切中要害

在面試中，對需要回答的問題，要馬上理清要點，最好用第一、第二來表明層次。回答要抓住要點，條理清楚，不脫離正確的思路。如果離了題，考官首先會以為面試者想逃避回答主要問題，就會向面試者發動進攻。這樣一來，面試者勢必要回答一些額外的問題。此外，面談時間很有限，回答問題不要滔滔不絕，要圍繞主題，簡明扼要地回答。

在面試時，要體現出自己的個性特點及優勢，還要展現出個人的才情。要力求做到名、優、特、情、誠、美「六字要決」：

名：名氣、名聲，是求職者及其所在單位或學校的知名度和美

譽度，畢業學校、所學專業、成績、所獲榮譽等。

優：求職的優勢。要將自己的優勢展示出來，包括專業、學習情況、個人素質等。

特：自己的特點。如：性格特點、知識領域、技術特長、素質專長等。

情：在求職問答中要以情感人，情真意切，打動人心。

誠：態度要誠懇，禮節要周全，表達要真誠，用坦誠和質樸吸引對方。

美：求職的語言要文辭精美，從始至終都要給人以完美的感覺。

（三）溫文爾雅，文質彬彬

職場無坦途，它的靈活性、隨機性很大，溫文爾雅，文質彬彬是求職中精良的祕密武器。

從電視上看到一家化妝品連鎖店招募推銷員，待遇相當可觀，她前去應徵。面試時，經理看到她纖瘦弱小的體形時，有點兒沒相中，於是敷衍地問了幾句與招募無關的話，就準備喊下一個。她從經理的眼睛中看出了那種苛刻的挑剔，於是她溫文爾雅、鎮靜自若地自我推薦說：「經理，我知道我可能在容貌上不符合貴公司的要求，但我是本地人，我擁有良好的人際關係網，我想我很適合做這方面的工作。雖然美容化妝品的推銷是美女們幹的事情，而我這個醜小鴨樂此不疲地幹這一行，不正可以說明它的魅力嗎？」經理聽後，眼睛一亮，這位小姐不正是他們所需要的嗎？於是馬上拍板錄用了她。

（四）實話實說，有問有答

有時考官提出一些問題，是想驗證一下應徵者是否誠實。如果

應徵者正直、坦率，就會贏得好評。不要不懂裝懂，否則一旦露出馬腳就會前功盡棄。

1.說實話

面試時不能偽造歷史，或將不屬於自己的功勞據為己有。雖然可以揚長避短，但是一定要實話實說，不能以謊話代替事實。

美國一公司在招募人員。一個小伙子走進老闆的辦公室。老闆看到小伙子，突然驚喜地站起來逕直走過來。老闆握著小伙子的手，興奮地說：「真想不到在這裡見到你！那次，我陪女兒在湖上划船，她不小心掉到水裡。你奮不顧身跳下水去，把她救了起來。當時我忙著救女兒，忘了問你的名字。這世界真小，想不到在這裡見到你！」小伙子聽老闆說完，就說：「對不起，先生可能認錯人了。」因為他沒有救過人。可老闆一口咬定就是他。「可我確實沒有救過人呀！」小伙子堅持說。老闆仍然一口咬定：「沒錯，就是你！」可小伙子仍然堅定不移地否認，坦然、真誠。這時老闆才大笑起來，拍了一下小伙子的肩膀，說：「好樣的！你是誠實的，面試通過了。」

「世上沒有免費的午餐」，面對突如其來的幸運，小伙子沒有迷失方向，他堅守了自己的做人底線——誠實。誠實是做人的準則，也是衡量人格的標尺，小伙子的求職因此獲得了成功。

有一次，一位知名大學的同學面試，美籍華人主考官和他講英文，這位同學講得很不流利。主考官說他講得不好，他說他們大學教的都是德語，言下之意是他會講很好的德語，那位美籍華人恰好是德國留學生，於是說：「好吧，我們來講德語。」可問了兩個問題，他都答不出來。

這位同學是在耍小聰明，結果聰明反被聰明誤。

對面試中提出的問題都要做出回答。有的問題可能刁鑽，但這

是測試求職者的反應能力。有的考官對自己比較滿意的應徵者往往提出一些尷尬的問題。對有些問題可以用外交式的辭令，有些問題側面回答比正面回答效果更好。巧妙的回答有時會達到明談缺點，實論優點的效果，並會給考官留下注重實際，不尚空談的穩重型人才的印象。如：

問：如果服裝公司把銷售主管這個職位交給你，你有什麼樣的工作計劃？

答：市場情況是瞬息萬變的，銷售計劃離不開對市場的把握。我只有在接手這個職位後，才能根據實際情況來制訂相應的工作計劃。

問：你曾在服裝生產企業工作過嗎？

答：沒有。不過我曾在一家大型服裝商場當過3年業務員。我認為，自己對服裝市場的需求變化比較熟悉。

問：我們從你的學習成績單上看，你有的科目學習成績並不太好，是不是不太用功？

答：您說得很對。說實話，我對有的科目不太感興趣。因為我認為它們離實際較遠。我把這些時間用於體育鍛鍊了，所以體能特別好。

問：怎麼見得呢？

答：我可以一口氣做100個伏地挺身。（於是他真的做了，考官十分滿意）

求職人員在表達自己的內心想法時，不要過分實在，沒必要有一說一，有二說二。應適當有所保留，關鍵之處可以避實就虛，給個暗示或僅表示一點意向。這樣既可以留有餘地，掌握主動，又可以展現氣質魅力，引人注目。也就是說要讓人沒法把你「一碗清水

看到底」，虛實相間，才能把握自己的智慧。

2.多聽多問

多傾聽，表示對主考官的尊重和注意；多提問，表示已經消化了主考官提出的問題。一個好的提問，勝過簡歷中的無數筆墨，會讓面試官刮目相看。在面試的過程中，一些求職者擔心會因提問關係自己發展和利益的問題得罪面試官而不敢提問。現在很多企業在招募中非常看重訊息對等，因為只有互相瞭解，互相選擇，才可能做到雙贏。一般主考官會在面試結束之前進行提問。透過求職者提出的問題，能夠更真實地瞭解求職者。

所以，作為求職者一定要準備一些提問的問題。透過提問可以瞭解更多的訊息。同時也能表現出自己對求職單位的關注，對所求職職位的興趣，還能推測一下自己入圍的希望。例如：

（1）為什麼這個職位要公開招募？

（2）該公司（這個部門）最大的挑戰是什麼？

（3）這個職位的具體工作、今後的發展方向以及具體要求是什麼？

（4）什麼時間可以獲知結果，可不可以打電話詢問？

3.談薪水

面試接近尾聲，不免要談到薪水問題。與未來老闆講錢如果處理不當，就可能失去升職機會。只談職位，不談薪金，這樣會令人更易獲得高薪厚職。

不要一味設法要求對方提高條件，如果把和諧的氣氛弄成敵對的局面，這對面試者實在沒有好處。一旦出現僵局，不妨把話題轉移到有關工作的事情上。例如對方有心壓低薪酬，就可將話題轉移到上任後有何想法、如何做好經營、擴大銷路、如何降低成本等，

原來緊張敵對的狀態，很快便會變成同心協力的局面。

　　企業都希望求職者對應徵的職位感興趣，而非純粹以金錢為目的。因此，只要老闆覺得工作者沒有使企業受損失，要爭取高薪、福利並不困難。可以討論自己的才能、經驗，要求老闆多給一些工作，多承擔一點責任，甚至把職位提高，工作範圍擴大了，企業自然要多付薪水。

　　有時應徵者只要認定這是一份理想工作，不妨暫時不談薪水。待對方認定確實是最佳人選，才嘗試以職位及工作為由，多要求些福利津貼。例如，若想要求提高公務開銷，就應說以往工作順利，全因頻頻與客戶交際應酬，從而提出擔心公務開銷不夠，老闆也會樂於增加這方面的津貼。

第三節 求職中的機智問答

不同的人回答問題的方式不盡相同。面對機遇，要善於透過出色的口才，展現自己的學識、修養和特長。只要把握分寸，恰到好處，就會走出一條屬於自己的道路。

一、說出想法，保持自我

「失去自我」是許多應徵者面試時容易犯的錯誤。委曲求全、一味地曲意逢迎，並不能博得主考官的好感；相反，能夠勇敢地說出自己想法的求職者往往獲得成功。因為某些情況有時是招募單位設置的陷阱，有時是他們工作疏忽所致。

一位大學畢業的青年，在一家網路公司做了兩年文字小編。在一次大型人才招募會上，他去應徵一家心儀已久的著名的廣告公司。他精心準備了兩份簡歷，一份中文的，一份英文的。「企劃部主管」一職吸引了大批應徵者，在工作人員收到的一疊簡歷中，應徵者竟有許多博士、碩士。

三天後面試，一共有20人，他被安排在最後。走進考場，看到一排正襟危坐的考官，氣氛顯得很凝重。他長舒了一口氣，想找把椅子坐下來，可環顧四周，卻發現整個考場連一把空著的椅子都沒有。而看樣子，這些考官根本沒有讓人去拿把椅子來的意思。難道先前來的所有應徵者都是站著面試的嗎？這是不是對應徵者缺乏起碼的尊重呀？大公司不會都這麼愛擺架子吧？要求一把椅子並不過分吧！

「請問，可以給我一把椅子嗎？」

「為什麼？」

「我認為，雖然貴公司是招募方，主動權在貴公司手中，可也不能因此而否定我們的平等地位。我有權利要求公平！」

還好，那位考官並沒有大發雷霆，失去風度，而是示意工作人員搬來椅子。坐下後，他開始自我介紹。

他陳述完，想了想，又說了一番話：「作為對各位考官的尊重，我做完了自我介紹。不過，我現在已經決定，不參加貴公司的應徵了。非常抱歉耽誤各位的時間。」

說完，他轉身走出了考場。他覺得，這樣一個缺乏人性化，連一把椅子都不給人留的公司，其發展是有限的。即使能夠在那裡工作，恐怕也不會有機會實現自己的抱負。所以他選擇了放棄。

三天後，卻意外地接到了這家公司打來的電話，他被錄用了。人力資源部主管笑了，說那天的「椅子事件」是他們精心設置的一道面試題目，前面的19位應徵者都因為顧慮太多而畏首畏尾，不敢說出自己的想法，只有他一人提出了要椅子的要求。公司需要的正是這種待人公平、敢言敢為的管理人才。

破除陳見，擺明自己的觀點，大膽地說出心中的想法，就很有可能從眾多的求職者之中脫穎而出，打開成功之門。

二、短小精彩，創意回答

作為求職人員，面試時與主考官面談的時間一般只有短短的5～10分鐘、至多半小時的談話時間，要想脫穎而出，每場面試都要認真看待、精心準備。

巧克力之父弗斯貝里的公司獲準登陸中國市場，透過媒體發布了一則招募公告。公告很簡單，是這樣寫的：請你用一句最簡潔的

話，回答下面四位著名人士到底在說些什麼。

1.1954年4月2日，蘇黎世聯邦工業大學建校100週年，邀請愛因斯坦回母校演講，愛因斯坦在演講中說了這樣的幾句話：「我學習中等，按學校的標準，我算不上是個好學生，不過後來我發現，能忘掉在學校學的東西，剩下的才是教育。」

2.1984年6月4日，諾貝爾物理學獎獲得者丁肇中回母校清華大學演講，在接受學生提問時說：「據我所知，在獲得諾貝爾獎的90多位物理學家中，還沒有一位在學校裡經常考第一，經常考倒數第一的，倒有幾位。」

3.1999年3月27日，比爾蓋茲應邀回母校哈佛大學參加募捐會，當記者問他是否願意繼續學習拿到哈佛大學的畢業證書時，他向那位記者笑了一下，沒有回答。

4.2001年5月21日，美國總統布希回到母校耶魯大學，接受榮譽法學博士學位。由於他當年學習成績平平，在被問到現在有何感想時，他說：「對那些取得優異成績的畢業生，我說『幹得好』，對那些成績較差的畢業生，我說『你可以去當總統』。」

有四百多名優秀的大學生參加了應徵。弗斯貝里的分公司開業，只有一位應徵者接到通知來參加他們的開業慶典。這位學生的回答是這樣的：「學校裡有高分低分之分，但校門外沒有，校門外總是把校門裡的一切打亂重整。」這位求職者僅憑一句妙語使他在眾多的求職者中脫穎而出，為自己贏得就業的機會。

這位大學生一句妙語求職成功。他成功的背後有對人和事物敏銳的觀察能力，有對事情的高度概括能力，更有精彩巧妙的語言表達能力和不落窠臼的創新能力。

三、珍重人格，不卑不亢

不要同考官發生爭執，因為爭論的結果肯定是招募方獲勝。但有時候卻是例外。

一名女大學生到一家日本人開辦的公司去應徵，老闆用生硬的國語問她：「你的來公司，對我的公司什麼的興趣？」她不假思索地回答：「掙錢多，有作為。」老闆的眼睛逼視著她問：「你的不想透過我的公司到大日本的幹活？」她口氣略帶嚴肅地說：「對不起，先生，我不想到日本去。再說，我認為日本並不大。這麼多日本人到中國來做生意就是證明。」這些話夠刺激，有些不留情面，誰知老闆聽了竟哈哈笑了。大約用了8分鐘，應徵宣告成功。

這名女大學生的回答，既展示了鮮明的個性，又煥發出自重人格的力量。有時這樣可能導致落聘，但仍不失精神的光輝；有時這樣會引起對方的重視，成為致勝的關鍵。迎合與順從，往往給人聽話而無創建的印象，很容易因為雷同者多而不被錄取。招募者需要的是有思想、有品格、有氣質的人才。

一家赫赫有名的中韓合資公司在各大報紙上做招募廣告，名企的魅力和辦公大樓的誘惑，讓我趕到了那家公司。走廊裡有人在議論：「求職成功率只有二百分之一。」我走到諮詢桌前，一位面目森然的小姐冷冷地遞來一張卡片，上面寫著303。也就是說，截至現在為止，我有302名競爭者。

6小時後，終於輪到我了。我心底忐忑不安，輕輕敲開那道藏著玄機的門。推門前我先做了個深呼吸，安慰自己：「有什麼大不了的，坐我對面的就是幾棵大白菜！」

當年輕的人事部經理得知我已有百餘篇作品發表時，對我好感大增，還鼓勵我說了一些對公司的建議。氣氛非常輕鬆，我以為自己穩操勝券了。沒想到經理請示一旁的韓籍老總意見時，他想都沒想便一臉嚴肅地說：「不要！」

我不知道是哪裡出了錯，於是禮貌地詢問被淘汰的原因。老總一臉漠然，充耳不聞。我勃然大怒：「說出理由很難嗎？你的無條件拒絕對人是一種傷害，這種公司不進也罷！」我昂首挺胸走出大門。

一週後，我卻意外地接到了錄取電話。無緣無故被接納和無緣無故被拒絕同樣讓我莫名其妙。電話裡，人事部經理向我說明了個中原因：「在你之前，我們已經對200多名求職者說了『NO』。只有極少數人敢『示威』，追問拒絕的理由。這正是韓國老總的面試策略。他說，真正的企業需要的是有骨氣、有恆心的青年才俊。」

這位敢於挑戰韓國老總的人被錄用了。敢於用這種方式應徵的人，通常都非常自信，並破釜沉舟，做了最壞的打算，因而他的態度不卑不亢。在交鋒中，他們往往讓對方看出自己的倔強性格、執著精神、不凡才智和可貴品質。這實際上是一種強有力的自我展示，能有效地影響對方的判斷和認識，能得到那些有正義感、有強烈事業心的人的欣賞，最終形勢發生逆轉，出現柳暗花明的局面。

四、展示個性，感動考官

在求職中，不存在幸運和僥倖，它所依賴的是一個人的實力與人格魅力。眾多求職者爭取一個職位，如果你的條件和工作閱歷並不出類拔萃，思維方式還是大眾化，就不可能引起招募方的注意，即使有些長處和優點，也很難顯現出來。因為對方看重的不是循規蹈矩、墨守成規的保守者，而是思路開闊、富有創新精神的人才。

不少求職者都跳不出這樣一個誤區：求職就是求人。因而唯考官命是從，沒有自己的主見，被考官牽著鼻子走。在人滿為患的今日職場，招募方占據主動是不爭的事實，但透過主觀努力，變被動

為主動是完全有可能的。

西蒙·福格從伯明罕大學一畢業，就遭遇了多次求職失敗，他沒有氣餒，不斷從失敗中吸取教訓、總結經驗。經過精心的準備策劃，他信心十足地來到英國著名的《泰晤士報》總經理辦公室求職。

他問：「你們需要編輯嗎？」

「不需要。」

「記者呢？」

「也不需要。」

「那麼排字工、校對員呢？」

「不，都不需要。我們現在什麼空缺都沒有。」

「那麼你們一定需要這個了。」說著，福格從包裡掏出一塊精緻的牌子，上面寫著：「額滿，暫不僱用。」接待者為福格新穎獨特的求職方式所打動，破格給他安排了一個職位。

25年後，福格成了這家報社的總編，名揚世界。

開動腦筋，多想些點子，設計一些細節讓考官感動，往往能收到意想不到的效果。不過這種設計要合情合理、幽默自然、運用得當。

隨機應變地調控自己，先給別人一個好「點子」，比拉著人家買你的貨物，參加你的計劃更容易征服對方。這正是古人所謂「將欲取之，必先與之」的哲思之妙。

五、隱性反駁，反敗為勝

當應徵者被對方無端否定或受到歧視性待遇，自己展現才能的機會被剝奪時，如果依然忍氣吞聲，就有可能被淘汰出局。如果能恰當地拿起說理的武器，運用「隱性反駁」這種方式與對方說理，有可能會使局面出現轉機，最終贏得機會。

專科畢業的周曉寧，相貌一般，28歲時去一家著名公司應徵祕書職位。她剛把自己的簡歷遞上去，招募的小姐掃了一眼就退了回來，不客氣地說：「學歷不行，身高不行，打扮不行，形象氣質都不是當祕書的料。」周曉寧氣得轉身就走。她直接走進總經理室。總經理接過簡歷細看，遺憾地說：「我們至少要求大學，而你只有專科文憑。」總經理的第一句話似乎就定了調。

周曉寧沒有灰心，她掏出一疊在全國各報刊發表的文章和兩本全國徵文獲獎證書，說：「難道這還不能證明我的知識水準嗎？相信一名普通的大學生也未必能拿得出這些來。」

總經理沉吟片刻，說：「你的個人經歷確實精彩，也合乎我們的要求，但你的年齡太大了，我們只想要一位22歲左右的祕書小姐。」

周曉寧毫不客氣地說：「22歲的哪有28歲的經驗老到成熟？我已經有過幾年工作實踐的磨練和摔打，你是要一位成熟的，一來就能把工作做上手的祕書，還是要一位把你這裡當成培訓班，經驗成熟後就飛走的實習性質的祕書？」

總經理沒有想到她會這樣回答問題，接著說道：「你知道，祕書要經常接觸外界，形象非常重要。」

周曉寧微笑地說：「我知道這一點，話說回來，你需要的是一位注重實幹的祕書，而不是一位櫃台接待小姐，所以應該首先注重個人的修養和才幹。況且，人不是因為漂亮才有氣質，而是因為有修養才有氣質的。今天我被你們負責招募的小姐氣惱了，所以才在

大太陽底下淌著汗趕到這裡，找你這個老總評評理。」

　　總經理聽了，笑笑說：「你今年28歲了，女子一結婚生孩子就會耽擱了工作。」周曉寧聽了搖搖頭，說：「你這個總經理真是眼光長遠，但結婚生子對工作的影響早在幾十年前就不大了，從我的父母輩開始，就是邊工作邊養大了我們。況且我是很獨立自信的那類女子。」

　　總經理顯出很欣賞的目光，氣氛也輕鬆起來，又與她談論了其他的話題，一談就是兩個小時。

　　一個星期後，周曉寧接到複試通知。一個月後，她被公司錄用。報到那天，總經理打趣地說：「祝賀你成為我們公司的職員。從五百名應徵人員中挑了你這個年齡最大的。」周寧很開心地說：「也祝賀你，找到了一位可塑性最強的員工。」

　　求職者運用隱性反駁的方式與招募者進行了恰到好處的交鋒，把本來無望屬於自己的職位抓到了手，由此可以看出隱性反駁的獨特威力和魅力。隱性反駁是應徵者的無奈選擇，也是爭取主動的聰明之舉，運用隱性反駁成功的關鍵在於「隱」。這種表達並不是唇槍舌劍充滿火藥味的對抗，其鋒芒被隱藏起來，從頭到尾似乎都是應徵者無奈的陳述和極力的辯解，然而對方卻能從中體會到綿裡藏針的力度。從情感角度上看，這種表達似乎沒有責備和不滿的口氣，只是弱者的申辯、討論和誠懇的求助，並不構成對對方立場和面子的挑戰，自然能引起對方的同情。隱性反駁還是一種個性的張揚和心靈的溝通。要注意的是，此法通常在最終的決策者面前才有望成功，在沒有決定權的一般工作人員面前使用是不會見效的。

六、耐心執著，心誠則靈

　　推銷自我是一場心理戰。誰有耐心，誰有韌勁，誰不放棄最後

百分之一的努力，誰就有可能是最後的微笑者。一次成功的自我推銷，推銷出去的是一種精神，一種品格，一種良好的心理素質。有耐心和韌性的人，機會就不容易從身邊溜掉。

一家廣告公司招募「企劃文案」人員，要求是大學學歷，兩年以上經驗。當我趕到這家公司時，初試已經結束，任憑我好話說盡，接待人員仍很委婉地拒絕了。從公司出來，望著公司的銅字標誌在陽光下灼灼生輝，心裡特別不是滋味，難道就這樣甘心放棄？

回到家後，我便四處查找資料，找到了這家公司老總的名字和電話。第二天早上，我很客氣地打電話過去找劉總經理。接電話的女祕書職業性地問我是哪個單位的，找他有什麼事。幾經「糾纏」，或許是我的執著，女祕書終於答應了我的請求。

劉總經理接過電話後，我直截了當地說：「劉總，我是來應徵的，因錯過時間沒能趕上，但又非常自信可以勝任這份工作，所以希望您能再給我一次機會。」劉總聽了愣了一下，然後說：「你如果真的覺得自己能勝任這個工作就過來試試吧，直接找我們的人事主管。」

來到公司後，人事主管親自對我進行了面試。在自我介紹後，他面有難色地說：「對不起，你不符合我們的要求，我們的招募條件不僅是有大學學歷，更重要的是要有兩年以上的工作經驗。」

聽了委婉的拒絕，我自然有一些氣餒，但並沒有絕望。我笑道：「我雖然只是專科學歷，但我在學校擔任過學生會主席，上學時，打工做過日用品直銷員、兼任過報刊特約記者，在廣告公司實習時也從事文案工作，並取得了不錯的成績......我相信自己完全能勝任這一份工作。」說完便遞上精心設計的求職資料：「這是我的資料，您可以先看看。」

人事主管一言不發地看我的資料。過了好久，他合上材料，抬

起頭對我說：「你的確很優秀，可是按規定我們要大學以上學歷，真的很抱歉。」

這時我真的有些失望了，當我決定起身離去時，我還是鼓起勇氣說：「文憑僅僅只是代表一個人受教育的程度，但並不能真正代表一個人的能力和水準。規定是死的，但規定畢竟也是人定的，我相信貴公司要的是能為公司謀利益的人才，而不是大學文憑。」

人事主管動搖了，說：「你稍等一下。」隨後走進了劉總經理的辦公室。兩分鐘之後，人事主管告訴我：「年輕人，就衝你這份勇氣，你被錄用了。」

求職路上，有時確實感到「山窮水盡」了，但腦筋轉個彎，來個獨特創新，也許就會引導求職者走到「柳暗花明」的美好境地。

戴爾·卡內基曾說過：不要怕推銷自己，只要你認為你有才華！案例中這位年輕人求職的成功經歷提醒人們：只要有信心，事情往往就成功了一半！在求職的過程中，無論遇到什麼樣的困境和麻煩，都始終把自信寫在臉上，寫在心裡。前進的道路上，有時差的就是那自信的一步。前進一步，便是不一樣的人生。

威廉·懷拉是美國一位享有盛名的職業棒球明星，40歲時因體力不支而告別體壇另謀出路。他思索著，憑自己的知名度去保險公司應徵推銷員不會有什麼問題。可結果卻出乎意料之外，人事部經理拒絕道：「吃保險這碗飯，必須笑容可掬，但您做不到，無法錄用。」

面對冷遇，懷拉的熱情未受絲毫影響，他下決心要像當年初涉球場那樣從頭開始苦練笑臉。由於他天天要在客廳裡放開聲音笑上幾百次，因此使鄰居產生誤解，認為失業對他刺激太大，以至於發起神經來了。為此，他只好將自己關進廁所練習。

過了一個月，懷拉跑去見經理並當場展開笑臉，然而得到的卻

是冷冰冰的回答：「不行！笑得不夠。」

懷拉沒有悲觀失望，他到處尋找蒐集有迷人笑臉的名人照片，然後貼在居室的牆壁上，隨時進行揣摩模仿。另外，還購置了一面與自己的身體一樣高的鏡子，擺在廁所裡，以便訓練時更好地檢查糾正。

一段時間之後，懷拉又來到經理辦公室，露出了笑容。「有進步，但吸引力不大。」

懷拉生來就有一副倔脾氣，回到家裡繼續苦練起來。一次他在路上遇見一個熟人，非常自然地笑著打招呼。對方驚嘆道：「懷拉先生，一段時日不見，您的變化真大，和以前判若兩人了！」

聽完熟人的評論，懷拉充滿信心地再次去拜見經理，他笑得很開心。「您的笑是有點意思了。」經理指出，「然而還不是真正發自內心的那一種。」他不氣餒，再接再厲，最後終於如願以償，被保險公司錄用。

這位昔日棒球明星，嚴峻冷漠的臉龐上，綻放出發自內心的嬰兒般的笑容。它是那樣的天真無邪，如此地討人喜歡，令顧客無法拒絕。就是靠這張並非天生而是苦練出來的笑臉，懷拉成了全美推銷人壽保險的高手，年收入突破百萬美元。

任何人都會有熱情，所不同的在於，有的人的熱情只能保持30分鐘，有的人熱情可以保持30天，而一個成功者卻能讓熱情持續30年直至終身。熱情是一種巨大的力量，要想成就一番事業，離不開熱情這個原動力。它能使人具有鋼鐵的意志和頑強的毅力。正因為如此，懷拉在重重阻力和各種困難面前才能百折不回，笑迎挫折和失敗，最終到達成功的彼岸。

技能訓練

1.談談求職應徵中應掌握哪些語言技巧。

2.以小組為單位，互相提出求職的問題，練習機智回答。

3.編演求職應徵的短劇和小品。

4.組織一次模擬求職應徵活動。

第10章　論辯的口才藝術

　　論辯是口才的一種表現形式，是思想、語言藝術的較量，是一種既對立又統一的唇槍舌劍的矛盾鬥爭。口才還需思想，思想還需正氣，這是論辯的真諦。論辯能開發智力，鍛鍊思維和口才。論辯能夠解決人與人之間的矛盾，主觀與客觀之間的矛盾，從而闡明真理，發展科學，提高認識，指導實踐。早在古希臘、古羅馬和中國春秋時代，就有許多膾炙人口的論辯佳話。

第一節 論辯概述

論辯，是一種人際間思想觀點的傳播活動。古往今來，人們在長期利用自然、改造自然以及社會交往中，由於某些觀點和意見的不同，進行口頭上的爭論，透過爭論提出觀點和論據，以明辨是非，探求真理，解決矛盾，達到思想認識上的統一和共識。隨著社會的發展，論辯的作用受到廣泛的重視，大到聯合國大會解決世界性問題的論辯，小到家庭生活中瑣碎小事之爭，論辯可以說是無時無處不在。事不辯不清，理不辯不明。透過論辯，開誠布公，明辨是非，去偽存真，揭露謬誤，求證真理，從而求得問題的解決，推動社會的發展和進步。

一、論辯的概念

「論辯」，又稱「辯論」。「論」是議論、講述；「辯」就是辯解、辯駁。論辯是指運用口頭語言進行爭論，也就是參與對話的雙方，站在相對立的立場上，就同一問題進行針鋒相對的論爭。首先，論辯是一種對話形式。論辯是討論問題的一種良好形式，論辯比討論更民主，因為它給雙方提供了闡述自己觀點、反駁對方觀點的同樣場合及平等的機會。其次，論辯是對同一個問題存在相互對立的思想或觀點。如果不是對同一個對象，或者雖是同一個對象但形不成相互對立的思想、觀點就不能構成論辯。

二、論辯的特點

論辯是一種口語的運用，但又有其獨特的形式。

（一）針鋒相對的思想觀點

在相同論題下，論辯雙方的思想觀點是對立的、矛盾的。論辯的雙方都要在努力維護自己思想觀點正確性的同時，揭露和批駁對方思想觀點的謬誤。

（二）機智靈敏的應對能力

論辯之中，對立的雙方互為制約，但任何一方都無法左右論辯的時間、內容。雖然在論辯之前各方都做了充分的準備，但卻不可能完全把握對方的情況，對臨場出現的意想不到的問題，需要隨機應變，臨場發揮。機智靈敏的應對會造成力挽狂瀾的作用。一是要反應機智、靈敏。對對方提出的問題必須迅速做出反應，否則就可能陷入被動，處於劣勢。二是要應對巧妙、正確。要記住對方發言的要點，捕捉漏洞，快速反應，直擊其軟肋。

（三）周密嚴謹的邏輯推理

邏輯推理是論辯的生命。論辯觀點的論證是一個嚴密的邏輯推理過程。觀點要鮮明，論據要充分，論之有理有據，駁之有節有度。

（四）精心謀劃的戰略戰術

論辯就是舌戰。戰必有略，戰必有術。既要放眼全局，把握總體，謀劃好戰略問題；又要重視眼前，瞄準局部，制定出戰術要點。在戰略上藐視對方，增強必勝信心；在戰術上重視對方，穩紮穩打，各個擊破。

三、論辯的類型

論辯的表現形式很多。一般將論辯分為競選論辯、法庭論辯、學術論辯、學術答辯、政治論辯、競技論辯、表演性論辯、特殊性

論辯等。還有一些劃分方法，如自由論辯、專題論辯和賽場論辯。以參辯方的數量劃分，論辯有雙方論辯和多方論辯；以論辯有無準備劃分，可分為有準備論辯和無準備論辯；以論辯的用途劃分，可分為實用性論辯和表演性論辯等。

四、論辯的語速、語調

論辯的語速是指論辯時有聲語言速度快慢急緩的變化。論辯的語速不同於其他場合。一般來說，朗誦的語速最慢，演講的語速快於論述性文章的播音。論辯賽規則中對每位辯手在陳詞中所用的時間，每個隊在自由論辯中所用的時間都有嚴格的限定。因此，有的辯手以加快語速作為一種策略，以求達到在有限的時間內包含最大的訊息容量。誠然，論辯語速應該快於日常語言的語速，但應快而有當。如果快到像「掃機關槍」，讓人聽不清說些什麼，外觀上也顯得急躁，可謂「欲速則不達」。論辯中的語速以每分鐘平均350字為宜。在咬文吐字清晰的前提下，採用什麼語速合適也要因人、因地而異。活潑熱情的選手語速可快一點，沉穩、理性的選手語速可慢一點；陳詞提問、申訴要點和論據時語速可慢一點，關鍵字眼可一字一頓加以突出；反擊進攻時語速可快一點，以示鋒芒。同一場論辯，就是同一個辯手，語速也應有所變化，配上音調，達到抑揚頓挫的效果。

論辯的語調，是指論辯者在論辯時特定的說話語氣和格調，包括語音的高低、強弱、長短、輕重等因素。對語調的把握要注意語音、語調和語速三者的協調統一。陳詞說理要慷慨激昂，以示立論基礎之紮實；反擊進攻要堅決有力，以示信心和力量；調侃幽默時語速、語調可以有大的起落變化，以渲染氣氛，調動觀眾情緒。在把握不大、暫避對手鋒芒或不得不應對時，語速可以快一點，語調要乾脆利落、吐字吐詞果斷，不能顯露出猶豫或無把握。

男女辯手在語言的把握上應有明顯的差別。女選手柔而不軟，柔而有剛，男選手剛而不凶，既剛且韌；男選手必要時可咄咄逼人（但不宜過多），多用「勢」，女選手宜親切，多用「情」；男選手在堅毅中見機智，詼諧調侃，但不能顯得油滑，女選手於恬靜之中藏機鋒，可略有幽默，不宜調侃。整場比賽剛柔相濟，各具風采。

第二節 論辯的基本技巧

論辯作為以語言為武器的思想論戰形式，是高水準的、綜合素質的較量。論辯不僅需要制定周密的戰略戰術，同時更需要審時度勢，隨機應變，運用各種口語技巧。在論辯中，進攻、防守是最基本的技巧，在複雜多變的論辯中，進攻和防守的方法需要靈活運用，巧妙變化。

一、選準要害，先發制人

進攻，是指論辯的某一方對另一方的論點、論據和論證進行揭露、反駁，或提出詰難和要求回答的問題。其目的在於證明對方論證中的虛假、矛盾和謬誤，置對方於被動挨打的境地。

（一）主動發問

進攻最好的技巧就是主動發問。賽場論辯是有時間限制的。所以賽前辯手都要認真分析辯題，廣泛收集訊息，儘可能多地占有相關資料。

1.設計發問

辯手在賽前設計幾個責難問題主動發問。比如，在「治愚比治貧更重要」的論辯裡：

正方：請反方回答，到底貧窮的根源是什麼？治貧的方法是什麼？請正面回答。

這是以發問進攻反方，引導論辯向縱深發展。在設計發問時，儘量把問題提得難度大一些，刁鑽一些，以此把對方推到被動的局

面中。

2.連續發問

連續發問是論辯中的一種重要技巧，也叫連環追問。在團體論辯中，連續發問是自由論辯時的集體作戰，它不是單個的發問，而是連續提出問題，特別是在對方迴避問題時，在對方無以應對時，都可使用連續發問。連續發問可分為兩種情況：一種是對同一個問題，由不同的隊員重複2～3次提問。另一種是針對一個目的，一個或幾個人從不同角度發問，發起「組合拳」式的進攻，「有一種整體流動的風格」。連續發問可以造成大江東去，風捲殘雲的氣勢，能更好地控制局面。

大專辯論賽「辯題為不以成敗論英雄／英雄自以成敗論」。當正方舉出史可法的例子，試圖證明英雄也會失敗時，反方提問：「史可法去揚州的目的是什麼？」反方其他三位辯手密切配合，連珠發問。正方不得不回答：「史可法是要去守揚州城，可揚州城守住了嗎？」反方：「錯了，史可法明明知道揚州城是守不住的，他去揚州城的目的是捐軀報國。」

透過集體的配合和幾個回合的拉鋸戰，終於透過連續發問顛覆了對方的論據，直擊對方邏輯的要害，從而在這一點上樹起本方觀點的大旗。

（二）選準突破口

突破口要選在要害之處。所謂要害就是實質，就是雙方爭論的焦點。一旦抓住要害，實施有力的打擊，就會動搖對方的立論基礎，收到事半功倍的效果。但是，在論辯中常常會出現這樣的情況：雙方糾纏在一些細枝末節的問題、例子或表達上爭論不休，結果，看上去辯得很熱鬧，實際上無足輕重。這是論辯的大忌。重要的是要在對方陳詞後，迅速地判明對方立論中的要害問題，從而抓

住這一問題，一攻到底，以便徹底地擊敗對方。如「溫飽是談道德的必要條件」這一辯題的要害是：在不溫飽的狀況下，是否能談道德？在論辯中只有始終抓住這個要害問題，才能給對方以致命的打擊。在論辯中，人們常常有「避實就虛」的說法，但在更多的情況下，需要的是「避虛就實」，「避輕就重」，即善於在基本的、關鍵的問題上打硬仗。善於敏銳地抓住對方的要害，猛攻下去，務求必勝，是論辯的重要技巧。

（三）進攻方法

1.指斥法

指斥法是直接指出對方論點、事實或論證中存在的錯誤之處。如在「溫飽是談道德的必要條件」的論辯裡用此法來揭露對方的論點、論據與事實相違背，是不真實的。

正方：據最近的資料表明，二戰中英國人民的溫飽程度是有史以來沒有過的，營養價值在當時食物平均分配製度下是最好的，因此你不能透過這個問題來否認它是在溫飽程度上講道德的。

反方：《邱吉爾傳》告訴我們，那時候好多窮人是怎麼去填飽肚子的呢？是去排隊買鳥食，還買不到啊！

2.歸謬法

歸謬法是假定某一觀點是正確的，然後沿著對方的邏輯把其觀點推向極端，引出荒謬的結論。

有個佛教徒宣傳「輪迴報應」說。他說：「人不能殺生，今世殺了什麼，來世就變什麼。殺豬的人來世變豬，殺狗的人來世變狗……」旁邊有人插話說道：「照你這麼說，大家都去殺人好了。」眾人大笑。

古時候有個富翁死了，他的妻子同管家商量用活奴給他陪葬。

富翁的弟弟不同意這樣做。但嫂子堅持說：「你哥哥死了，在地府沒人侍候，我們就要用活奴陪葬，誰也不能阻攔。」弟弟於是就說：「嫂子和兄長夫妻情深，管家對主人忠心耿耿。如讓別人去陪哥哥我們不放心，倒不如嫂子和管家去陪葬，這樣兄長一定會非常滿意。」富翁的妻子聽了連連搖頭。用活人陪葬的事只好作罷。

3.雙刀法

雙刀法是提出與論點相關的兩種可能性判斷，迫使對方在兩種可能中選擇，但不論先選擇哪一種，都於對方不利。

1946年5月，遠東國際軍事法庭審判以東條英機為首的28名日本甲級戰犯。因排法庭座次，十個參與國的法官們展開了一場激烈的爭論。中國應該排在庭長左邊的第二把交椅，可是由於中國國力不強，而被強權國所否定。在這種情況下，唯一出庭的中國法官梅汝璈，面對列強展開了一場機智的舌戰。他首先從正面闡明，排座次應該按日本投降時各受降國的簽字順序排列，這是唯一正確的原則立場。接著他微微一笑說：「當然如果各位同仁不贊成這種方法，我們不妨找個體重測量器來。然後以體重的大小排座，體重者居中，體輕者居旁。」各國法官聽了忍俊不禁地笑了。庭長笑著說：「您的建議很好，但它只適用於拳擊比賽。」梅法官接著回答說：「若不以受降國順序排座，那就按體重排好。這樣縱使我被置末座亦心安理得，並且以此對我的國家有所交代。一旦他們認為我坐邊上不合適，可以另派一名比我肥胖的來換我呀。」

在這裡，不按受降國簽字順序簽字是不對的，按體重多少來排座次顯然是荒謬的。這兩種方法取哪種都不對，那就只能採取唯一的正確做法，就是按受降順序排座次。在這種嚴肅的場合進行爭辯，採取雙刀法，並運用些幽默，有力地駁斥了對方的荒謬。這樣做，有時比義正辭嚴、聲色俱厲的爭辯效果更佳。

4.步步緊逼法

論辯的一方抓住對方的某一問題，步步緊逼，窮追不捨，直至把對方逼入死胡同。

　　大專辯論賽的一場辯題是家庭和事業哪個更重要。進入盤問階段，反方盤問正方。

　　反方：今天我們兩方都從個人和社會來談，我方明確提出了一個標準，請問對方，你們的標準是什麼？

　　正方：我想剛才我方對標準已經說得很清楚了，就是既看個人也看社會，對個人更有價值，對社會更重要，這就是我們認為家庭比事業更重要的標準。

　　反方：那麼請問對方辯友：何謂價值評價？

　　正方：價值評價，對這個問題，對方辯友真要去研究字典上的定義嗎？難道這麼生活化的問題，我們不能從身邊的小事做起，從身邊的人談起，價值評價不就是誰更重要嗎？

　　反方：今天我們是一個比較性的辯題，那麼就一定需要標準，那什麼又叫價值標準呢？

　　正方：我不大明白對方辯友，為什麼要抓住這個價值標準不放。我想事業可以實現人的人生價值，可是家庭同樣是實現人生價值的途徑之一。有很多家庭主婦，完全沒有事業，可是她同樣受人尊敬，因為她把她的愛，把她的全部精力都奉獻給了家庭。

　　反方：對方辯友還是沒有正面回答我們，何謂價值評價？何謂標準？其實很簡單，一個是主觀的，一個是客觀的。那麼請問對方，你們的標準是依據價值評價來制定，還是依據價值標準來制定的呢？

　　正方：無論是依據價值評價，還是價值標準，都可以論證出家庭比事業更重要。因為我們看到，比起事業，家庭對於個人來說，

對於社會來說，都是更有價值、更有意義的呀。

反方：那麼請問對方辯友：當事業和家庭發生矛盾或衝突的時候，我們應該如何選擇？

正方：兩個字：家庭。為什麼呢？因為家庭它不可以重來，「子欲養而親不待」的時候，您還會覺得那個事業，那個可以從頭再來、東山再起的事業，有那麼重要嗎？

反方：那麼請對方辯友用您方的標準來給我們解釋一下：為何大禹治水九年在外，卻三過家門而不入？

在這場論辯當中，正方拿不出一個價值標準來，企圖以價值評價代替價值標準，混淆視聽，矇混過關，但沒有能逃過反方的眼睛。反方窮追不捨，終於把對方逼入了死胡同。

二、嚴密防守，固若金湯

防守，是指論辯的任何一方積極地、嚴密地闡述本方的論題或者對對方的駁難進行辯護和解答。其目的在於強化陣勢，鞏固防線，並創造反攻的條件。

辯護就是防守。從立論之初就應該為自己辯護做好準備。當對方對自己的觀點或者證據提出一些枝節質疑的時候，可以不予回答，但當對方對自己的基本觀點提出質疑時，則必須簡明扼要地回覆，並進行辯護。只有澄清自己的基本觀點，才能夠有充分的空間和時間攻擊對方，如果不進行必要的辯護，進攻就會顯得強詞奪理，理屈詞窮。

（一）先答後問

先答後問是最重要的防守技巧。答是為了守，問是為了反攻。能否有效地守住陣地，很大程度上取決於辯手怎樣回答對方提出的

問題。對對方提出的問題要堅持有問必答的原則，但在回答中也要把握時機反守為攻，順勢提出問題向對方反擊。對方提問總是認為能造成我方的矛盾，或與客觀事實矛盾，而我方答問則要讓這種矛盾不存在，問題回答得好，陣地就守得牢，隨後提出反問是為了避免總處於守勢。回答對方提問並反問有以下技巧：

1.引申轉化。即不引用新材料，借用對方提出的材料與問題，轉化成與其基本觀點相反的結論，用以反攻對方。

正方：我倒要請教對方同學，30年前我們看到索馬利亞兒童挨餓，為什麼在30年後的今天，更多的索馬利亞兒童還在挨餓？請正面回答。

反方：索馬利亞的治貧效果確實不理想，但是治愚的效果很不錯，並沒有改變貧困狀況啊！索馬利亞的識字率由70年代的5%，上升到80年代的60%，可是它還是那麼窮。

正方本想證明索馬利亞沒解決兒童挨餓問題，是因為它沒有治愚。殊不知反方比他更熟悉索馬利亞，反方敏捷地引申出具體事實，說明其對治愚有一定成效，但這並沒改變索馬利亞惡劣的現實，逼得對方只能另起爐灶，才能提出新的問題。

2.巧妙迴避。有時候對方問題提得確實很尖銳，不好作正面回答，我方可有意識地躲閃其問題的實質，或對其輕描淡寫，盡快轉移到其他問題上。

反方：原來對方同學今天告訴我們，發達國家有了資訊高速公路，就會白送給發展中國家，這個立論成立嗎？請問對方同學。

正方：我要提醒對方，這麼多發展中國家，沒有資訊科技就沒有這次辯論會的成功。對方怎能「端起碗來吃肉，放下筷子罵娘」？

反方本意在問「發達國家會白送資訊高速公路給發展中國家

嗎」，而正方則沒有直接應答這個問題，而是說發展中國家有資訊科技，能有助辯論會的成功，可他並沒有說發展中國家的資訊科技是怎麼取得的。問題迴避得很巧妙，後面的反問更是將迴避掩飾得毫無痕跡。

3.反攻為守。論辯中要抓住機會向對方發難，使論辯的劍鋒轉向對方，這是一種擺脫對方發問的防守技巧。

正方：貧，就是指生活資源的缺乏嗎？一個國家缺乏生產資源就是一個窮國嗎？

反方：我們的「貧」，是根據聯合國的定義，不知您的定義是哪裡來的？

正方本在挑剔反方對「貧」的定義，反方回答是先指定義的來源，但沒有停留在問題的淺層回答上，而是借此機會再反問對方定義有何依據。短短的一句話裡蘊涵著攻與守的快速轉換。其實聯合國的定義並非每個都圓滿得無以推敲，只是在論辯上對方在短時間裡無法做全面反對，利用外界情勢妙答，防守策略經濟。

論辯裡沒有單純的進攻，更沒有單純的防守，論辯的進程是攻與守的不斷演變，論辯雙方都有進攻的權利，不可能哪方始終在進攻，雙方旗鼓相當的論辯總是能攻善守，能根據不同情況選擇攻與守。

（二）其他辯護方法

辯護有直接辯護和間接辯護之分。

直接辯護是正面證明自己的論點、論據、論證的正確性。

間接辯護則不急於證明自己觀點的正確，而是透過迂迴的途徑，最後達到維護自己觀點的目的。

辯護的技巧很多，如例證法、歸納法、類比法、以牙還牙法、

反證法、淘汰法等。

（三）論辯中的靈感思維

靈感思維，也叫直覺思維、頓悟思維，它是在一定知識積累的基礎上，外界因素刺激的誘導下，精神高度集中產生的形象、概念、思維快速撞擊，從而產生的認識突變。

《三國志·秦宓傳》中有一段問答：

張溫：天有頭乎？

秦宓：有頭。

張溫：頭在何方？

秦宓：在西方，詩雲：「乃眷西顧。」由此推之，頭在西方。

張溫：天有耳乎？

秦宓：天處高而聽卑。詩雲：「鶴鳴九皋，聲聞於天。」無耳何能聽？

張溫：天有足乎？

秦宓：有足，詩雲：「天步為艱。」無足何能步？

張溫：天有姓乎？

秦宓：豈能無姓？

張溫：何姓？

秦宓：姓劉。

張溫：何以知之？

秦宓：天子姓劉，以故知之。

吳國派使者張溫訪問蜀國，他很傲慢，秦宓因此在酒席宴上教

訓他。這裡問得奇怪，答得更怪，但一答一問盡在情理之中。

在一次關於《城市交通問題是設施問題還是管理問題》的訓練賽中，一位同學說：「東京的地鐵站已經形成地下5層的結構，而中國還沒有幾個城市能開通地鐵，交通問題正是設施不足帶來的弊端啊。」另一位同學答道：「僅發展設施就夠了嗎？隨著人口的增加，地鐵越挖越深，將來發展到30層40層，是不是那時的東京愛情故事，都要變成鼴鼠的故事了呢？」

這一巧妙的答辯，既形象、生動、貼切地說明了人不可能無限制地利用空間，又從側面體現了管理的重要性。

在一場關於「知難行易」的比賽中有一段辯詞：

「如果知難行易，為什麼孫行者要叫行者，不叫孫知者？」

「你知不知道，孫行者的大名叫什麼？孫悟空。悟是不是知？」

在論辯中，一方用孫行者的名字來強調行的重要性，反方卻緊貼著對方的問題，引出了孫悟空的大名，正好借對方的論據證明了自己的觀點。如果不是對各種知識有全面的瞭解，又怎能回答得如此巧妙？靈感思維需要長時間的慢慢培養，因為淵博的知識底蘊是它的必要條件。

廣博的知識只是靈感產生的基礎，臨場思維的敏捷才是觸發靈感的契機。在論辯中的快速而激烈的問答中，很有可能拋出一些奇怪而難以回答的問題，靈感思維則是轉危為安的法寶。

三、論辯的進攻和防守的關係

在論辯中，攻和守都是必不可少的。沒有攻就形不成交鋒，引不起波瀾，也就不可能達到論辯應有的思想深度。沒有守，就不會

有充分的理論論述，缺少足以說服對方和聽眾的具體內容，也就形不成論辯成敗的基礎。

（一）進攻是論辯的特性

不管是實用性的論辯還是表演性的論辯，進攻都是主要手段。只有對論敵發起強烈的進攻，實施有效的打擊，才能掌握論辯的主動權。俗話說：「先下手為強，後下手遭殃。」先下手就能以銳氣壓制對方，占據主動權；後下手，處於被動狀態，不是處處挨打，就是防不勝防，被人牽制。沒有進攻就不是論辯，只能算討論。

（二）防守是論辯的必然

論辯是雙方的對峙，進攻是主動出擊，防守是鞏固陣地。所以，在一定意義上說，防守就是最有效的進攻。防守是要打好基礎。在論題有了充分、合理論證的基礎上，才能發起進攻，進攻才最有效。沒有穩固的基礎，進攻就沒有後勁，難以克敵制勝。

（三）攻中有守，守中有攻

在論辯的過程中，論辯雙方的攻守總是不斷地轉換的。以攻為守，以守為攻，二者交互使用是對立的統一。攻和守有時又是難以分開的，常常是攻中有守，守中有攻。反駁是攻，但在反駁的同時也闡明了自己的觀點，則又是守。一般的證明和回答是守，但同時向對方提出一些反詰，則又是進攻。

第三節 論辯中常用的反駁方式

論辯場上最考驗人的是反駁，最激動人心的也是反駁和對反駁的反駁。一場論辯賽能否獲勝，很大程度上取決於反駁是否有力。論辯是思維的搏鬥，反駁則是交鋒的藝術。所謂「兵無定勢，水無常形」，或以退為進，或以攻為守，或正面迎擊，或迂迴包抄，這都需依據辯場形勢巧作安排。

一、以理服人，正面反駁

這是最常用的反駁方法。它是用簡單的語言和邏輯推理證明對方觀點的錯誤。這種方法適用於己方準備充分而對方又未加以充分證明的觀點。正面說理反駁由於頗費口舌，在辯論場上只宜用於與辯題最緊密相關的論點上。如關於「體育比賽應不應該引進電腦裁判」中的論辯：

反方：當電腦裁判滿懷自信步入賽場後，過分地強調準確，將嚴重弱化體育比賽的觀賞性和參與性 ......

正方：觀賞的是什麼？是一種體育美，美的基礎是什麼？是真。公平就是對真的一種保證。如果連公平都得不到保證，欣賞性從何而來？

正方用了兩個簡潔的設問和一個反問就把體育比賽的觀賞性與體育比賽的真實性之間的關係講得清楚明了，使對方觀點成了無源之水、無本之木，圓滿地完成了反駁。需要注意的是，簡潔是正面反駁制勝的關鍵。

二、針鋒相對，以牙還牙

論辯場上，倘若對方辯友妙語連珠，千萬不要慌張。針鋒相對的思想就是讓觀眾把給對方辯友的掌聲加倍償還回來。方法很簡單，就是在對方精彩的言辭引導下，立即找到一個相似的卻對己方有利的事實，回敬對方，則給人技高一籌之感。如關於「訊息戰能不能取代傳統武力戰」中的辯詞：

反方：我請問對方辯友：在取得訊息優勢之後，就一定能取得戰爭的勝利嗎？難道說，為了訊息戰的火眼金睛，就不要傳統武力戰的金箍棒了嗎？

正方：金箍棒當然可怕，但卻阻擋不了唐三藏緊箍咒的訊息流。

這樣的反駁不在於展示事物之間的邏輯關係，而在於表現辯手的臨場機智。要想做到這一點，一方面辯手要在平時注意增加自己的知識儲備，另一方面是加強自身的心理素質的培養，在對己不利時保持冷靜與樂觀。

三、順水推舟，將計就計

這一招與前一招類似，都是借對方之力攻其自身。所不同的是，前面以牙還牙是借對方語言的魅力，而順水推舟是借對方邏輯的力量，即用對方的論據證明我方的論點。如關於「訊息戰能不能取代傳統武力戰」中的辯詞：

正方：面對鋪天而來的軟件炸彈、邏輯炸彈，親愛的對方辯友難道還能對著敵人說：「親愛的敵人啊，我們的祖宗家法不可變，讓我們打一場傳統武力戰吧！」你知道敵人在哪嗎？

反方：對方辯友所說的威力無比的軟件炸彈、邏輯炸彈正說明訊息網絡不可靠，所以我們能把國家安全系於「訊息戰」這一根繩上嗎？

正方本來是想說有了訊息戰，傳統的武力再無用武之地，可到了反方那兒，卻得出訊息網絡不安全，不能單純依靠訊息戰的結論來，做得正方一時無言以對。

要想達到這種效果，關鍵在於透徹的邏輯分析。如果能設計一個兩難問題，也就可以「順水推舟」了。正方用的實際就是一個兩難問題：如果訊息戰沒什麼威力，那麼傳統武力戰顯然不會被淘汰；如果訊息戰威力強大，而它又是一場網絡之爭，那麼從防禦的角度來看，單純依賴網絡本身又是危險的，傳統武力戰還是不會被淘汰。經過這樣的邏輯分析之後，反方當然可以「將計就計」了。

四、巧作類比，一針見血

在很多情況下，單純的說理反駁枯燥無味，而且艱澀冗長。如果能恰當地運用類比，既能活躍氣氛，又能使反駁生動形象，易於理解。如「訊息戰能不能取代傳統武力戰」中的辯詞：

正方：請問未來戰爭的制高維是什麼？

反方：訊息。

正方：高位勢支配低位勢，高層次決定低層次，對方辯友既然已經承認未來戰爭的制高維是訊息，也就是說，對方辯友也承認：訊息就是未來戰爭的主導了？

反方：對方辯友的邏輯就是建房子只要最高層，不要下面的基礎。

反方短短一句話，就把正方精心設計的圈套給破解了，這不能

不說是類比的功勞。類比反駁簡單好用，但要注意：①類比的兩對像要相似性強，免得觀眾、評委在極短的時間內反應不過來。②類比的格調要高，切忌想到什麼就比什麼，以免起反作用。③類比的事物一定要大家熟悉，否則毫無效果。

五、未雨綢繆，先發制人

一般情況下，反駁在後，這似乎是理所當然的。但也可以反駁在先。即已料定對方的論點，在對方發言之前，先把對方的這個論點駁得體無完膚，當對方再抬出這個論點時，已經是吃別人嚼過的饃，沒味道了。如辯題「電腦的智慧化可不可能導致人腦的簡單化」：

在比賽中，正方採用了多媒體圖像，使得觀眾能邊聽陳詞，邊看事先準備好的圖像資料。正方料定對手會把人腦的簡單化定義為大腦結構的退化以及功能的喪失。而反方則將人腦定義為意識與物質的統一體，將人腦簡單化定義為：思維的單一化、情感的淡漠化、信仰的虛無化等等。為避免概念上的爭論不休，反方冒險採用了「先發制人」的戰術，在多媒體光碟中，事先做了這樣的圖案：上面是一行醒目的字：「人腦就是這個嗎？」下面是一幅人腦的結構圖。當反方陳詞結束後，對方陳詞過程中的圖像裡，果然有「人腦就是……」下面也是一張人腦結構圖。由於聲像要配合，對方辯手也不敢擅改辯詞。這樣一來，對「脫離人腦的社會性本質談人腦」的致命弱點，就已暴露無遺，反方從此掌握先機，處處主動。

上面「反駁在先」的實例之所以成功，原因是：①賽前透徹地分析了辯題，做到了知己知彼。②賽制決定了不能隨意修改辯詞。③反方立論圓滿，讓人容易接受。否則會弄巧成拙，讓對方後發制人。

六、迂迴進攻，抓住主線

辯論場上處處講究主動，如果只為反駁而反駁，就必然會顯得被動，處處跟著對手跑，即使反駁得很精彩，也非上乘。怎樣才能既有力地駁斥對方，又不知不覺地把對方牽到對自己一方有利的領域中討論呢？意識到對方在說什麼，己方說什麼才有利是首先應當做到的，要頭腦清醒、反應敏捷。如辯題「象形文字比拼音文字更適用於電腦」中的辯詞：

正方：事有不能與不為之別。挾泰山以超北海，是不能也，非不為也。為長者折枝是不為也，非不能也；象形文字更適用於電腦，對對方辯友而言，是不為也，非不能也！為何能而不為呢？請對方辯友正面回答！

反方：對方辯友優美的詞句，如果拿到電腦上讓它去分分詞，它如何能也、為也呢？

首先，在這個辯題中，正方顯然在感情上占優勢，所以正方有希望籠而統之打「煽情戰」；但反方在具體的技術事實上占優勢，所以反方希望談具體的技術細節。依據這種思路，反方辯手找到一個很特殊的角度，既巧妙地反駁了對方，又回到了「分詞」這一具體技術領域，可謂一箭雙鵰。

七、重炮齊射，氣勢磅礡

辯論場上一個常見的現像是，一方先把時間耗完。那麼，另一方如何把握這個有利時機呢？這個時候，經歷了整場自由辯論，能說得清的道理早已說清，觀眾也已疲憊。所以，此時重要的是氣勢，而不是道理。此刻宜駁不宜立；宜排比短句，不宜煩瑣辯理。如辯題「訊息戰能否取代傳統武力戰」中的辯詞：

反方：對方辯友孤立地看戰爭，殊不知不同的政治動因要採用不同的作戰方式。

反方：對方辯友一廂情願地看戰爭，認為只許你打我，不許我打你。

反方：對方辯友靜止地看戰爭，殊不知不同的戰爭進程也有不同的戰爭方式呀！

反方：對方辯友片面地看戰爭，看不到訊息戰也是脆弱的呀！

反方：對方辯友脫離條件地看戰爭，認為索馬利亞人也可以打一場訊息戰。

反方：對方辯友簡單地看戰爭，居然認為一個訊息戰可以包打天下。

反方利用最後的機會，輪番轟炸，幾位辯手心有默契，統一採用類似的句式，氣勢磅礴，產生了具有震撼力的效果。這比拿起卡片乾巴巴地念一番，消耗時間了事要強得多。這樣的「缺席審判」稱之為「打排炮」。自由辯論若處弱勢，排炮可以力挽狂瀾；自由辯論若已占優勢，排炮更能摧枯拉朽。當然，打排炮時也要注意不要太凶，免得給人得理不饒人的感覺；也要做到言之成理，不要使人覺得在「扣帽子」。

第四節 賽場論辯

一、賽場論辯的角色

在團隊的論辯活動中，雙方都各由5人組成代表隊，每個隊有4位辯手和1位後備隊員。一般4位辯手的分工要求是：

1.一辯

一辯重邏輯。一辯擔負從邏輯上分析辯題並從內容上表明立場、確立觀點的使命。一辯為程序性發言，發言稿可以事先做好準備，臨場只作表述。一辯應該儀態大方、舉止文雅、思路清晰、語音清麗（一般一辯多由女性擔任）。

2.二辯

二辯重理論。二辯是實戰開始後的第一人。對於正方來說是「接招」和還擊的第一人。二辯的反擊是否有力會給觀眾和評委留下實戰的第一印象，並關係著全隊的軍心和士氣。二辯擔負著較為抽象的理論闡述，應該有豐厚的理論功底和廣博的知識。

3.三辯

三辯重事實。三辯要以充分有力的事實進行辯駁。這時最需要的是強烈的辯駁意識，需要機智、敏銳，有反應能力。言辭要犀利，語言要風趣、幽默，表達要形象、生動。

4.四辯

四辯重價值分析。四辯擔負著最後的總結陳詞的任務。四辯應該是一位演說家，他既要總結歸納出對方出現的漏洞、謬誤，又要回顧、闡述自己一方已經確立的觀點、論據和結論。

二、論辯前的準備

（一）材料準備

辯題確立後，要對辯題進行調查研究，查閱資料，蒐集資料。然後集體討論，製作卡片，形成較為完整的論辯提綱。

1.辯稿的準備。要注意通俗性、口語性、藝術性、邏輯性、協調性。

2.資料卡片的作用及運用。（１）引起聽眾的興趣。（２）說明辯題。（３）解釋含義。（４）注意的問題。（５）陳述要領。（６）總結說明本方論題的理由。

（二）心理準備

充分研究估計對方。

（三）技術準備

攻守戰略設計嚴密。

（四）組織準備

進行富有現場感的演練。

三、論辯中的八項忌諱

1.忌以勢壓人。

2.忌揭人之短。

3.忌爭吵。

4.忌強詞奪理。

5.忌獨占論壇。

6.忌前後矛盾。

7.忌重複渝唆。

8.忌結論過多。

四、精彩辯論選

辯題是「溫飽是（不是）談道德的必要條件」

謝謝主席，謝謝各位。經過剛才的一番唇槍舌劍，我的肚子的確有些餓了，但是我仍然要把道德問題談清楚。

下面我總結對方的幾個基本錯誤。對方犯的第一個錯誤就是：「李代桃僵。」對方用溫飽等同於生存來構建他們的立論基礎，這顯然是錯誤的。對方犯的第二個錯誤就是：「揚湯止沸。」認為一個貧寒的人只要教唆他追求溫飽就可以了，從來不問用什麼手段，我剛才已經說過，如果到麥當勞裡面打砸搶的話，這難道就能合法地追求到溫飽了嗎？這顯然又是荒謬的。對方犯的第三個錯誤就是：「避實就虛。」對方始終告訴我們溫飽能夠給道德提供更好的條件，但是沒有說不溫飽的情況下絕對不能談道德。對方犯的第四個錯誤就是：「指鹿為馬。」把談道德與談道德的效果混為一談。對方今天的論點可謂是雲山霧罩，讓我們一頭霧水，不知所云。相反，今天我們已經從邏輯、事實上論證了，只要基於理性的人類存在就能夠談道德。下面我主要從價值層面論述我方的立場……

如果美和美的感受不是統一的話，那麼這個感受反映客觀存在的時候，就必然有真假對錯之分，那麼我們談到了那麼多美的角度、美的欣賞，您能告訴我哪一個是對的嗎？和對方清談主觀、客觀，不如我們真的拿出一個具體的客觀實例來。請問對方辯友（譚琦舉出一枝玫瑰），在大家眼中，這是不是同一枝花，但在大家心

283

中是不是有不同的美的評價？傷心的人會說「感時花濺淚」；高興的人會說「花兒會笑我」；憔悴的人會說「人比黃花瘦」；而欣喜的人會說「人面桃花相映紅」。有人說花是有情的，所謂「落紅不是無情物，化作春泥更護花」；有人說花很無情，「癲狂柳絮隨風舞，輕薄桃花逐水流」。原因是什麼？「年年歲歲花相似，歲歲年年人不同」，在客觀上，「花自飄零水自流」，可是我們主觀「一種相思，兩處閒愁」。謝謝！

大專辯論賽決賽辯論。

辯題：（正方）知難行易　　　　（反方）知易行難

主席：從表面上來看，辯論賽彷彿是一種高級的智力遊戲，然而它所引發出來的知識與智慧，特別是辯手們表現出來的個性的風采和整體的青春魅力，我認為都超越了辯論本身。當然，既然是辯論，就總有勝負之分，所以今天坐在場上的兩支隊伍都是「過關斬將，志在必得」。雙方只要稍一留意就會發現這中間有一個很有趣的巧合，從我這個角度來說，正好是男左女右，一邊是「長袖善舞，巾幗不讓鬚眉」，另一邊是「好奇勃發，好男要跟女鬥」。過去我們都說「龍虎鬥」，看來今天要改成「龍鳳相爭」了。

各位觀眾，知難行易與知易行難是傳統文化意義上的經典命題，歷代的諸位賢哲們都為此發出過深深的感嘆，也留下許多著名的論斷。在現實生活當中，知與行究竟孰難孰易，每個人根據自己的人生體驗都會做出不同的回答。希望今天的8位辯手在這個問題上也會做出令人信服的論述。作為正方的辯論立場是：「知難行易」。而作為反方的辯論立場是：「知易行難。」雙方的立場由抽籤而定。

首先我們歡迎正方一辯鐘姍姍發言，時間3分鐘。

正方一：謝謝主席！親愛的評審，各位嘉賓，對方辯友：大家好！洪荒久遠的50萬年前，在我們腳下的這片土地上生活著我們的祖先北京猿人。滄海桑田，斗轉星移，告別了茹毛飲血的過去，他們學會了鑽木取火。火的運用是跨時代的大發現。然而直到一百多年前，科學家才揭開了機械能轉化為熱能的規律，從而科學地說明了鑽木取火的真正奧祕。這就無可辯駁地證明了我方立場：知難行易。所謂「行」是人對外界事物作用的過程，包括對「知」的運用；所謂「知」是指對「行」的認識，解決做什麼、為什麼做和怎樣做的問題。知既是一個過程，又是一個結果。所謂「知難行易」，是說求知得知難，行動使用易。知難行易與說說容易做起來難的言行觀「風馬牛不相及」，切不可混為一談。我方主張知難行易，理由如下：首先，認識發生學告訴我們，行先知後，知難行易。人一生下來便會行，所謂：「手之，舞之，足之，蹈之。」但要成為像對方辯友那樣才學淵博的翩翩君子，寒窗十年苦，談何容易。個人求知無窮盡，人類探索亦無止境。「鑽之彌深，仰之彌堅。」孔子他老人家到了晚年還堅持學習《易傳》，韋編三絕。可見求知難哪！其次，辯證法告訴我們知行密切相關。人類的行為是一個不斷進步的過程，其中，知是關鍵。無知之行只是簡單重複。有了知，才有了自覺行為；有了知，才有了開拓引進。知作為行的認識、概括和總結，是行路明燈，是行動指南；掌握了行的知識和方法才會有成就。知，只有長期艱苦探索才會小有所成，因而知比行顯得更難。再次，日常經驗告訴我們，行之不易，歸根到底是不知或知之不足；俗語說得好：「會者不難，難者不會。」說的就是這個道理。一旦掌握了行的知識和方法，行起來必然如庖丁解牛般遊刃有餘；總而言之，知行相比，知難行易。謝謝各位！

各位觀眾，現在我們來看看反方是如何破題立論的。請反方一辯發言，時間3分鐘。請！

反方一：主席，各位評審，大家好！題目把知、行兩個東西分

開來，就是要我們討論其中的難易程度。如果把純粹的認知與行動弄得混淆不清，那麼難易從何產生？對方辯友所犯的第一個矛盾就是把知包含在行的過程。這時候還有討論行的必要嗎？任何一個時代都需要知行的配合，但不同的時代則需要知行學說。大體而言，知只有兩種，一方面是道德倫理的良知，一方面是科學經驗的所謂知識。接下來讓我從這兩方面，分別論述「知」和「行」之間的關係。第一，環顧當今社會，教育、科技日漸普及，但是人們的道德行為卻是日益墮落。所謂吃、喝、嫖、賭、抽、坑、蒙、拐、騙、偷，社會不安的秩序才是我們所應當面臨的問題。這時我們不禁懷疑，真的是知難行易嗎？難道是知識教育文化不夠？難道問題不是出在具體的落實與實踐方面嗎？我們難道不知道所謂的仁義禮智？我們難道不知道所謂一般的公民道德嗎？傳統儒家告訴我們什麼，所謂：「人性之善也，猶水之就下也。人無有不善，水無有不下。」孟子不也說「仁、義、禮、智」是「人之四端」嗎？王陽明先生更告訴我們，今天所謂的良知是本心所固有的，是生而有之的。因此對於為人處世的一些基本道理，對於所謂一般的倫理道德，這些都是我們本來就知道的，良知更是我們本心所擁有的。這難道不是很清楚很簡單的嗎？難在哪裡呢？難在「行」啊！難在具體的實踐方面。由於人心的懈怠，由於外在環境種種的限制以及變數，所以說行難更甚於知難啊！從第二個方面——科學經驗方面來說，也是知易行難。頂夸克在物理學上早就能夠論證出所謂頂夸克粒子的存在，但是還必須等到加速器產生，我們才能確切真實掌握住這樣的概念。愛因斯坦發明相對論後，人們卻要經過一段長時間的艱辛過程才能創造出原子彈。綜上所述，我們可以發現，一般的通病是什麼？一般的通病就是：說是一回事，做又是另外一回事。所以我方才要在這裡解析什麼是知難行易，什麼是知易行難。唯有認清知易行難的情況，才能夠認清什麼情況你不是不知道，你只是不願意去做。所以知不單只是知，行也不單只是行，知行必須

相互配合。所以明白了知易行難的道理之後，我們就要對症下藥，希望能夠藥到病除！謝謝大家！（掌聲）

主席：現在我們請正方二辯進一步闡述正方觀點，時間也是3分種。

正方二：謝謝主席！大家好！對方辯友提出了一個觀點說：「說是一回事，做又是一回事。」顯然，他們把今天的「知行關係」偷換成了「言行關係」，嘴上說一說就代表你心裡真的知道嗎？鸚鵡經過訓練還能說人話呢，但是我們能夠說這些鸚鵡像對方辯友一樣學識淵博嗎？顯然不能啊！（掌聲）今天，尊重知識、尊重人才、發展高科技、開拓新領域，已成為世界潮流。人類已深深懂得知難行易，唯有迎難而上，方能健步而行。我方之所以認為知難於行，更基於以下原因。第一，創造知識比運用知識更難。今天，人們對電燈已熟視無睹，可當年愛迪生歷經磨難，痴心不改，試過1600多種材料，做了1萬多次實驗，寫下了兩萬多頁筆記。可見知有多難啊！偉大的國父孫中山先生周遊列國，潛心於革命之學，險些命喪於倫敦，終於積心血而成《建國方略》。面對這樣的事實，對方辯友難道還要告訴大家說知很容易嗎？叔本華說得好：偉大的思想家和科學家是人類的燈塔，如果沒有他們，人類將在迷茫的大海中漂泊啊！第二，探索方法比運用方法更難。求知不只包括一般原理，更要掌握具體的方法。傳說遠古時鯀盲目採用水來土掩的方法，結果反而使洪水泛濫成災，而禹以父為鑒，摸索出疏導的方法，終於取得了抗洪救災的全面勝利。第三，認識規律比按規律辦事更難。認識規律是一個積沙撿金的過程。規律不是推銷員，不會自己找上門來，它有待人們不懈探求。改造利用沙漠資源就是一個認識規律的難題，一旦人類攻克了這一難題，沙漠變綠洲就不再是海市蜃樓。綜上所述，知是一個艱難曲折的過程，它需要「天將降大任於斯人」的責任感，需要「吾將上下而求索」的勇氣，更需要「眾裡尋他千百度」的毅力。因此，我方認為知難行易！謝謝

大家。（掌聲）

　　主席現在我們來看看反方二辯是如何反駁正方觀點的。時間也是3分鐘。

　　反方二：大家好！對方辯友告訴了我們怎樣的命題呢？對方辯友只是告訴了我們知而不行只是未知啊！對方辯友，在這樣的命題下，我們看看今天的立論點該站在哪裡。如果是這樣子的話，對方辯友告訴了我們，所有的知識、所有知道的事情都是假的，除非你一一地去實現。舉個例子吧。今天我們知道丟垃圾是不道德的，我也知道不丟垃圾是道德的。那麼當我在丟垃圾的時候，你能告訴我說：我那個時候已經忘記道德嘍，我不知道道德了？等到丟完的時候才恍然大悟地說：我的道德又重新出現了。換句話說，對方辯友告訴了我們什麼？對方辯友在這樣的架構下，只是告訴了我們：知而不行，只是未知。那麼到底什麼是知？什麼是未知？不要忘記一句話：「知之為知之，不知為不知，是知也。」對方辯友不要混淆了。好的，再讓我們從三個方面告訴大家，知雖然可能是很難的，但是行是更難的。首先，在天時方面來講，孟子說過：「雖有智慧，不如乘勢；雖有鎡基，不如待時。」若不是三國的時代趨勢，劉備的三顧茅廬及赤壁的東風巧現，孔明縱然有運籌帷幄之智，也無法大展雄才，大行其道，終將落入「英雄無用武之地」呀。我們再來看看地理環境的限制。憑藉今日建築方面的發達科技我們就可輕易知道建築長江三峽大壩要用什麼辦法，要用什麼材料，但是從動工到完成也必須花上15年的光景。這工程浩大艱辛，全然都是環境所致的。再者，知易行難是我們人類生活中的邏輯。人人都知道男性女性要互相關懷，男性要平等地對待女性。但是經過20年漫長的婦女運動，婦女的地位仍然沒有改善，所以我們才要舉行婦女大會繼續努力呀！（掌聲）再者，我們要告訴大家的是，現今社會的個體不論是環保、女權、民主、法制、教育、和平、文化、道德都體現了知易行難的道理，而唯有認清知易行難的真正含義，才

能使人人去瞭解、去透悟。坐而言不起於行是國人的通病。我們只有對症下藥，才能藥到病除，使人人勇於立行，恥於空談，才能發揮真正中國傳統愚公移山的力行精神！我的申論到此結束！謝謝大家！（掌聲）

主席：現在我們請正方三辯發言，時間也是3分鐘。請。

（略）

正方四：謝謝主席！親愛的評審，各位嘉賓，大家好！剛才我們和對方辯友在知與行孰難孰易的哲學命題中探討了這麼久，求知的過程實在是艱難啊！對方辯友雄辯的口才、誠懇的風度確實非常感人，但細細想來，這似乎並沒有遮蓋住他們立論上的某些偏誤。

第一，對方同學知行不分，把知的功勞都記在行的帳簿上。知行比較應該兩個過程的比較，而對方同學把知看做一個靜止的結果，把行看做一個動態的過程。請問這二者如何可比呢？第二，概念不清。對方一味說知有兩種，一個是「科學之知」，一個是「道德之知」，可對方同學說來說去，都是大談道德，我們今天就不要科學了嗎？道德之知是什麼，對方說是良知，那麼對方說的良知是「天上掉下來的林妹妹」嗎？人們輕而易舉的就能知道了嗎？第三，偷換辯題。對方同學舉了大量事例都在論證言行關係。但我們今天討論的是知行關係，言絕不等於知啊！下面我進一步總結我方觀點。

第一，行先知後。能行未必能知，能知卻必定能行，所以知難行易。第二，行動中可能會遇到些障礙，這歸根到底是因為知之不足，或者知之甚少，要化阻力為動力，人要依靠智慧的指引，所以知難行易。第三，個人探索求知易歷盡艱難，而要眾人達成共識則難上加難。我們和對方辯友剛才辯論得如此辛苦，不就是因為我們大家不能統一思想達成共識嗎？但是只要眾人知了，便能眾心齊；眾心齊了，便能泰山移。所以還是知難行易。今天，我們站在世紀

之交的地平線上，聆聽21世紀文明的濤聲，我們思考的絕不僅僅是知與行難易問題，而是人類如何繼往開來的命運抉擇。回首往事，「知之非艱，行之惟艱」的古訓，令我中華步履沉重。幾千年來中國人的目光只停留在人倫道德的狹小天地，只相信天經地義，天命難違，而科學則被斥責為奇技淫巧。知易行難的傳統觀念使人輕知怯行；而輕知就要落後，落後就要挨打。難怪中山先生激憤地說：「中國近代積弱不振，實為此說之誤也。」立足現代，值得慶幸的是，中國人已經擺脫傳統禮教的束縛，知難行易的觀念正在深入人心。當今中國，科技興國、發展教育已是基本國策；環顧宇內，尊重知識、尊重人才真是蔚然成風。「知識就是力量。」新的科技革命的號角已經奏響，只有知難而上，才能跟上時代的步伐。展望未來，人類仍需孜孜不倦地求知，我們的未知領域還很多。如何永保和平，讓那口銜橄欖枝的白鴿自由飛翔，我們尚無良策；如何更好地保護生態，讓人與自然和諧相處，我們還知之不足；如何從根本上抑制人性的貪婪與自私，讓真善美的甘露遍灑心田，我們仍在探求。求知是艱難的偉業，求知更是永恆的挑戰。讓我們記住阿基米德的名言吧：「給我槓桿和支點，我將撐起地球！」謝謝各位！（掌聲）

主席：剛才這半個多小時的辯論，讓我們看出雙方的確是辯論得難解難分。但是我想，無論這場辯論誰勝誰負，作為觀眾都是受益匪淺的，因為八位辯友的發言為我們進一步思考這類問題提供了更多的豐富素材。在此，我建議我們用掌聲對八位辯友表示感謝！（掌聲）

技能訓練

1.論辯應把握哪些技巧？

2.論辯中常用的反駁方式有幾種？

3.從下面論辯題中任意選擇幾個題，以小組為單位進行專題辯

論。

（1）做人比做事更重要（做事比做人更重要）。

（2）課堂面授優於網上教學（網上教學優於課堂面授）。

（3）跳槽有利於人才發揮作用（跳槽不利於人才發揮作用）。

（4）愛滋病是醫學問題，不是社會問題（愛滋病是社會問題，不是醫學問題）。

（5）大學生學習應以專為主（大學生學習應以博為主）。

（6）現代社會男人更累（現代社會女人更累）。

（7）女性比男性更需要關懷（男性比女性更需要關懷）。

（8）現代社會男女競爭是平等的（現代社會男女競爭是不平等的）。

（9）英雄不以成敗論（英雄自以成敗論）。

（10）幸福的前提是成功（幸福的前提不是成功）。

第11章　推銷的口才藝術

　　推銷是市場經濟的產物。一名出色的推銷員並不是硬要把自己的產品強加給別人，而是想方設法幫助有需求的人實現擁有產品的願望。推銷員是需求者和產品之間的關聯，而舞動這條關聯的手就是推銷口才。

第一節 推銷概述

一、推銷的概念

推銷有廣義和狹義之分。

（一）廣義的推銷

廣義的推銷指推銷主體在一定的推銷環境裡，運用各種推銷藝術，說服推銷對象接受推銷客體所進行的各種相關的活動。它不僅包括科技商品、生活用品、文化用品等有形的產品推銷，也包括各種無形商品如行為觀念、形象、聲譽等的推銷。戴爾·卡內基還提出「推銷自己」的說法，即不斷地想辦法使別人承認我們，使別人賞識我們的知識和能力，使別人購買或租賃我們的東西，使上級把理想的工作交給我們，等等。總之，就是想方設法把自己推銷出去。

（二）狹義的推銷

狹義的推銷專指推銷員銷售產品的行為和活動，即產品的推銷，簡稱行銷。

行銷理論大師科特勒認為，行銷是個人和群體透過創造並同他人交換產品的價值，以滿足需求和慾望的一種社會和管理過程。從行銷策劃的角度，科特勒認為，行銷並不是以精明的方式兜售自己的產品或服務，而是一門創造真正的客戶價值的藝術。「不要透過價格而銷售，而是要將價格銷售出去。」行銷的目的是「創造並獲取價值」。

二、推銷的分類

產品推銷分為廣告推銷和人員推銷。

（一）廣告推銷

廣告推銷具有速度快、範圍廣、影響大、時間長的特點。

（二）人員推銷

人員推銷指經過行銷人員的直接努力，以實現產品銷售。它具有以下特點：

1.簡便靈活。人員推銷是面對面的交談，有利於直接溝通，並有針對性地採取必要的措施，還可以消除顧客的疑慮。

2.直接商洽。透過與客戶的直接交往可以增進相互瞭解，增加信任，培養感情，有利於密切和融洽雙方關係。

3.互惠互利。推銷人員不僅要考慮自己有利可圖，還要照顧客戶的利益，只有雙方互惠互利，推銷才能成功。

三、推銷員應具備的素質

推銷要依靠口才，而口才卻不是憑空而得的，它首先要求推銷者具備一定的素質。

（一）豐富的知識

一名推銷員應該是「萬事通」，要具有豐富的知識，要瞭解和掌握社會知識、文化知識、企業知識、商品知識、用戶知識和市場知識等。對於產品和顧客都應該相當熟悉，否則，當顧客向推銷員詢問時，如果一問三不知，顧客就會喪失購買信心。如果能夠掌握較廣博的知識，對商品的情況瞭如指掌，並且能夠作出充滿趣味的介紹，就能樹立顧客的信心，激發其購買慾望。

（二）熱忱周到的服務意識

有了推銷的熱忱才會有購買的熱忱。具備了這一點，顧客方面有再大的偏見和抗拒，也能克服。如果喪失熱忱，就等於喪失活力。推銷還要有服務意識，要多做換位思考，「我能向他（她）提供哪些服務？」只有周到的服務才能達到好的效果，顧客也能真誠地回報，最終達到雙贏。

（三）敏銳的觀察力和判斷力

古人認為，聖者先機而作，智者見機而行，愚者失機而悔。想要成為一名傑出的行銷人員，不僅要鍛鍊自身的能力，而且還要善於把握機會。善勝者不爭，善陳者不戰，善戰者不敗。對一名行銷者來說，運籌帷幄，計劃準備得越充分，執行運作得越到位，收穫和成就就越多。

商場如戰場，如何在市場競爭中遊刃有餘、始終立於不敗之地呢？那就需要有敏銳的觀察力和判斷力。

古希臘有位哲學家叫泰勒斯，由於精通天象、地理，所以，還在冬天的時候他就預測來年的橄欖要豐收。於是，他用自己所有的錢作為押金，租用了丘斯和米利的全部橄欖榨油器。在古希臘，橄欖收穫之後是要馬上榨油的，人們所保存的是橄欖油。由於當時沒有人跟他爭價，他的租金是很低的。到了收穫季節，突然間需要許多榨油器，泰勒斯就抬高價錢，於是賺了一大筆錢。

泰勒斯具有敏銳的觀察力，他精確地分析，果決地判斷，因而獲得了成功。

（四）想像力

拿破崙說過這樣的話：「想像力支配全世界。」推銷員應該運用富有想像力的語言，栩栩如生地向顧客描述商品的價值以及給客戶的利益。商品和產品是無生命的，而顧客購買商品的標準是靈活的、可變的。透過推銷員的想像力，能夠靈活地從不同角度改變顧

客的標準。

（五）提出合理的建議

推銷的過程，也就是為消費者設計生活、引導消費者創造消費的過程。在推銷商品時，推銷員應抓住時機，果斷地提出意見和建議，開拓客戶的思路，贏得客戶的尊敬和信任，最終達到銷售目的。

（六）熱情誠懇

推銷不是求人，是一種雙方相互關聯、互惠互利的動態過程。英國詩人菲力普·辛尼曾說：「朋友以事相托，勿以事大而躊躇，勿以事小而疏忽。」應樂於完成顧客提出的要求，能辦的事應儘量辦，而且態度要坦率、誠懇。

（七）靈活性

一位高超的推銷員，應能夠巧妙地運用各種推銷手段，消除顧客的不滿，即使是顧客錯了，也不要直接說，而是巧妙地解釋，不能強辯。推銷員要隨機應變，不要一口氣說出商品的全部優點，要在推銷過程中，對商品的優點進行新的補充和解釋，這樣有助於顧客下決心購買。

相關鏈接1

傑出的行銷人要培養的能力

1.基本業務能力

2.基礎行銷理論能力

3.計劃能力

4.執行能力

5.分析能力

6.控制能力

7.策劃能力

8.管理能力

9.書面表達能力

10.口才演講能力

11.訊息收集能力

12.實戰能力

13.獨立的工作與思維能力

相關鏈接2

推銷≠求人

　　如果說客戶購買企業產品是照顧企業的話，那麼企業也同樣照顧了客戶，因為企業為客戶提供了生活、生產所必需的商品或服務。也就是說，企業與客戶的關係是一種互惠互利的關係。美國著名成功學家卡內基的一則行銷案例值得思考。

　　在紐約某飯店，卡內基曾租用一個舞廳用來舉辦講座，每季度只用20個晚上。第一季度開始的時候，卡內基突然接到通知，對方要求他必須付出比以前高3倍的租金。當卡內基接到通知的時候，講座的入場券已經發出去了，而且所有的通告已經公布出去。面對這樣一種局面，卡內基當然不肯多付房租，那麼，他又是如何解決這個問題的呢？

　　卡內基先找到飯店經理說：「收到你的信，我有點兒吃驚，但我根本不怪你；如果我是你，我也可能發出一封類似的信。你身為飯店經理，有責任儘可能增加飯店收入，可是你也不能不考慮增加租金後的利與弊。」接著，卡內基很快地拿出一張信紙，在中間畫

一條線，一邊寫上「利」，一邊寫上「弊」。他在「利」這邊寫下這些字：舞廳空下來。接著他說：「你有把舞廳租給別人開舞會或開大會的好處，這樣可以增加不少收入。現在我們再來考慮壞處方面。第一，你不但不能從我這兒增加收入，反而會減少你的收入。事實上，你將一點收入也沒有。因為我無法支付你所要求的租金。還有一個壞處，這些課吸引不少受過教育、水準高的人到你的飯店來。這對你是一個很好的宣傳，不是嗎？事實上，如果你花500美元在報上登廣告的話，也無法像我的這些課程能吸引這麼多人來看你的飯店。這對一家飯店來說，不是價值很大嗎？」卡內基一邊說，一邊把兩項壞處寫在「弊」的下面，然後把信紙遞給飯店經理，說：「我希望你好好考慮你可能得到的利弊，然後告訴我你最後的決定。」第二天，卡內基就收到了飯店經理的信，說租金只漲50%，而不是300%。

　　卡內基沒有說一句懇請照顧之類的話，但他卻如願以償地得到了減租。假設卡內基做出可憐巴巴的樣子找到經理，訴說自己如何如何艱難，請求經理照顧，這就可能出現兩種結局：一種結局是經理動了惻隱之心，同意照顧卡內基一個季度或兩個季度，但到第三個季度恐怕卡內基自己也不好意思再提照顧了；第二種可能出現的結局是，經理根本不同意照顧，這也合情合理，因為飯店畢竟不是慈善機構，千方百計增加飯店收入也是經理應盡的職責。事實上，無論哪一種結局，都不如卡內基實際取得的結局圓滿。

　　其實對外行銷中，通常不能一心想著自己所需要的，而是要多想對方所需要的，透過幫助對方實現其所需要的，從而實現自己所需要的。正如被譽為「汽車大王」的亨利·福特所說的那樣：「如果成功有何祕訣的話，就是瞭解對方的觀點，並且從他的角度來看事情的那種才能。」

四、推銷口才的特徵

俗話說「貨賣一張嘴」。推銷的過程實質上是說服對方的過程。推銷員的口才在推銷過程中起著非常重要的作用。

推銷的口才具有以下幾個特徵：

（一）禮節性

推銷人員只有及時與顧客交流想法，做好宣傳，才能達到推銷商品、促成交易的目的。在交流過程中要善於運用禮貌用語，比如「您好，歡迎光臨！」「請問，您想看看什麼？」如果是主動上門推銷，更應注意用好禮節性語言。如表示敬意，可用「請教」、「勞駕」、「恭請」、「高見」等；表示謝意或歉意，可用「多謝」、「費心」、「打擾」、「包涵」等；表示謙遜，可用「不敢當」、「獻醜」、「見笑」、「豈敢」、「慚愧」等。

美國夏威夷的旅遊業發展很快，世界各國的遊客對夏威夷留下最深刻的印象是：夏威夷的「阿羅哈」精神，即對待遊客極為熱情、親切、友好，充滿著歡迎與惜別之情。一位澳大利亞的商人說：「陽光、海灘我們也有，但夏威夷的笑臉，你上哪兒去找？」夏威夷的熱情，使僅有100萬人口的小城市，每年接待來自世界各地超過這座城市幾倍甚至十幾倍人口的遊客。

夏威夷的魅力來自於以笑臉為代表的熱情、周全的服務。笑臉成為一座旅遊城市的整體形象，這是這座旅遊城市推銷的品牌。

（二）靈活性

推銷商品要講究靈活性。推銷的語言要因人而異，因物而異，因時而異，不能千篇一律、固定呆板。比如，有人推銷裙子，會根據顧客的年齡、身份、膚色、氣質、身材、高矮不同，而採用不同的推銷語言。沒有人願意無條件地或被人強迫接受推銷，人們都喜

歡按照自己的意願買東西。推銷員要站在顧客的角度思考問題，要徵詢顧客的願望、需求和意見。

一位醫師所在醫院要添置一套X光設備，許多廠商聽到消息，紛紛前來介紹，醫師不勝其煩。一家製造商的推銷員登門時採用了一種高明的技巧，他說：「您好！打擾您，我們工廠最近完成一套X光設備，前不久才運到公司來，由於這套設備並非盡善盡美，為了能進一步改良，我們非常誠懇地請您前來指教。為了不耽誤您寶貴的時間，請您隨時與我們聯繫，什麼時候有時間我們會馬上開車來接您。」

醫師很驚訝，以前從沒有廠商詢問過他的意見，所以這個推銷員的一番話讓他感到了自己的重要性，終於騰出時間去看了看這套設備並最終購買了那套機器。

（三）誘惑性

推銷人員在推銷過程中要極力炫耀所推銷的商品的物美價廉，是顧客最佳的、唯一的選擇。推銷語言要運用多種修辭手法，具有煽動性和誘惑性。

市場上有人叫賣：「瞧一瞧，看一看，停一停，站一站，原價四十塊，現價四塊三。大跳樓，大放血，一次性削價大處理，不買後悔八百年。」

集市上，賣魚人清晨高叫：「新鮮鯉魚，五元一斤！」下午則叫賣：「快來買呀，五元二斤啦！」

（四）風趣性

幽默風趣的推銷語言可以創造生動活潑的氛圍，可以溝通感情，拉近與顧客的距離，在笑聲中解除顧客怕上當受騙的心理，達到推銷商品的目的。

一名個體商販叫賣雞蛋，他故意搔著頭髮、皺著眉頭叫：「弄不明白，弄不懂，為什麼紅雞下白蛋，白雞下紅蛋？」賣菜花時他故意唱：「漂亮的菜花十呀十七八......」結果，他的攤位前人總比別的攤位多。

有的打著為顧客排憂解難的旗號，如：「住樓住樓，用水發愁，不是沒水，水壓不夠。有了無塔自動上水器，住樓用水包不愁。」

這種推銷語言，說起來順口，聽起來悅耳，風趣自然，對顧客很有吸引力。

第二節 推銷的口才技巧

一名合格的推銷員，僅僅有誠懇和熱情是不夠的，還要儘可能地掌握談話的技巧，這樣才能掌握推銷的主動權。世界上沒有推銷不出去的產品，只有推銷不出去產品的人。每天賣出6輛汽車的美國推銷員喬·吉拉德曾經說過：「很多人把我稱為『世界上頭號零售推銷員』，其實他們說得不對，他們不懂什麼是真正的推銷，因為他們忽略了一個真相，我只不過是在推銷這個世界上的頭號產品——我自己而已。」推銷員要講究推銷口才的技巧。

一、主動接近

推銷是推銷員占主動地位的雙向交流活動。只有主動接近，先聲奪人，才能使推銷活動開展起來。

（一）打招呼、套近乎

有禮貌的打招呼是推銷成功的第一步。推銷員見到推銷對象首先打招呼，致問候，這樣可以給人留下良好印象。打招呼、套近乎是推銷員樹立顧客至上思想的具體表現，是推銷的通行證。推銷員對顧客一般不要直言「你買不買」、「你要不要」，而應該運用技巧，先接近顧客，拉上話，從感情上融合起來，再開展推銷就方便多了。

同陌生人談話是推銷中的一大難關，處理得好，可以一見如故，相見恨晚；處理得不好，又能導致四目相對，侷促無言。

一個人出差住在一家旅店，放下旅行包，稍拭風塵，沖了一杯濃茶，邊品邊研究起那位先他而來者：「師傅來了好久了？」「比

您先來一刻。」他說：「聽口音不是蘇北人吧？」「噢，山東棗莊人！」「啊，棗莊是個好地方啊！我在讀小學時就在《鐵道游擊隊》連環畫上知道了。三年前去了一趟棗莊，還頗有興致地玩了一遭呢。」聽了這話，那位棗莊客人馬上來了興趣，二人從棗莊和鐵道游擊隊談開了，那親熱勁兒，不知底細的人恐怕要以為他們是一道來的呢。接著就是互贈名片，一起進餐，睡覺前雙方居然還在各自身邊帶來的合約上簽了字。棗莊客人訂了蘇南某造革廠的一批風桶；蘇南客人從棗莊客人那裡弄到一批價格比較合理的煤。

他們的相識、交談與成功，就在於他們找到了「棗莊」、「鐵道游擊隊」這個都熟悉的共同話題。

（二）約見顧客

約見顧客是推銷的重要一環。在快節奏的生活中，突然直接登門會顯得唐突，一般要事先預約。預約一是有禮貌，這是對對方的尊重；二是能給對方一定的準備時間。

預約的方法有面約、電話約、信函約和委託轉告等方式。無論哪種預約都要表現出對對方的尊重與誠意。

面約是指推銷人員利用與顧客見面的機會當面約見。如：「王經理，您好！有件事我想和您談談。您現在很忙，我明天上午9點來，行嗎？」又如：「王經理，我們這兒來了幾款新電腦，您抽時間過來看看吧。」

電話約見比較便捷，打電話約見時要儘可能避開對方忙碌之時，說話要清晰、簡潔，注重禮貌。比如：「王科長，工作忙吧。我有點事情想同您談一下，您看我明天上午9點鐘過去一下好嗎？」在對方回答後，要說：「打擾了，謝謝。」

約也要講技巧，為了避免被拒絕，不妨採取選擇的方法。如：「總經理，知道您很忙，不敢貿然打擾。您看什麼時候有時間，是

明天上午，還是後天上午？」如果用這種選擇方法，一般就不好拒絕了。

在與客戶會面時，推銷人員要特別注意外在形象和風度儀表。見面要先問候，在必要的寒暄之後要盡快說明來意。同時，還要注意觀察對方的情緒，控制好談話的時間，不要因為自己的拖拉造成對方的反感。

二、選好話題

推銷的談話是很講究藝術性的。有時上來就直接問「訂不訂」、「買不買」或直接宣傳產品的優點，這樣做很可能會碰壁。如果選擇好話題，確定好切入點，先行做好鋪墊，並摸透客戶心理，運用口才技巧進行啟發誘導，就可能收到預期效果。

美國的一名書籍推銷商總是向顧客提出三個問題：

1.如果我送您這套十分有趣的有關個人效率的書，您會讀一下嗎？

2.您如果讀了之後非常喜歡這些書，您會買下嗎？

3.如果您發現這些書不太有趣，您可以把書回寄給我，行嗎？

這名書籍推銷商的話題切入點找得好，這三個巧妙地假設性提問，從哪個角度上講讓人都無法拒絕。

某先生為妻子選購手錶，看中一隻漂亮的手錶，可價格要1080元。於是他說：「這隻錶不錯，只是價格太貴了些。」推銷員連忙說：「這個價格非常合理，因為這錶精確到半年只差十幾秒鐘。」買錶的先生立即說：「對我來說精確與否並不很重要，我妻子戴的那隻100多元的手錶已經有10年了。」聽到這話，推銷員立即加以誘導：「您看，她已戴了10年低檔手錶了，是該讓她戴上

名貴錶，好好高興高興了。」於是這位先生高興地買下了那塊錶。

這位推銷員抓住了「名貴錶」這個話題的切入點，勸說顧客應該讓妻子換下低檔錶，換上名貴錶，好好兒高興高興，因此就成功地把手錶推銷出去了。

迪巴諾的麵包公司遠近聞名，可是紐約的一家大飯店卻遲遲不訂他們的貨。四年來，他絞盡腦汁，甚至於每星期必去拜訪大飯店經理一次，但對方始終無動於衷。於是迪巴諾改變了策略，開始調查大飯店經理究竟對什麼感興趣。不久，他發現總經理是美國飯店協會的會長，熱心於協會工作，並擔任國際飯店協會的會長。凡協會召開會議，不論在何地舉行，他都不辭千里乘機前往。第二天迪巴諾就以協會為話題前去拜訪，果然引起了對方的興趣。在長達35分鐘的談話中絲毫沒有提及麵包的事情，但是幾天後大飯店卻主動訂購了迪巴諾公司的麵包。飯店採購組的組長嘆到：「我真猜不透你使出什麼絕招，讓我的老闆這麼賞識你。」

迪巴諾使出的絕招就是談大飯店經理感興趣的話題，所以成功地推銷出去他公司的麵包。

三、誇獎、讚美

人都有滿足心理和求美慾望，如果能夠得到適當的滿足，就會產生快感，容易接受推銷。

「這位女士，您的腳形真漂亮。這雙鞋的樣式現在正流行，也正好適合您，您穿上一定很好看。您買不買沒關係，試一下就算找個感覺吧。」

「先生好眼力。這套西裝是名牌，價格適中。您穿上這套衣服會顯得特別大氣，衣服的顏色與您的膚色也特別相配。不信您穿上

試一下，肯定不錯的。」

　　巧妙地誇獎、讚美顧客，顧客聽了讚揚的話，有了好心情，再進一步推銷自己的產品，並說明絕不強加於他，一讚，一試，說不定推銷就成功了。誇獎、讚美人要選好角度，看準可誇獎、讚美之處，恰到好處。不要言過其實，吹捧過度，那樣會適得其反。

　　美國費城電氣公司的威伯到一個鄉村去推銷電。到了一所富有的農家，他叫開了門，開門的是個老太太。她見是電氣公司的代表，猛然把門關上。再次叫門，門勉強開了一條縫。威伯說：「很抱歉打擾了您。我知道你們對用電不感興趣，所以，這次並不是來推銷電，而是來買幾個雞蛋。」老太太消除了一些戒意，把門開大了一點，探出頭來懷疑地望著威伯。威伯繼續說：「我看見您餵的明尼克雞種很漂亮，想買一打新鮮的雞蛋帶回城。」聽到他這樣說，老太太把門開得更大一點，並問道：「你為什麼不用你家的雞蛋？」「因為我家的萊多雞下的蛋是白色的，做起蛋糕不好看，我的太太就要我來買些棕色的蛋。」他充滿誠意地說。

　　這時候，老太太走出門口，態度溫和了許多，和威伯聊起雞蛋的事。威伯指著院子裡的牛棚說：「老太太，我敢打賭，你丈夫養的牛比不上你養的雞賺錢多。」老太太被說得心花怒放。長期以來，她丈夫總不承認這個事實。於是她把威伯視為知己，並帶他到雞舍參觀。威伯邊參觀邊讚揚老太太的養雞經驗。威伯對老太太說：「你養的雞真漂亮！」並說，「如果能用電燈照射，雞產的蛋會更多。」老太太似乎不那麼反感了，反而問威伯用電是否合算。當然，她得到了完滿的解答。兩個星期後，威伯在公司收到了老太太交來的用電申請書。

四、幽默和玩笑

在行銷活動中，能說會道、能言善辯是地地道道的才幹。

化妝品展銷會上，消費者問：「你們的產品真的像廣告上說得那樣好嗎？」行銷員說：「您試過之後的感覺會比廣告上說得好。」

一位推銷人員在市場上推銷滅蚊劑，他滔滔不絕的演講吸引了許多顧客。突然有人問：「你敢保證這種滅蚊劑能把所有的蚊子都殺死嗎？」這位推銷員機智地回答：「不敢，在你沒打藥的地方，蚊子照樣活得很好。」這句玩笑話使人們愉快地接受了他的推銷宣傳，幾箱子滅蚊劑很快就銷售一空。

幽默語言在行銷活動中不僅可以營造輕鬆活潑的氣氛，還為行銷工作創造了一個良好的環境。好的語言，會給人留下深刻的印象，由一句話聯想到某種產品，是很好的促銷方式。幽默的推銷語言本身就是一種具有藝術性的廣告語。

五、比較引導

俗話說：「貨比三家。」顧客選擇商品，總是在比較中選擇。推銷人員也要順應顧客的挑選習慣，研究選購心理。推銷人員要把自己產品的優點如實告訴顧客，在與同類產品的比較中宣傳自己的獨特優勢。要注意，千萬不要把別人的產品說成豆腐渣，把自己的說成一朵花，以為這樣可以抬高自己，顧客就會相信併購買。全盤否定別人就是否定自己。

一家公司曾與一專門生產建築材料的廠家發生過摩擦，便拒絕使用該廠的沙石長達十年之久。有一天，該廠的一名推銷人員來到這家公司一位高級主管的辦公室。這位主管卻毫不客氣地對來人說：「對不起，我們已有十年不用貴廠的沙石了。」言外之意是下逐客令。這位銷售人員一聲不響，在地上攤開一張紙，隨即從提包

裡取出一袋沙石用力一倒，辦公室立刻塵土飛揚。銷售人員說：「這是貴公司現在使用的沙石。」隨後，他又攤開一張紙，倒出自己廠生產的沙石。這沙石連一絲塵土也沒飛起來。就這樣，這家公司終於拋棄前嫌，打開了關閉十年之久的大門。

六、直接演示

當場演示產品，現場宣傳產品的性能、優點，透過示範，顧客可以親自嘗試，這種推銷效果是非常好的。人們對近距離的接近產品總是感到新奇，會提出一些問題。推銷員要針對顧客的提問，運用口才藝術，進行現場答覆，這在一定程度上會使產品的宣傳更有針對性。

一家飲水機廠在推銷飲水機的時候，在廣場不僅擺了十幾台飲水機，而且還在顯眼的地方擺上兩台顯微鏡，這是怎麼回事呢？推銷人員介紹：「請看，左邊這台顯微鏡顯示的是自來水的形態，右邊這台顯微鏡顯示的是經過飲水機處理過的水的形態。顧客朋友可以親自上前來觀察。」經過推銷人員的介紹，顧客爭相到顯微鏡下來觀察，發現經過飲水機處理的水分子狀態是清晰的、有規則的；而沒有經過飲水機處理的自來水的水分子形狀是模糊的、無序的。透過對比，顧客對飲水機的用途和效果有了清楚的認識。

相關鏈接

說服顧客的技巧──將「真實」傳達給顧客

在美國零售業中，有一家很有知名度的商店，它就是彭奈創設的「基督教商店」。

彭奈常說，一個一次訂10萬元貨品的顧客和一個買1元沙拉醬的顧客，雖然在金額上不成比例，但他們在心裡對店主的期望，卻

並無二致，那就是「貨真價實」。

　　彭奈對「貨真價實」的解釋並不是「物美價廉」，而是什麼價錢買什麼貨。他有個與眾不同的做法，就是把顧客當成自己的人，事先說明次等貨品。關於這一點，彭奈對他的店員要求得非常嚴格，並對他們施以短期訓練。有時候，店員甚至於還告訴顧客，其他店裡有而他們沒有的貨品。他們會說：「這是一種新出的牌子，我們還沒有深入瞭解它的品質，所以還沒有供應。」

　　當彭奈要實行這一接待技巧時，有很多人表示反對，他們認為這樣做無疑是給別人的新產品作宣傳，但彭奈卻認為如果事先不告訴顧客，他們回去後，萬一聽到別人說，新出的東西如何如何好，他一定會有一種後悔的感覺；但如果事先說明了情形就大不相同，他一定會暗笑那位告訴他的人，買了一件不知好壞如何的東西。

　　彭奈的第一個零售店開設不久，有一天，一個中年男子到店裡買攪蛋器。

　　店員問：「先生，你是想要好一點的，還是要次一點的？」那位男子聽了顯然有些不高興，「當然是要好的，不好的東西誰要」。

　　店員就把最好的一種「多佛牌」攪蛋器拿了出來給他看。男子看了問：「這是最好的嗎？」

　　「是的，而且是牌子最老的。」

　　「多少錢？」

　　「120元。」

　　「什麼！為什麼這樣貴？我聽說，最好的才六十幾塊錢。」

　　「六十幾塊錢的我們也有，但那不是最好的。」「可是，也不至於差這麼多錢呀！」

「差得並不多，還有十幾元一個的呢。」男子聽了店員的話，馬上面露不悅，想立即掉頭離去。彭奈急忙趕了過去，對男子說：「先生，你想買攪蛋器是不是，我來介紹一種好產品給你。」

男子彷彿又有了興趣，問：「什麼樣的？」

彭奈拿出另外一種牌子來，說：「就是這一種，請你看一看，式樣還不錯吧？」

「多少錢？」

「54元。」

「照你店員剛才的說法，這不是最好的，我不要。」

「我的這位店員剛才沒有說清楚，攪蛋器有好幾種牌子，每種牌子都有最好的貨色，我剛拿出的這一種，是同牌中最好的。」

「可是為什麼比多佛牌的差那麼多錢？」

「這是製造成本的關係。每種品牌的機器構造不一樣，所用的材料也不同，所以在價格上會有出入。至於多佛牌的價錢高，有兩個原因，一是它的牌子信譽好，二是它的容量大，適合做糕餅生意用。」彭奈耐心地說。

男子臉色緩和了很多：「噢，原來是這樣的。」

彭奈又說：「其實，有很多人喜歡用這種新牌子的。就拿我來說吧，我就是用的這種牌子，性能並不怎麼差。而且它有個最大的優點，體積小，用起來方便，一般家庭最適合。府上有多少人？」

男子回答：「5個。」

「那再適合不過了，我看你就拿這個回去用吧，擔保不會讓你失望。」

彭奈送走顧客，回來對他的店員說：「你知道不知道你今天的

錯誤在什麼地方？」

那位店員愣愣地站在那裡，顯然不知道自己的錯誤。

「你錯在太強調『最好』這個觀念。」彭奈笑著說。

「可是，」店員說，「您經常告誡我們，要對顧客誠實，我的話並沒有錯呀！」

「你是沒有錯，只是缺乏技巧。我的生意做成了，難道我對顧客有不誠實的地方嗎？」

店員默不作聲，顯然心中並不怎麼服氣。

「我說它是同一牌子中最好的，對不對？」店員點點頭。

「我說它體積小，適合一般家庭用，對不對？」店員又點點頭。

「既然我沒有欺騙客人，又能把東西賣出去，你認為關鍵在什麼地方？」

「說話的技巧。」

彭奈搖搖頭，說：「你只說對一半，主要是我摸清了他的心理，他一進門就是要最好的，對不？這表示他優越感很強，可是一聽價錢太貴，他不肯承認他捨不得買，自然會把不是推到我們做生意的人頭上，這是一般顧客的通病。假如你想做成這筆生意，一定要變換一種方式，在不損傷他優越感的情形下，使他買一種比較便宜的貨。」

店員聽得心服口服。

彭奈在80歲自述中幽默地說：「在別人認為我根本不會做生意的情形下，我的生意由每年幾萬元的營業額增加到10億元，這是上帝創造的奇蹟吧？」

創造市場——將梳子推銷給和尚

有四個行銷員接受任務，將梳子推銷給廟裡的和尚。

第一個行銷員空手而回，說到了廟裡，和尚說沒頭髮不需要梳子，所以一把都沒銷掉。

第二個行銷員回來了，銷了十多把。他介紹經驗說，我告訴和尚，頭皮要經常梳梳，不僅止癢，頭不癢也要梳，可以活絡血脈，有益健康。唸經念累了，梳梳頭，頭腦清醒。這樣就銷掉一部分梳子。

第三個行銷員回來，銷了百十把。他說，我到廟裡去，跟老和尚講，您看這些香客多虔誠呀，在那裡燒香磕頭，磕了幾個頭起來頭髮就亂了，香灰也落在他們頭上。您在每個廟堂的前面放一些梳子，他們磕完頭燒完香可以梳梳頭，會感到這個廟關心香客，下次還會再來。這一來就銷掉百十把。

第四個行銷員說他銷掉好幾千把，而且還有訂貨。他說，我到廟裡跟老和尚說，廟裡經常接受人家的捐贈，得有回報給人家，買梳子送給他們是最便宜的禮品。您在梳子上寫上廟的名字，再寫上三個字「積善梳」，說可以保佑對方，這樣可以作為禮品儲備在那裡，誰來了就送，保證廟裡香火更旺。這一下就銷掉好幾千把。

技能訓練

1.談談推銷的口才有哪幾種特徵。說說推銷口才應把握哪些技巧。

2.有的推銷員，見客人來了，馬上說：「你買什麼？」然後緊跟著顧客，顧客走到哪裡，她（他）也跟到哪裡。這樣似乎很熱情，效果卻不佳。為什麼？假如你是推銷人員，你會怎麼做？

3.下面這個案例有哪些不妥之處？如果讓你來推銷，你會怎麼

說？

　　有一位日用化工廠的推銷員，他看了電影《人到中年》後，考慮到中年知識分子應當受到愛護和照顧，便領了任務，到一個研究所裡去推銷「染髮」、「防皺」的美容化妝品。他是這樣說的：「在座的有不少知識分子。人到中年嘛，如俗話所說『人過四十天過午』，頭上的白髮一天比一天增多，臉上的皺紋一天比一天增重，正一步步向老年邁進，今天我給大家送來了幾種美容商品，雖無返老還童之力，但總可以幫助大家遮遮醜......」顧客越聽心裡越不是滋味，站起來笑著說：「算了吧！人越老學問越多，也許越懂禮貌。我們還是聽任白髮和皺紋自然地增添吧！」說完，客氣地將他請了出去。

　　4.閱讀下面這個案例，分析女推銷員成功的推銷運用了哪些推銷的口才技巧。

　　一名女推銷員來到女大學生宿舍推銷一種新型的小按摩器，一進門便向大家問好：「你們好！」她非常細心地讓這幾名女大學生試用她的產品，卻並不多做介紹，只不過偶爾說：「你們學微機時眼睛累了，可以用這個按摩器，比做眼保健操效果好。」「你們都是很有孝心的，買一個送給父母，下班後也可以輕鬆一下。」或者很親近地說：「我也是剛大學畢業的，可以算作你們的大姐姐。」看到一個人的床頭上的布娃娃，說：「我也有這麼一個布娃娃，真可愛。」最後，問價時，她很巧妙地說：「我在家屬樓賣的是12元，10元是上交公司的本錢，兩元錢是我的辛苦費。但你們是學生，只消費不掙錢，我怎麼能多跟你們要辛苦費呢？算10元錢吧。」話說到這份上，自然沒人砍價了。就這樣，全宿舍八個人，有七個人買了她的產品。

　　5.分析下面這個案例，談一談出版商為我們留下了哪些成功的經驗。

在西方，不少出版商為推銷書籍而絞盡腦汁，奇招層出不窮。有一位聰明人想出了一個絕妙的辦法，他給總統送去一本書，並三番五次地徵求意見。忙於公務的總統不願與他多糾纏，便回他一句：「這書不錯！」出版商如獲至寶，大做廣告：「現有總統喜歡的書出售。」於是，這些書被一搶而空。不久，這個出版商又有書賣不出去，便照方抓藥，再送一本書給總統。總統上過一次當，這次學乖了，便奚落出版商說：「這書糟透了！」不曾想還是中了出版商的計。出版商又以此話大做廣告：「現有總統討厭的書出售！」人們出於好奇爭相搶購，書又售盡。第三次出版商又如法炮製，將書送給總統，總統接受了前兩次的教訓，乾脆緊閉「金口」，不予理睬。但最終仍被出版商鑽了空子，這次他做的廣告是：「現有總統難以下結論的書，欲購從速！」居然又被一搶而空。

6.組織一次模擬推銷活動，瞭解並運用推銷的口才技巧進行推銷。

第12章　談判的口才藝術

　　談判是一門說服人的藝術。在整個談判中，口才始終起著舉足輕重的作用。哈佛大學教授、美國語言學家約克·肯說：「生存，就是與社會、自然進行的一場長期談判，獲取你自己的利益，得到你應有的最大利益，這就看你怎麼把它說出來，看你怎麼說服對方了。」一個懂得談判口才技巧的人，更有希望成為談判的贏家。

第一節　談判概述

　　談判在當代社會是普遍存在的。大到解決國際爭端，小到協調人際關係，都離不開談判。至於簽署經濟合約或勞資協約，與商販討價還價，說服單位長官採納建議，與親人、朋友及鄰居相處等，都與某種形式的談判有關。因而，每個人都可能在特定的條件下成為一個談判者。

一、談判的概念、意義

　　談判是人們為了協調彼此之間的關係，滿足各自的需要，透過協商而爭取達到意見一致的行為和過程。談判就是妥協的藝術，談判是合作的過程，談判雙方應該既顧及己方利益，又要考慮到對方的利益。談判始於雙方需要，即雙方為滿足一種或幾種需要取得利益。談判不是一場棋賽，也不是一場戰爭，雙方都必須感到自己有所得。如果雙方能在一個合作的基礎上談判，就有可能為實現共同的利益而達成協議。可以說，無論什麼樣的談判，雙方都是平等的，所達成的最佳協議應該是符合雙方共同利益的。

　　美國談判學會會長，著名律師尼倫伯格在《談判藝術》一書中所闡明的觀點更加明確，他說：「談判的定義最為簡單，而涉及的範圍卻最為廣泛，每一個要求滿足的願望和每一項尋求滿足的需要，至少都是誘發人們展開談判過程的潛因。只要人們為了改變相互關係而交換觀點，只要人們是為了取得一致而磋商協議，他們就是在進行談判。」談判通常是在個人之間進行的，他們或者是為了自己，或者是代表組織或團體。因此，可以把談判看做人類行為的一個組成部分，人類的談判史同人類的文明史同樣長久。

人類為什麼要談判呢？從本質上說，談判的直接原因是因為參與談判的各方有自己的需要，或者是自己所代表的某個組織有某種需要，而一方需要的滿足又可能無視他方的需要。因此，談判雙方參加談判的主要目的，就不能僅僅以只追求自己的需要為出發點，而是應該透過交換觀點進行磋商，共同尋找使雙方都能接受的方案。

　　發展中國家與工業發達國家談判建立一個合資企業，由發展中國家提供生產場地，發達國家提供先進技術。舉辦這樣一個合資企業，發達國家方面的目的和需要是利用技術上的優勢，透過舉辦合資企業的形式，繞過直接貿易的障礙，開拓發展中國家廣闊的市場或擴大原有市場占有率，以期獲得長期豐厚的利潤。而發展中國家方面的目的和需要是利用先進技術，提高本國的生產水準，獲得豐厚利潤，進而積極爭取出口，開拓國際市場。顯然，雙方的目的和需要都會涉及和影響他方需要的滿足，在談判中任何一方都是既統一又矛盾的。其統一性表現為，如果雙方都要達到各自的目的，就必須透過建立合資企業來實現。其矛盾性表現為，發達國家方面提供技術的目的，是要開拓發展中國家的市場，獲得高額利潤；發展中國家的主要目的，是吸收外國先進技術，提高國內技術水準，積極發展出口，而不是單純讓出國內市場。

　　總之，沒有市場，擁有先進技術的發達國家就不感興趣；同樣，沒有先進技術，發展中國家就難以接受。對發展中國家來講，是以市場換技術，對發達國家來講，則是以技術換市場。這是談判雙方既統一又矛盾的利益關係。雙方就是帶著這種既統一又矛盾的需要和目的來參加談判的。透過談判，尋找雙方都能接受的方案，使矛盾在一定條件下達到統一。

　　從事談判的人要具有易於與他人溝通感情的外向型性格，舉止要文明，言談要規範，反應要機智，態度要熱情，處事要靈活，遇

事要冷靜，特別是當談判過程中出現棘手問題時，要有敏銳的洞察能力和機智靈活的應變能力。

二、談判的要素、種類、環節

（一）談判的要素

一般來說，談判有三個要素，即談判者、談判時間和談判情報。

（二）談判的種類

1.按性質劃分，可以分為一般性談判、專門性談判和外交性談判。一般性談判指人際交往中的談判。這種談判隨意靈活，無處不在。專門性談判是指各個專門領域中的洽談，是有準備的正式談判。如中國加入世界貿易組織的談判、商貿洽談等。外交性談判指國家與國家之間的政治、軍事、科技、文化等領域的談判。

2.按談判的主題劃分，有單一性談判和綜合性談判。單一性談判，談判的主題只有一個，目標比較單一，時間較短；綜合性談判，是由多個議題構成的談判，如一個國家長官人率領政府代表團赴某國訪問，訪問期間要與這個國家進行有關經濟貿易、文化交流、科技合作等多方面的談判。其中有些談判議題是交叉的，所用的人員較多，時間較長。

3.按談判層次劃分，有國家間談判、團體間談判和個人間談判。

4.按談判的形式劃分，有正式談判和非正式談判等。

（三）談判的環節

一般說來，正規的談判，可以分為6個階段。

1.導入階段。這個階段主要是談判雙方的參與人員透過介紹互相認識。透過介紹可以瞭解參與談判人員的姓名、身份、地位、職務等。在導入階段，最好創造一個輕鬆愉快、和諧融洽的氣氛，談些社會趣聞或家庭事務方面的事情，時間不宜過長。

2.概說階段。這個階段是想讓對方瞭解自己的目的和想法，同時隱藏不想讓對方知道的其他資料。所以，剛開始談判時，只是單純地說出基本想法、意圖和目的而已。

3.明示階段。這個階段談判雙方必然會有不同的意見和想法，要透過談判逐步達到意見的一致和相互之間的諒解。因此，既要站在自己一方的立場上據理力爭，又要適當滿足對方的要求，達到雙方互利的目的。

4.交鋒階段。這個階段談判的雙方真正開始互相對立。對立是談判的命脈，各方都應朝著自己所求的方向不懈努力，要堅定自己的立場，必須有充分的準備，隨時回答對方的質詢，提出己方的要求和條件。不能以勢壓人，不能採取各種不正當的手段，而應該摸索建立雙方承認、容忍的原則，進一步闡明各自的要求、意願。

5.妥協階段。這個階段談判的雙方已經建立承認的原則，開始尋求妥協的途徑。妥協是談判不可缺少的部分，誰先妥協，怎麼妥協，互相讓步，讓步到什麼程度要對自己一方可退讓的範圍做到心中有數，也應該透過觀察、瞭解、推測對方妥協的範圍，以達到己方有利或滿意的目的。

6.協議階段。這個階段之前，經過雙方的交鋒和妥協，雙方認為已基本達到各自的目的，便表示拍板同意。然後，由雙方在協議書上籤字，握手言和。

三、商務談判

商務談判是當事人之間為實現一定的經濟目的，明確相互的權利義務關係而進行協商的行為。商務談判是指不同利益群體之間，以經濟利益為目的，就雙方的商務往來關係而進行的談判。商務談判一般包括貨物買賣、工程承包、技術轉讓、融資談判等涉及群體或個人利益的經濟事務。

商務談判是一項集政策性、技術性、藝術性於一體的社會經濟活動，它包含經濟活動的特點，同樣具有一般談判的特徵。

（一）商務談判以獲得經濟利益為基本目的

在滿足經濟利益的前提下才涉及其他非經濟利益。所以，人們通常以獲取經濟效益的好壞來評價一項商務談判的成功與否。

（二）商務談判以價值談判為核心的

因為在商務談判中價值的表現形式——價格最直接地反映了談判雙方的利益。在商務談判中，一方面要以價格為中心，堅持自己的利益，另一方面應該拓寬思路，設法從其他利益因素上爭取應得的利益。

（三）商務談判注重合約條款的嚴密性與準確性

商務談判的結果是由雙方協商一致的協議或合約來體現的。合約條款實質上反映了各方的權利和義務，合約條款的嚴密性與準確性是保障談判獲得各種利益的重要前提。因此，在商務談判中，談判者不僅要重視口頭上的承諾，更要重視合約條款的準確性和嚴密性。

第二節 商務談判的口才特徵及技巧

在商務談判中，瞬息之間，利益攸關，唇槍舌劍，風雲變幻。在雙方勢均力敵的情況下，口才是決勝的重要法寶。在一方處於弱勢的情況下，良好的口才更是謀取最大利益的有效方法。

一、商務談判的口才特徵

談判的主要工具是語言。談判是「談」出來的，在談判過程中，表達觀點、交換意見和看法都離不開「談」。談判需要伶牙俐齒，妙語連珠，更需要具有良好的邏輯思維能力、清晰的語言表達能力，必須在克己敬人、寸土必爭的前提下，在談話之中保持自己應有的風度，始終以禮待人。

（一）目的的功利性

商務談判者都是為了滿足自己的功利需要而走向談判桌的。

（二）談話的隨機性

談判者要根據不同的對象、內容、時機、需要，隨時調整自己的語言表達方式，包括不同的句型、語氣、修辭，隨機應變地發揮自己的口才優勢，與對方周旋於談判桌上。

（三）用語的機智性

談判是智慧的爭鬥，更是口才的角逐。談判高手總是運用高超的口才藝術，戰勝對手。或以小見大，微言大義；或旁敲側擊，循循善誘；或言必有中，一語破的；或疾風暴雨，口若懸河。

二、商務談判的口才技巧

在談判中口才是至關重要的。有人說，談判技巧的最大祕訣之一，就是善於將自己要說服對方的觀點一點一滴地滲透進對方的頭腦中去。意思是說，從不同的角度，運用有說服力的語言，向對方說明自己的觀點和意見，闡明雙方的利益，使對方明白這些觀點和建議都是有益的。

談判的成敗在很大程度上取決於談判中的口才技巧。談判語言的巧妙運用可以有效地控制談判進程，及時調和意見，化解分歧。

（一）語言表達的技巧

1.語言要有針對性。談判中所說的每一句話，一定要有很強的針對性，不要虛套和寒暄。這樣才能建立自己的優勢，控制全局，實現雙贏的目的。

2.表達委婉。在表達的時候，要用婉轉的方式，特別是在拒絕對方時，一定要表達得比較委婉。

3.使用無聲語言。在談判中停下來，用無聲、沉默的方法來面對談判對手。無聲的語言往往會在談判的關鍵時刻產生出人意料的效果。

（二）發問的技巧

發問是在談判過程中，有針對性地讓對方回答問題的一種請求，是瞭解談判對手的有效方法。透過發問不僅能獲得平時無法得到的訊息，而且還能證實以往的判斷。恰當的發問，能引導雙方進入實質性談判，也往往能駕馭談判進程。對要提出什麼問題，事前要做好充分準備。如要談的主要問題，應該先談什麼，有哪些敏感的問題不要去碰，採取什麼方式等，既要善於提出對方企圖迴避的問題，又要把握提問的時機。在對方發言時不要隨便插言，提出設

問一般是在自己發言之前，在對方發言後提出反問，也可以在對方發言間歇或談判處於冷場時提問，以推動談判的進程。提問要緊緊圍繞中心話題：或單刀直入，切中要害；或迂迴曲折，循循善誘；或突然襲擊，使對手猝不及防；或步步緊逼，使其不能喘息。

1.談判發問的形式

（1）一般提問。如：「你認為如何？」這種提問沒有限制，回答也不可控制。

（2）直接提問。如：「誰能解決這個問題？」這種問題單刀直入，提問有限制，回答可以控制。

（3）暗示提問。採取迂迴曲折的方法，提出問題給對方以暗示，意在說明言外之意。

（4）探詢提問。實際上是一種反問。如：「這種產品的功能還不錯吧，你能評價一下嗎？」這種發問是可以控制的。

還有鼓勵性提問、連續性提問、冷場或僵局時的提問等。

2.巧妙的發問可以收到的效果

（1）引起對方的注意；

（2）可獲得己所不知的訊息；

（3）藉著問話向對方傳達自己的感受；

（4）引起對方思緒的活動；

（5）做結論用，藉著問話使話題歸於結論。

3.談判中的巧妙發問

在商務談判中，關於對方的底價、什麼時間簽合約以及談判人員的權限等這些方面是非常重要的，這些內容屬於商業機密。誰掌握了對方的這些底牌，誰就在談判中贏得主動。談判的任何一方都

想事先知道對方的價格、時間以及權限，哪怕只是其中的一個內容。可以用探測的技巧，巧妙地運用語言探測對方的底牌。主要有四個方法。

（1）火力偵察法

所謂火力偵察法就是先主動地拋出一些帶有挑釁性的話題，來刺激對方表態，然後再根據對方的反應判斷虛實。如：

甲方說：你的價格太貴。

乙方說：我是貨真價實。就怕你一味貪圖便宜，商業中流行著這麼一條準則，叫做「一分錢一分貨，便宜無好貨」。

乙方拋出這段話，是要看看甲方到底是不是真的認為價格太高，這樣可以從中探究出甲方的價格承受能力。

（2）迂迴詢問法

這種方法一般不用在談判桌上，而是在談判桌以外的地方。例如：

我方做主場，客戶做客場，互為談判對手。客戶來了，我方先帶他吃，帶他玩兒，然後在吃和玩兒的過程中降低對方對我方的防範心理，比如問他：「您到這裡出差，希望什麼時候回去，我們來幫你訂返程的機票。」他可能無意之中就透露了他的返程時間，我方至少知道一個底牌，也就是他要在什麼時間回去，他在回去之前，肯定要跟我方的談判有一個結果。

這就是迂迴的詢問法，透過迂迴的方法使對方鬆懈下來，趁其不備，然後巧妙地摸清對方的底牌。

（3）聚焦深入法

先就某一方面的問題做一個掃描式的提問，先大面積地去問，得到回覆之後，對於最關心的，也是對方的隱情所在，再進行深入

的詢問，不斷地提問題，最終把問題的癥結所在找到。先掃描，然後找到隱藏的問題，這就是聚焦深入法。

（4）試錯印證法

在與對方的合作中有意地犯一些錯誤，比如唸錯一個字，或者用錯詞語，或者把價格算錯、報錯，這樣誘導對方表態。然後再根據對方的表態借題發揮，最後達到目的。

假設我們是賣方，而對方是一個對數字很敏感的財會人員。我們在產品羅列之後，故意地不把其中的2000元錢加到總價裡，少2000元錢。對方作為一個很謹慎的財會人員，很容易發現這個錯誤。他發現價格便宜了2000元錢，覺得有空子可鑽，他就會希望在我們還沒有發現這個錯誤之前，盡快達成協議。然後利用他的這種貪小便宜心理，在達成協議之前，我們可以把這個錯誤的數據拿給長官看。然後告訴對方少算了2000元錢，對方可能會賴帳，這時候可以跟他說，如果不承認，就要從我的工資裡扣。人一般都有同情心，他不會希望從工資裡把錢扣出來。他的精力都集中在我們故意犯的這個錯誤上，而忽略了其他的大局，這樣使談判很容易成交。

（三）回答的技巧

回答是就對方提出的問題做出解釋。在談判場上，對手提出許多問題需要回答，只有回答得當，自己一方的利益才能得到維護。談判中，每一句話都負有責任，因為對方可以把回答的話認為是一種承諾。這就給回答問題的人帶來一定的精神負擔與壓力。

回答問題時要做到以下幾點：

1.對有十分把握的問題和原則性的問題要給予明確答覆，做出肯定性回答。

2.有時需要不確切地回答對方的問題。對於對方提出的聽不

清、不甚瞭解或一知半解的問題，不要輕易做出肯定性的回答，或只做出部分回答，或模糊回答，或另出題叉開。這為以後或下一步做出全面、正確和有力的回答留出迴旋餘地。不要透過回答對方的提問，過早地暴露己方的實力。通常可以採用先說明一件類似的情況，再拉回正題，或者利用反問把重點轉移。例如：

「是的，我猜想你會這樣問，我可以給你滿意的答覆。不過。在我回答之前，請先允許我提一個問題。」

若是對方還不滿意，可以這樣回答：「也許，你的想法很對。不過，你的理由是什麼？」

「那麼你希望我怎麼解釋呢？」

3.不要徹底回答所提問題。對那些不便回答或不便正面回答的問題，可採取轉移話題或答非所問的方式。

當對方對某種產品的價格表現出關心，直接詢問產品的價格時，可以這樣回答：

「我相信產品的價格會令你們滿意的，請先讓我把這種產品的幾種特殊性能作一說明好嗎？我相信你們會對這種產品感興趣的……」

當談判各方正襟危坐、言談拘謹時，一句幽默的話語往往能妙語解頤、舉座皆歡，使雙方的關係更加融洽輕鬆。

某廠長在接待來訪者時，對方稱讚他說：「你在廠裡是很有魄力的頭兒嗎？」廠長說：「那當然，不僅廠裡我是頭兒，在家裡我也是頭兒。」「那你妻子呢？」「她是脖子，頭想往哪轉都得聽脖子的。」雙方都開懷地笑了，感到一種隨和親近的關係。

4.當對方提出的問題不符合或違背自己的利益時，不要直言反擊，應該用委婉的話語拒絕。

5.回答問題時要減少問話者繼續追問的興趣和機會。問話者如果發現了對方的漏洞，往往會刨根問底地追問下去。所以，回答問題時要特別注意不讓對方抓住某一點繼續發問，可以適當採取迴避問題的方法。此外，利用讚美也是一種迴避話題的辦法。如：

「貴公司質量管理方面成績卓有成效，可否請你們談一談這方面的經驗？」

對談判中對方做出的讓步或自己經過爭取得到利益時，要及時表示滿意，提出讚美或謝意。這樣做會進一步融洽關係，增進感情，推動談判順利進行。

6.談判遇到挫折或陷入困境時，不要使用急躁性語言，不要說過頭話。應該適時地轉移話題，或以輕鬆幽默的話語調節、緩和氣氛，以便打破僵局，走出困境，繼續談判。

在中國入世談判的最後關頭，某西方大國在一些具體問題上提出了許多過分的要求，致使協議無法簽約。談判桌上，雙方劍拔弩張，互不相讓，面對行將破裂的談判局面，中國加入世貿組織的首席談判代表、外經貿部副部長龍永圖處變不驚，鎮靜而風趣地奉告對方：「從大局出發，你們提的那些要求，充其量不過是小小的芝麻。」他邊說邊用小拇指比劃著，「公平地與中國做買賣則是個大西瓜。」說完又用兩手比劃成西瓜狀，「我們中國有句俗話說得好，『與人方便，與己方便』，一味地抬高要價，勢必丟了西瓜撿了芝麻。再也不會有更好的出價了，這樣好的條件不接受，你們會後悔的。」龍永圖一番妙喻，不僅化解了令人窒息的緊張氣氛，還使對方聽從了規勸，心甘情願地與中國代表團簽了字。

總之，知而不問，問而不知。在談判中情況千變萬化，需要不斷摸索，善於總結，掌握好回答問題的技巧。

（四）說服的技巧

說服對方實現自己的願望是談判的目的。說服就是採取一定的方式，讓談判對手改變初衷，同意、接受自己的意見、觀點，使自己的目的得以實現。

　　談判中的說服，要堅持以下幾條原則：

　　1.不要只說自己的理由。

　　2.分析對方的實力。

　　3.研究對方的需求。

　　4.窺測對方的心理。

　　5.不要急於奏效。

　　6.消除對方的戒心。

　　7.改變對方的成見。

　　8.瞭解對方的特點。

　　9.尋找雙方的共同點。

　　10.不要一開始就批評對方。

　　11.態度要誠懇。

　　12.不要過多地講大道理。

　　13.要注意場合。

　　14.不要把自己的觀點和意志強加給對方。

　　15.平等相待。

　　16.巧用相反的建議。

　　17.承認對方「情有可原」。

　　18.不要指責對方。

19.尊重對方的人格。

20.考慮談判的第一句話。

要想在談判中獲勝，說服是一種很重要的藝術。只有掌握高明的說服技巧，才能在變幻莫測的談判中左右逢源，達到自己的目的。一名稱職的談判人員應是說服的高手。

下面介紹幾種說服的方法。

1.擺事實，講道理。在談判中，談判的雙方是平等的，雙方都必須遵守公共的準則，不得採取不正當的手段來取得談判的成功，也不能以勢壓人。在某個問題發生爭論時，關鍵是要以理服人。因此，擺事實、講道理就顯得非常重要。但「理」不應是空洞的，而應有科學根據，有確鑿的事實。說理在談判中占據重要作用，同時應注重說理的方法和技巧。重要的是以科學為基礎，以事實為根據，才能使談判立於不敗之地。

2.動之以情，曉之以理。商務談判中的情感是理論的激活素，情理交融是談判成功的原動力。

法國企業家拉梯哀專程來到新德里，找拉爾將軍談一樁飛機銷售的大買賣。拉梯哀到了新德里，幾次約將軍洽談，都沒能如願。最後總算找到通話的機會了，可他隻字不提飛機合約的事，只是說：「我將到加爾各答去，這只是專程到新德里以私人名義來拜訪將軍閣下，只要十分鐘，我就滿足了。」拉爾勉強地答應了。

將軍：您好！拉梯哀先生！

拉梯哀：將軍閣下！您好！……我衷心向您表示謝意……

將軍：……？（將軍一時莫名其妙）

拉梯哀：因為您使我得到一個十分幸運的機會，我在過生日的這一天，終於又回到了自己的出生地。

將軍：先生！您出生在印度嗎？

拉梯哀：是的。1929年3月4日，我出生在貴國名城加爾各答。當時，我的父親是法國歇爾公司駐印度代表。印度人民是好客的，我們全家的生活得到很好的照顧......在我過三歲生日的時候，鄰居的一位印度老大媽送我一件可愛的小玩具，我和印度小朋友一起坐在大象背上，度過了我一生中最幸福的一天......

將軍：您能來印度過生日真是太好了，今天我想請您共進午餐，表示對您生日的祝賀。

（汽車駛往餐廳途中，拉梯哀打開公文包，取出一張顏色已經泛黃的照片，雙手捧著，恭恭敬敬地展示在將軍面前。）

拉梯哀：將軍閣下，您看這個人是誰？

將軍：這不是聖雄甘地嗎？

拉梯哀：是呀！您再瞧瞧左邊那個小孩，那就是我。四歲時我和父母一道回國，途中，十分幸運地和聖雄甘地同乘一艘船，這張合影照就是那次在船上拍的。我父親一直把它當做最珍貴的禮物珍藏著。這次，我要去拜謁聖雄甘地的陵墓......

將軍：我非常感謝你對聖雄甘地和印度人民的友好感情！

午餐是在極為親切融洽的氣氛中進行的，當拉梯哀告別將軍時，這宗大買賣已經成交了。

拉梯哀用的是情理交融法，先是只要十分鐘的專門拜訪，讓人無法拒絕，見面是感謝的話，使將軍一頭霧水，接著談出生地與生日。他口裡講的是印度人民對自己的友好，眼裡盯的還是將軍：作為印度人民的兒子和代表的將軍你呢？將軍果然被感動，請他共進午餐，時間上更充裕了，他又拿出照片，於是同將軍有了更多的語言，直至簽訂飛機銷售協議。

3.採用激將法。激發對方的自尊心和自信心，使對方接受自己的意見、要求。俗話說：「請將不如激將。」在談判中，透過一定的言語或行動刺激對方，激發對方的某種情感，引起對方的情緒波動，心態上發生變化。

《三國演義》中的孔明智激周瑜就是一個典型的案例。曹操大兵壓境，諸葛亮下江東，一席話三激周瑜，使溫文儒雅的周瑜暴跳如雷，最後達成了孫劉聯盟抗曹的協議。

談判中的激將法，不僅包括像孔明智激周瑜這樣激發對方積極情感的正激將，還包括激發對方消極情感的負激將。

日籍華人，著名經理人夏目志郎先生有一次到精密儀器商社推銷節目帶，面對綽號為「頑固老頭」的董事長，他滔滔不絕的雄辯無濟於事。這位董事長20分鐘之內一直保持沉默，對夏目志郎繪聲繪色的攻勢無動於衷。夏目志郎於是轉變方法，開始使用激將法。

夏目志郎說：「將您介紹給我的人說得一點兒也沒錯，您任性、冷酷、嚴厲、沒有朋友。」

董事長臉色變紅，而且抽動著粗大的眉毛。對夏目志郎的話開始有反應了。

夏目志郎接著說：「我研究過心理學，所以依我的觀察，您是面惡心善、寂寞而軟弱的人，您想以嚴肅和冷淡築起道貌岸然之牆來防止外人侵入。」

董事長終於露出了笑容，並說：「我的確是個軟弱的人，常常無法控制自己的感情，還有很多缺點。」董事長又一次露出笑容，真是可愛，剛才那種不和悅的態度也改變了。從這時起，他倆成了朋友。

當天，董事長向夏目志郎買了五套節目帶，給了夏目志郎

384000日元的支票。董事長的侄子也買了一套節目帶。一上午，夏目志郎的收入合計460800日元。

這種激將法就是面對面直出直入地貶低對方，刺激他，羞辱他，激怒他，以達到使他「跳起來」的目的。

4.注意尋找對方的心理需求，表達適當做出讓步的意願，以心交心，以心換心，從而實現雙贏。

一人去家具店買沙發，相中了一套標價為1180元的黑色沙發，下面是買賣雙方的對話。

賣方：大哥來我這地兒買沙發算選對地方了。我這裡是高、中、低檔都有，價格絕對公道，保證讓你買著放心，用著舒心，看著開心。

買方：你的生意經唸得不錯呀！銷路也一定不錯吧？

賣方：哪裡，現在是淡季，買賣難做呀！

買方：你的家具定價挺讓人心動的，全都是6、8等吉利數字。看來你對購買者心理摸得挺透啊！

賣方：談不上摸透，效仿而已，效仿而已呀！

買方：這套1180元的沙發多少錢能賣？

賣方：看您是位爽快人，您給1001元——就圖個千里挑一吧。實話告訴您，像這好樣式的沙發，低於1100元的價我還沒賣過。

買方：是嗎？我能比別人少花99元，深感榮幸。不過，價還是高了點。

賣方：大哥，再要降價，您可真叫我為難了。

買方：不會吧，老弟？1001元，這只是有形的價，無形的錢

你算過嗎？……現在的市場行情，你肯定比我清楚。像這套沙發，你如果堅持這個價格，一個星期之內不見得賣得出去，到時候再要賣，恐怕你連1001元也賣不到了。如果你現在以合理的價格馬上把它賣出去，然後抓緊時間再購進一套，再賣出去。這樣一週之內就可以賣出兩套甚至三套。薄利多銷，這錢不就賺出來了嗎？再說，你的家具比別人賣得快，還會提高你家具店的聲譽，聲譽提高就會擴大市場，有了市場還愁沒錢賺？現在人們不是常說時間就是金錢、效率就是生命嗎？

一席話，說得老闆連連點頭。最後雙方以880元的價格達成了這筆交易。

買方在一番話中，使用了為對方著想和讚美對方的技巧。

雙方交談的核心是利益問題——賣方為了利益而儘量賣高價，買方為了利益而儘可能壓價。買方為了達到目的，千方百計讓賣方認識到在這筆交易中他得到了實惠。因此，買方設身處地地站在老闆的立場上想問題，為他當參謀，既算有形的錢，又算無形的錢，最終使老闆心動。

買方明白，要想贏得老闆的「感情」，就要讚美對方，因為讚美是贏得親和力的一劑良藥，讓老闆在心理上平添幾分喜色。讓對方感到是在受到尊重和受益的情況下達到了雙贏。

5.善於分析問題，抓住對方軟肋，陳述利害，迫使對方做出讓步。

20世紀80年代初期，中國某科學研究機構準備購進10台4000萬次／每秒的大型電腦，並與日本某公司正式接觸洽談。在第一輪談判中，日方報價每台115萬美元。中國根據掌握的同類產品的國際行情（112萬美元），要求對方就此報價做出解釋並壓低價格。第二輪談判開始，日方同意將電腦單價壓至110萬美元，並且論

證：「我方從為中國建設四個現代化和與貴方建立長久的友好貿易關係考慮，決定每台讓利5萬美元。我們尊重貴方的意見，並且不計工本，將價格降到了不能再降的地步。諸君可以接受這個價格了。」此後，日方閉口不談上述報價的形成基礎，而將談判糾纏在一個議題之中，即日方已考慮順應中國的要求，對產品進行了大幅度的降價，如中國再不接受，那麼談判就無法取得圓滿的結果。

此時，中國代表如果貿然接受日方的價格方案，那麼對方將於其中獲得豐厚的利潤，談判對於我方就是某種意義上的失敗；如果被對方的思路牽著鼻子走，中國代表只是覺得降價的幅度尚不足，難以讓人接受，但又提不出令人信服的理由，那麼固執己見則有可能導致談判破裂，中國便不能達到目的。如何對付這種貌似正確的詭辯術呢？必須在全面掌握客觀情況的基礎上應用辯證思維的基本方法，以具體性的原則透過現象抓住事物的本質。中國代表明確指出：

第一，就同類產品來看，歐美市場的零售價格約是每台112萬美元。因此，日方提出的110萬美元的單價，並非是讓利5萬美元；

第二，我方一次就需購買電腦10台，這種大宗生意即使在歐美市場對方也是以優惠價供貨的；

第三，日本電腦研製技術在世界上居領先地位，技術進步的直接後果便是生產成本的下降，並且，由於日本工人工資大大低於歐美國家人均工資，勞動力價格的低廉必將導致產品價格進一步降低；

第四，據我方對日本一般市場行情的調查表明，4000萬次／秒的電腦單價110萬美元並不屬於優惠價。

做出如上具體的分析和論證後，一般來說，日方談判人員不再

可能堅持最低限價為每台110萬美元的談判立場了。

在商務談判中，只要堅持辯證思維的客觀性、具體性的原則，就能識破對方擺出的迷魂陣，抓住對方的軟肋，從而把握事物的本質，使商務談判循著客觀公正的方向進行。

6.運用選擇法

談判中運用選擇法，對一個問題，從不同的角度來提出，用不同的邏輯方法來論證，效果就不一樣，結果也可能正好相反。

某商場休息室裡經營咖啡和牛奶，剛開始服務生總是問顧客：「先生，喝咖啡嗎？」或者是：「先生，喝牛奶嗎？」其銷售額平平。後來，老闆要求服務生換一種問法，「先生，喝咖啡還是牛奶？」結果其銷售額大增。

這裡的原因在於，第一種問法，容易得到否定回答，而後一種是選擇式，大多數情況下，顧客會選一種。

你想到一家公司擔任某一職務，你希望年薪2萬元，而老闆最多只能給你1.5萬元。老闆如果說「要不要隨你便」這句話，就有攻擊的意味，你可能扭頭就走。而老闆不那樣說，而是這樣跟你說：「給你的薪水，那是非常合理的。不管怎麼說，在這個等級裡，我只能付給你1萬元到1.5萬元，你想要多少？」很明顯，你會說「1.5萬元」，而老闆又好像不同意說：「1.3萬元如何。」你繼續堅持1.5萬元。其結果是老闆投降。

這裡表面上，你好像占了上風，沾沾自喜，實際上，老闆運用了選擇式提問技巧，你自己卻放棄了爭取2萬元年薪的機會。

（五）多聽少說的技巧

1.必須學會傾聽

一個談判高手通常提出很尖銳的問題，然後耐心地傾聽對方的

意見。而有些人在談判中總是忙於確定別人是否聽見自己說的話，而不去傾聽別人說的話，這是缺乏經驗的談判者。有的人總在心裡想下面該說的話，不注意聽對方發言，許多寶貴訊息就這樣失去了。有的人錯誤地認為優秀的談判員是因為說得多才掌握了談判的主動。其實成功的談判員在談判時把50%以上的時間用來聽。邊聽、邊想、邊分析，並不斷向對方提出問題，以確保自己完全正確地理解對方。要仔細聽對方說的每一句話，而不僅是認為重要的或想聽的話。這樣才能獲得大量寶貴的訊息，增加談判的籌碼。所以說，有效地傾聽可以瞭解客戶的需求，找到解決問題的新辦法。

「談」是任務，而「聽」則是一種能力，甚至可以說是一種天分。「會聽」是任何一個成功的談判員都必須具備的條件。在談判中，要儘量鼓勵對方多說，並提問題請對方回答，使對方多談自己的情況，以達到儘量瞭解對方的目的。

2.讓對方先開口

瞭解談判對手最好的方法就是誘導他們先開口。如果先開口，有可能就先暴露了自己。

（六）談判中的不宜用語

在談判中有一些話是不能說的，說出來就會對己不利。比如：

1.「相信我。」大凡說這句話的人，可能接下來的話就讓人不能相信了。

2.「我對你以誠相待。」對談判對手以誠相待不是說出來的，而是做出來的，是透過你的做法讓對方去感覺，如果做不出來，說得再多也沒用。

3.「願不願意隨你。」這種話是非常消極的，在談判中要達到雙贏，一定要有一個積極、愉快的氛圍，雙方都願意把自己的東西拿出來與對方交換。

4.「我以成本價給你。」這句話沒有人會相信。如果說這句話，對方就會在心中打一個問號：「到底成本價是多少，我跟他非親非故，他為什麼會以成本價賣給我？」

5.「我們就是這個價，行不行？不行？我們再選擇新的交易夥伴。」談判是互惠的、雙贏的，雙方都在尋求共同點。不要過早地以撤出談判相威脅，這樣有可能刺激對方的不妥協心理或失去最佳時機。

6.不要說任何諷刺性、威脅性的話語，以及任何形式的詆毀性語言，不能進行「人身攻擊」。應該記住：「買賣不成仁義在。」要注意維持長期的利益夥伴關係，即在相互信任、相互理解、相互尊重和保持友好的基礎上保持長久的合作關係。

在談判中不能因為語言表達的原因而出現下列情況。如：雙方存在認識問題的極大差距；談判一方極度生氣；態度消極低沉，甚至出現恐懼或敵對情緒；感覺像受到侵犯；對方曲解你的意思，雙方產生誤解，甚至相互指責。

在談判中每個談判者所追求的利益都是具有雙重性的，即實質利益與關係兩個方面的利益。有些人在談判時進行「人身攻擊」，或者將某些評論與談判者「對號入座」，這樣就有可能傷害了關係，利益也得不到。

在談判中，要注意避談政治、宗教等立場不同的話題。

技能訓練

1.簡述正規談判的環節。

2.談談商務談判中主要有哪幾種口才技巧。

3.結合下面案例，回答後邊的問題。

中日雙方曾在北京舉行了一次關於經濟賠償的談判。彼此挑選

的都是精明強幹的代表，兵對兵，將對將。原中國國家經濟委員會因進口的5800輛三菱牌汽車不合質量要求，而向日本三菱汽車公司索賠的最後談判開始了。

　　雙方代表步入談判室，彼此見面時彎腰鞠躬，彬彬有禮，氣氛友好怡然，這好像似乎不是在談判，倒像是一場親切的會談。越是這樣，彼此就越感到對手不凡，一根根心弦都繃得緊緊的。因為這是關鍵的一搏，結局怎麼樣，不是三五萬的小數目，而是幾億、幾十億巨額損失。

　　雙方唇槍舌劍，你來我往，各不相讓。日方談判代表深知汽車質量問題無法避免，因而採取了避重就輕的辦法。日方每講一句話，都言語謹慎，含糊其辭。如：有的車子輪胎炸裂，擋風玻璃炸碎，電路有點故障，鉚釘有的震斷，有的車架偶有裂紋等。我方代表馬上予以回擊：貴公司的代表都到過現場，親自察看過現狀，經商檢部門和專家小組鑒定，鉚釘非屬震壞，而是剪斷的，車架出現的不僅僅是裂紋，而是斷裂裂縫。所有損壞情況不能用「有的」或「偶有」推託，最好還是用事實數據說明更為精確。我方代表將各種三菱汽車質量的檢驗證據一起擺在日方代表面前，這些驗證材料除了使用中國國產檢車設備得出的結論，還有日方剛出口給中國的最先進的檢車設備做出的覆核結果。

　　我方對日方一一進行反駁，條理清晰，反駁恰當有力，一下子就把日方頂進了死胡同。在此基礎上，我方依靠科學的依據，準確的計算，提出全批質量索賠，還要求賠償我方用戶間接的經濟損失。日方代表雖全力抵擋狡辯，終敵不過我方鐵的事實和有力的反駁，同意支付給我方汽車賠償費7.76億日元。

　　接著，雙方爭議最大的談判項目，是間接損失的賠償問題。

　　日方在談這項損失費時，也採取逐條報出的辦法，每報完一條總要不間斷地停一下，環視一下中方代表的反應，彷彿給每筆金額

數目都要圈上不留餘地的句號。日方提出支付30億日元。

　　我方代表思索著每一筆報價的奧祕，把那些「大約」、「預計」等含混不清的字眼都挑出來，指出裡面埋下的伏筆，揭穿了對方所耍的花招。在談判桌上，我方報完每個項目與金額後，都講明每個數字測算的依據。最後，我方提出賠償間接經濟損失費為70億日元。

　　日方代表聽了這個數字後，驚得目瞪口呆，過了老半天才連連說：「差額太大，差額太大！」並苦苦哀求著說：「貴國提出的索賠金額過高，若不壓減，我們會被解僱的。我們是有妻兒老小的……」

　　我方代表嚴詞指出：「貴公司生產如此低劣的產品，給中國造成多麼大的經濟損失啊！」但繼而又給對方下台的梯子，安慰道：「我們不願為難諸位代表，如果你們做不了主，請貴方決策人員與我方談判。」

　　雙方各不相讓，又一番討價還價之後，只好暫時休會。日方首席代表接通了日本三菱汽車公司的電話，與該公司幕後的最高決策人員圍繞索賠一事進行了緊急磋商，密談了數小時。

　　接著，談判又開始了。先是一陣激烈的舌戰，繼而雙方一語不發，談判的氣氛驟然降到了冰點。還是我方代表首先打破僵局：「中日貿易不是一天兩天的事，以後的日子還很長。我們相信貴公司絕不願意失去中國這個最大的貿易夥伴和廣闊的汽車市場。如果貴方有誠意維護自己的信譽，彼此均可做適當的讓步。」

　　「我公司願付40億日元，這是最高數目了。」我方代表的話起了作用，對方有所鬆動。

　　「我們希望貴公司最低支付60億日元。」

　　這樣一來，談判又出現了新的轉機，經過雙方幾經周折，報

價、壓價，最終以日方賠償我方50億日元並承擔另外幾項責任而宣告結束。

這是一起罕見的特大索賠案，從中我們可以看出我方的談判代表卓越不凡的說服口才，嚴正地維護了國家的利益和消費者的利益。

請結合有關商務談判的口才知識進行討論。

（1）我方語言表達方面有什麼技巧？

（2）我方發問有什麼技巧？

（3）我方的回答有什麼技巧？

（4）我方運用了哪些說服的技巧？

4.策劃、組織一次模擬談判活動，分角色進行談判。

國家圖書館出版品預行編目(CIP)資料

口才藝術：在各種環境下訓練好你的口才 / 潘桂云 編著. -- 第一版.
-- 臺北市 : 崧燁文化, 2018.11

　　面 ； 公分

ISBN 978-957-681-641-3(平裝)

1.說話藝術 2.口才

192.32　　　　107018178

書　名：口才藝術：在各種環境下訓練好你的口才

作　者：潘桂云 編著

發行人：黃振庭

出版者：崧燁文化事業有限公司

發行者：崧燁文化事業有限公司

E-mail：sonbookservice@gmail.com

粉絲頁　　　　　網　址：

地　址：台北市中正區重慶南路一段六十一號八樓815室

8F.-815, No.61, Sec. 1, Chongqing S. Rd., Zhongzheng
Dist., Taipei City 100, Taiwan (R.O.C.)

電　話：(02)2370-3310 傳　真：(02) 2370-3210

總經銷：紅螞蟻圖書有限公司

地　址：台北市內湖區舊宗路二段 121 巷 19 號

電　話：02-2795-3656　　傳真：02-2795-4100　網址：

印　刷：京峯彩色印刷有限公司 (京峰數位)

　　本書版權為旅遊教育出版社所有授權崧博出版事業股份有限公司獨家發行
電子書繁體字版。若有其他相關權利及授權需求請與本公司聯繫。

定價：600 元

發行日期：2018 年 11 月第一版

◎ 本書以POD印製發行

獨家贈品

親愛的讀者歡迎您選購到您喜愛的書，為了感謝您，我們提供了一份禮品，爽讀 app 的電子書無償使用三個月，近萬本書免費提供您享受閱讀的樂趣。

ios 系統　　　　安卓系統　　　　讀者贈品

爽讀 APP

- 📖 多元書種、萬卷書籍，電子書飽讀服務引領閱讀新浪潮！
- 🎧 AI 語音助您閱讀，萬本好書任您挑選
- 🔍 領取限時優惠碼，三個月沉浸在書海中
- 📱 固定月費無限暢讀，輕鬆打造專屬閱讀時光

不用留下個人資料，只需行動電話認證，不會有任何騷擾或詐騙電話。